德行墮落與不平等的起源

盧梭（Jean-Jacques Rousseau）著

苑舉正 譯註

目錄

論科學與藝術（第一篇論文）

論人類不平等的起源與基礎（第二篇論文）

譯序

盧梭：自然、不平等與個人權利

一、前言

　　盧梭（Jean-Jacques Rousseau, 1712-1778）是一位具有多重面貌的創作者。從他作品的多樣性中，可以發現他是一位音樂家[1]、文學家[2]、語言學家[3]、憲法學家[4]、政治哲學家[5]、教育家[6]、

1　盧梭在1750年出版〈論科學與藝術〉，並獲得第戎學院論文獎之後，成為「哲學家盧梭」。在此之前，他是「音樂家盧梭」。盧梭於1742年，在巴黎科學院宣讀一種新的樂符系統，後以《現代音樂論文》（*Dissertation sur la musique moderne*）為題出版。他也創作過兩部歌劇，《風雅的繆思女神》（*Les Muses galantes*, 1745年）與《村莊的占卜師》（*Le Devin du village*, 1752年），後者曾於楓丹白露堡，在國王路易十五面前演出。演出極為成功，盧梭還因此而獲國王聘為御用音樂師，但在頒獎當日，盧梭卻因為缺席的緣故，失去這個機會。盧梭於1749年，為《百科全書》撰寫〈音樂篇〉，並於1767年，以《音樂字典》（*Dictionnaire de musique*）為題出版，成為其生前最後一份出版品。終其一生，盧梭皆以抄寫樂章為生，盧梭本人亦能夠演奏笛子、小提琴與斯頻耐琴（l'epinette）。

2　盧梭的文學主要包含小說與自傳。1761年，盧梭在巴黎正式上市的小說《新愛洛依絲》（*La Nouvelle Héloïse*），造成轟動。另外，在自傳文學方面，盧梭

植物學家[7]，甚至「夢想家」[8]。雖然盧梭在他的作品中展現了這麼
多樣的風貌，但讀者往往在閱讀的過程中發現，盧梭令人感受最
深的地方，還不是他所論述的主題，而是文字本身。的確，就連
以提倡理性著稱的康德（I. Kant）都曾說：「當我閱讀盧梭時，
必須等到那優美的表達不再煽動我時，我才能理性地檢視他。[9]」

也創造出自己的多種風格：其中有書信式的〈給馬爾澤伯的信〉四封（*Quatre lettres autobiographiques à Malesherbes*, 1762年）；有敘述式的自傳如《懺悔錄》（*Les Confessions*, 1782年）；還有對話式的自傳如《盧梭評論讓－雅克：對話錄》（*Rousseau juge de Jean-Jacques: Dialogues*, 1776年）。

3　盧梭曾於1761年，公開宣讀他的《語言起源論，有關旋律與音樂的模仿》（*Essai sur l'origine des langues, où il est parlé de la mélodie et de l'imitation musicale*）。本論文的目的為：為旋律辯護，以及對音樂的模仿作定義。為了建立音樂中的美感，以及普遍為了在文明世界中保存語言溝通方式，本論文觸及語意學、人類學，以及溝通發展史。請參閱 "Musique," *Dictionnaire de Jean-Jacques Rousseau*, R. Trousson & F. Eigeldinger eds. (Paris: Honoré Champion, 1996), p. 316。

4　盧梭曾為科西嘉與波蘭兩國憲政問題立論：《科西嘉憲法》（*La Constitution pour la Corse*, 1769）與《思考波蘭政府》（*Les Considérations sur le gouvernement de Pologne*, 1772）。

5　毫無疑問的，在盧梭作品中，最知名的首推政治哲學，除了本文所觸及的〈論科學與藝術〉、〈論人類不平等起源與基礎〉、《社會契約論》（*Le contrat social*）等知名作品。廣泛地說來，所有盧梭的作品中均包含某種程度的「政治性格」。

6　盧梭最知名的著作之一，即為《愛彌兒或論教育》（*Émile, ou de l'éducation*）。

7　盧梭晚年寄情於田園之樂，致力於植栽，並於去世後出版《植物學基本概要》（*Lettres élémentaires sur la botanique*, 1781）與《植物學常用字彙辭典》（部分）（*Fragments pour un dictionnaire des termes d'usage en botanique*, 1784）。

8　1776-8年盧梭寫了《孤獨散步者的漫想》（*Le Rêveries du promeneur solitaire*），但未完成（該書於1780年出版）。

9　I. Kant, "Excerpts of Observations on the Feeling of the Beautiful and the

托爾斯泰（L. Tolstoy）對於盧梭亦極為肯定，不但表示每次閱讀盧梭都讓他感覺到精神的提升，並且宣稱：「*盧梭與《福音》是影響我一生中，最重要的兩股力量。*[10]」從他們的評語中，我們可以看到，盧梭的文字不單展現出一種極為強烈的情感，也讓人感覺出他所代表的永恆意義。這令我們不禁好奇，是什麼因素使得盧梭能夠獲得這些偉大人物毫不保留的推崇呢？

二、苦命天才的文字啟蒙

這麼多種作品中，「真情流露」是一個比較具有代表意義的答案。在這一段長達近三十年的創作生涯中，盧梭以他豐富的文字，不斷地向讀者傾訴，直言道出一般人平常不敢說出來的真心話。希臘字「敢言」（*parrhesia*）最能表現出盧梭作品的精神；它意謂：擁有道德特質的人，敢言真理，無懼於強權威脅，也無視於所言內容與當代主流意見背道而馳。

盧梭這一種表達個人特質的寫作風格，很自然地流露出他對於道德以及政治的看法。這不僅僅在他有關道德與政治著作中一覽無遺，就連在音樂與園藝方面的著作，也能夠顯示出他對於自然、真實的愛好與執著。從閱讀盧梭的政治作品中，處處可見他不趨炎附勢，不與富人學者一同故作風雅，不盲目地追隨「啟蒙運動」（*le siècle des lumières*），不跟著別人詆毀傳統的價值。

在盧梭所處的18世紀法國，這是極其難能可貴的，因為單

Sublime," in *Rousseau's Political Writings*, A. Ritter and J. Conaway eds. (New York: Norton, 1988), p. 208。

10 這是托爾斯泰於1905年，因為感謝加入「盧梭學社」成為社員所寫信中內容。請參閱*Rousseau's Political Writings*, op. cit., p. 218。

單為社會的底層發聲，批判上流社會是不足夠的。最重要的是，這些批判要能夠引發被批判者的重視。然而，原則上，這是很難發生的事情，因為上流社會都是講求精緻與風雅的特權人士，是當時社會中唯一有機會受教育的人。他們自命風雅的結果，使他們唯一攻擊他人與防禦自我的「戰場」，都是文字上的攻防。因為，只有打「筆戰」才是讓「上流人士」感覺必須做出回應的批判方式。遺憾的是，在民主教育不發達的18世紀，受教育是貴族、教士與中產階級的特權，與一般普羅大眾無緣。處於社會底層的普羅階級，除了自嘆自怨之外，對於生活中的困頓與不滿，完全沒有任何抒發內心痛苦的機會。盧梭是這個情況中，最特殊的例子，原因正在於他是少有的寫作天才。

盧梭是一個畢生以抄寫樂章為生，並且沒有受過正式教育的「落魄人」。他憑什麼能與貴族富人在文字上辯論，能夠受到那些王公貴侯的重視，遭到教授、院士的圍剿，受到社會菁英的青睞呢？答案就是他的寫作能力與風格。盧梭能夠將他在駕馭文字上的才華，與他個人處處遭逢打擊與欺凌的親身經歷結為一體，創造出政治思想歷史中最重要的成就之一。沒有優美的文辭表達能力，盧梭的文章將不值得上流社會一瞥，自然也無影響力可言。同時，若不是親身經歷過生活的困頓，若不是必須作他人的僕役，若不曾趨附在貴族婦人之下，若不曾受過尊貴人士之羞辱，盧梭又怎能感受社會不平等所導致的不公不義。這使得盧梭在批判社會中形形色色的欺凌時，卻又展現出他能寫出精彩的文章，創作出令人激賞的歌劇，擁有豐沛的知識，展現外交的長才等等這些屬於「上流社會」的才能。這種矛盾，不但發生在盧梭身上，而他所處的啟蒙時代，也正是那種企圖運用科學知識，追求開明與解放的時代，正好也突顯了這些矛盾。盧梭

在這些矛盾中，透過與最足以代表「啟蒙運動」的「百科全書派」（les Encyclopédistes）的交情，充分掌握布爾喬亞階級（les bourgeoisies）與普羅大眾階級（les proletariats）之間的對立，為「真正」的社會大眾發聲，以情感向所有人訴求他文字中充斥的不滿，詆毀富人的虛偽與矯情，讚美自然人的天真與勇猛。

　　我們可以說，因為個人的處境、精湛的文辭表達，以及對人的關懷這三點，使得盧梭文字所創造的成就永垂不朽。面對這麼一位思想家，我們不禁要問，盧梭創作的言論與觀點，是怎麼出現的？它們的起源為何？為什麼會對後人締造出這麼大的影響呢？為求更圓融地理解盧梭的政治關懷，我們將他在出版「兩篇論文」之前的經歷，提出三段相關的生活實例作說明。

三、三段人生遭遇

　　盧梭是出生於日內瓦的公民。他雖然對日內瓦的教育制度頗為讚揚，但他並未曾受過正式的教育。在父親以撒（Isaac Rousseau）的引導下，盧梭閱讀大量書籍。盧梭不但不因為未曾受過正式教育而感到慚愧，反而對於父親以撒的教育頗為自豪[11]。以撒對於盧梭的教導非常特殊，往往多以一些極為崇高的理想為主。盧梭自幼即受到父親深遠的影響，尤其是在政治理想方面。以撒經常以古羅馬共和來比喻他們的祖國——日內瓦共和國，所以盧梭還將他父親視為一位古羅馬時期的有德公民（事實上，以撒曾拋棄過盧梭，後來還為了爭奪遺產一事，造假資料，為盧梭發覺）。盧梭這種對父親的讚美，應當是盧梭對祖國肯定

11　請參閱 M. Cranston, *The Early Life and Works of Jean-Jacques Rousseau 1712-1754* (Chicago: University of Chicago Press, 1982), p. 25。

的結果，因為盧梭終其一生，一直想讓所有人相信，他出生以及成長的日內瓦，不但保存了所有善良的事物，也必然是孕育有德之人的地方[12]。在《懺悔錄》中，盧梭甜美地回憶，這位「充滿德行」的父親，在辦公桌旁，如何溫柔地教導他閱讀，講解名人傳記，傳授天文知識，並啟發他對於古羅馬的情緒：熱愛祖國以及對於自由的熱情。最重要的，是以撒將日內瓦以一種幾乎是完美的方式，呈現在他的小兒子面前。盧梭日後在法國出版兩篇論文，處處以「日內瓦公民」題名，或是公開讚美日內瓦的政治制度。從這些對家鄉祖國的認同裡，足以說明盧梭一直以日內瓦的「小國寡民」與「共和民主」為榮，並排斥法國這種大型的專制帝國。

其次，在盧梭生命中另外一段重要的經歷，卻諷刺地與他先前的美好回憶正好相反。這都肇因於父親以撒與人發生爭執，必須逃離日內瓦。頓成孤兒的盧梭，被送往郎貝西牧師（Pasteur Lambercier）家裡寄養。兩年之後，他回到日內瓦，先作書記學徒，次年，又作雕刻學徒。命運的坎坷，使得盧梭不但寄人籬下，還要面對各種嚴厲的要求。1728年3月14日，盧梭散步回家，發現日內瓦城門已關，他索性離開他所熱戀的祖國，展開流浪的生涯。幸或是不幸，鄰日內瓦的法國境內，滿佈勸導新教徒改奉的舊教機構（日內瓦境內卻都是勸導舊教徒改奉新教的機構），使得盧梭沒有餓死的危險，但卻讓他必須為麵包放棄祖國及自由，這兩樣在父親懷中所習得的理想。

---

12 這是 P. Clément 所作的詮釋。請參閱 P. Clément, "Père, Isaac Rousseau," *Dictionnaire de Jean-Jacques Rousseau*, R. Trousson & F. Eigeldinger eds. (Paris: Honoré Champion, 1996), p. 710。

　　盧梭於1728年遇見影響他一生至鉅的華倫夫人（Madame de Warens），一位負責新教徒青年改宗的貴夫人。她將盧梭安排至位於杜林（Turin）的教會收容所，進行改宗的準備與儀式。儘管盧梭自述在收容所時，他如何與神父進行辯論，但他僅到達收容所九天之後，就同意改宗，兩日後受洗，還獲得二十法郎的「改宗金」[13]。盧梭坦承，在改宗的過程裡，他並沒有意願[14]。但是，因為許多現實的因素，以及在生活中的困頓，迫使他放棄自由意志，也放棄他熱愛的祖國日內瓦[15]。

　　然而，物質上的缺乏，不但沒有讓盧梭為貧窮感到難過，反而為追逐金錢的人感到悲哀。盧梭一生譴責金錢的虛假價值，因為它代表慾望的展現，假設一種存在於人與欲求事物之間的行動。真正的價值在於人本身，人所生產的事物，人所做的事情，人意念的純粹性，人的道德、德行，還有，最重要的，就是人對於祖國所展現的愛國心。金錢來自於一個錯誤的經濟系統，它發展出工商業、科學、藝術、豪華之外，還帶來導致人類陷入悲慘世界的根本問題，也就是不平等的問題。盧梭甚至認為，一個好的經濟系統，應該建立在農業及人口數量之上，生活於其中的

13　盧梭於1728年4月12日至收容所報到，在1728年4月21日即已同意改宗，前後一共才九日。根據教會紀錄，一般平均思考改宗的時間約為三至六週，有時可以長達幾個月。不過，盧梭宣稱快速改宗的原因，是為了要離開收容所。請參閱 P. Sosso, "Turin," *Dictionnaire de Jean-Jacques Rousseau*, R. Trousson & F. Eigeldinger eds. (Paris: Honoré Champion, 1996), p. 895。

14　盧梭在《懺悔錄》中說：「（神父們）在我身上並不能全然地找到他們所期待的順暢性，在心靈上找不到，在意願上也找不到。一般而言，新教徒所受的教義比舊教徒所受的要好。」請參閱 *Les Confessions* op. cit., p. 102。

15　二十六年後，於1754年8月1日，盧梭重新恢復新教的信仰，並且也恢復了公民權。

人，只需要最少的開銷，並會蔑視過度的金錢。若不摧毀累積金錢的制度，我們的慾望就一直會將我們帶向奴役之路[16]。盧梭在〈論科學與藝術〉中即表明這一點，認為財富的累積，必然導致德行的敗壞。他說：「當可以無論用什麼代價來變富的時候，德行將會變成什麼呢？[17]」

　　盧梭在此即表明他一貫對於人類自然本性的期待，認為所有的惡行並非單純來自於人，而是被壞制度所治理的人[18]。因此，若求人類德行之改善，那就必須從政治制度著手，也就是必須實際參與政治，以求能夠理解因為政治制度所導致的問題。盧梭在1743-1744年，確實實際從事政治工作，也為他日後寫作有關政治方面的書籍，奠下實際的經驗基礎。這就是他擔任法國駐威尼斯共和國大使，蒙泰巨先生（M. de Montaigu）秘書的一段經歷。

　　1742年，盧梭帶著他的〈樂符簡記法〉來到巴黎，未獲重視，卻結識杜潘夫人（Madame Dupin）。根據Gourevitch的說法，盧梭在這段期間，大量閱讀重要的經典，也包含當代重要的政治著作。盧梭曾經針對柏拉圖、布丹（J. Bodin）、霍布斯、洛克的經典做過摘要。孟德斯鳩的《法意》出版不久，盧梭即加以閱讀，並提出心得。普芬道夫（Pufendorf）的《自然法與人為法》的法文翻譯（*Du droit de la nature et des gens*），曾是盧梭在

16　請參閱，B. Bohôte, "Argent," *Dictionnaire de Jean-Jacques Rousseau*, R. Trousson & F. Eigeldinger eds. (Paris: Honoré Champion, 1996), p. 50-51。

17　Jean-Jacques Rousseau, *Les Deux Discours* (Paris: Flammarion, 1971), p. 49。

18　原文節錄：'tout nos vices n'appartiennent pas tant à l'homme, qu'à l'homme mal gouverné'. 該文詳細內容請參閱："Preface to Narcisse," in J.-J. Rousseau, *The Discourses and other Early Political Writings*, V. Gourevitch trans. (Cambridge: Cambridge University Press, 1997), p. 101。

有關政治哲學最重要的引證泉源。這些自學的成果，足以證明，當盧梭在談論政治思想與制度時，他對於歷史所累積的智慧與當代的趨勢，均能有深入的認知。

「音樂家」盧梭，歷經千辛萬苦，終於憑藉自己的才華與能力，依附在杜潘夫人門下，住在夏農瑟（Chenonceaux）。從1743年到1748年間，依附在杜潘夫人門下的這段日子裡，提供了展現盧梭日後文字才華的「醞釀期」。盧梭作貴人門下食客的日子，雖然不是太好，但還算安逸，使得他有機會一展他在文字與音樂上的才華。尤其是藉著貴族門第，盧梭不但與「上流」人士往來，還認識了當代「百科全書派」的主要編輯：狄德羅（Denis Diderot）。盧梭的文字能力，在上流人士的賞識下，使得他在1743年，蒙推薦為法國駐威尼斯共和國大使蒙泰巨子爵的秘書，使得「音樂家盧梭」，變成為「外交官盧梭」。這一段非常實際的政治經驗，是盧梭對於政治哲學發生興趣的原因。

1743年上任之後，盧梭馬上展現出他作為一位大使秘書的天才。他學會義大利文，能夠處理許多往返於法國與威尼斯之間的信件，蒐集大量有關奧地利、西班牙以及其他國家的資訊，考察威尼斯的政治制度，享受義大利優美的音樂等等。他的能幹，突顯出大使的無能，但是他們之間的不平等關係，使得能幹的一方，受到攻擊、屈辱與不幸，而無能卻居上位者，永遠保持傲慢、殘忍與易怒。盧梭曾經埋怨，這就是所謂的「社會秩序」，於其中無論用什麼方法，都不會得到正義[19]。這十八個月在威尼斯擔任大使秘書的經驗，讓盧梭理解許多與政治有關的事物。在《懺悔錄》中，盧梭表示，威尼斯政府的腐敗，讓他想要寫一本

19　請參閱 *Les Confessions* op. cit., p. 401。

有關政治制度的書，一本他思考最久，卻又最有味道的書。他願意終生著此書，並因而成名[20]。他說：「從那時起，我觀點呈現出對道德的歷史研究。我看到，所有一切基本上均與政治相關，以及無論以哪種方法來看，沒有人民不是由他們政府本質所塑造出來的。所以，這一個有關最好政府的主題，可以簡化成為如下問題：什麼政府的本質，能夠使得人民有德性、有知識、有智慧，或者成為最好的人民（如果以最廣泛的意義來定義『好』這個字）。」[21]

　　「稱職的」外交官盧梭，因為受不了蒙泰巨子爵的無禮對待，憤而於一年半後辭職，回到杜潘夫人門下。1745年，盧梭展現音樂長才，創作以及改編歌劇，獲得狄德羅的重視，後來邀請他寫《百科全書》中的〈音樂篇〉。盧梭在1749年3月出版該文。政治與音樂兩種截然不同的經驗，在盧梭的心靈中卻烙下不平等社會的傷痕，使他強烈質疑「上流社會」存在的起源與理由。盧梭痛恨社會對於精緻文化的普遍仰慕之情，卻更因為自己本身就是代表這個精緻文化的一個音樂家感到無奈。這種矛盾的情緒，其實正是這位苦命人與思想家生平的最佳寫照，卻也在「啟蒙時代」的法國社會裡，顯得更為弔詭，甚至荒謬。最荒謬的，莫過於音樂家盧梭在錦衣玉食下，卻必須在1746年與1748年，分別將「女侍情婦」瑪麗‧德雷莎‧拉瓦瑟（Marie-Thérèse Le Vasseur）所生的兩個孩子，送往孤兒院。盧梭反社會的情

20　這裡所指的這本書，一般均認為就是《社會契約論》，或者是該書的部分。
　　請參閱 R. Derathé, *Jean-Jacques Rousseau et la science politique de son temps* (Paris: Vrin, 1995), pp. 52-3。

21　請參閱 *Les Confessions* op. cit., p. 491。

緒，到了要爆開的時候了。

　　盧梭對於生活經歷的體認，展現在他對於社會德行敗壞的認定。無怪乎，當看到「第一篇論文」題目時，盧梭自稱有了「天啟」的感覺，在極度激動的情況下，立即寫下在〈論科學與藝術〉中，提到法布里修斯的那段話。在當下，盧梭直覺上認為，科學與藝術的興起，對於德行的維持，完全是負面的；至於原有題目中的「重建」與「風俗的淨化」則被他拋在九霄雲外。從此四、五年時間，盧梭文思泉湧，著作「兩篇論文」，先是批判社會，然後是社會敗壞原因的分析[22]。

四、兩篇論文的起源

　　1749年到1754年這五年，是盧梭在非常偶然的情況下，寫出〈論科學與藝術〉以及〈論人類不平等的起源與基礎〉這兩篇論文的時間。從1749年7月，盧梭走路前往范錫恩堡，探視在那兒坐牢的「百科全書派」主要人物狄德羅。在炎熱的夏天，盧梭無意間看到《法國信使》徵文比賽的題目，「科學與藝術的重建是否有助於風俗的淨化」。從那一剎那開始，音樂家盧梭生平所遭受的一切不公平的待遇，均湧上心頭，促使他日後的文思泉湧，走上一條不歸路，成為政治哲學家盧梭。

　　轉變的關鍵，在於盧梭寫〈論科學與藝術〉時，他選擇了一個出人意料的「否定命題」：「科學與藝術無助於風俗的淨化」。這一個等同於否定18世紀「啟蒙時代」的答案，卻獲得所有評審一致青睞，將頭獎頒發給這一位日內瓦人；二獎頒給了另一位提出否定答案的作者。這個獎項，對於盧梭具有極大的鼓勵作用，

22　請參閱 *Les Confessions* op. cit., pp. 430-31。

讓他一生皆以「與眾不同」肯定了自己。[23]當然，這些不同的遭
遇，促使了盧梭將長期的情緒，轉換成為對道德政治的反省上。

　　從1750年盧梭以〈論科學與藝術〉贏得第戎學院論文獎以
來，到1755年，他出版第二篇論文〈論人類不平等的起源與基
礎〉，五年內，盧梭先以「批判社會」的方式，然後以「歷史溯
源」的方式，對於人類自詡的文明成就，提出最深沉的否定。
「兩篇論文」的題目都來自第戎學院，但是盧梭在回答時，將題
目所隱含的意義都改了。「第一篇論文」的題目是，「科學與藝
術的重建，是否有助於道德習性的淨化？[24]」盧梭在劇本《自戀》
的〈序言〉中卻表示，如果依照題目作答，那麼只有一句話，就
是「沒有幫助」。但是，這個題目卻隱含一個更值得探討的問
題：「對於我們的道德習性，追求科學將會出現什麼必然的影
響？[25]」同時，盧梭也刻意忽略「重建」二字。原先題目設計的
目的，在於歌頌法國國王在歷經中世紀「黑暗時代」之後，提倡
科學與藝術的豐功偉業。但是，盧梭不但無視於當代國王的政
績，反而在「第一篇論文」中，大肆讚揚希臘羅馬時期的國王。
不但如此，盧梭還將問題的焦點，從18世紀追求科學知識的
「啟蒙」背景，帶回古典時代，重新開啟有關「科學」與「德行」

23　盧梭曾在《懺悔錄》中承認：「我就是不同於所有我遇見的人。我甚至可以更
　　大膽地說，我與全世界所有其他人都不同；如果我不是比較好，至少我就是不
　　一樣。」Jean-Jacques Rousseau, *Les Confessions* (Paris: Gallimard, 1959), p. 33。

24　原文如右：*Si le rétablissement des sciences et des arts a contribué à épurer les
　　mœurs?*

25　請參閱："Preface to Narcisse," in J.-J. Rousseau, *The Discourses and other Early
　　Political Writings*, V. Gourevitch trans. (Cambridge: Cambridge University Press,
　　1997), pp. 96-97。

的爭論[26]。

　　對於「第二篇論文」的題目，盧梭也做了修正。原先的題目是「人類的不平等起源為何，它是自然法所授權的嗎？[27]」盧梭針對這個題目做了兩方面的修正。首先，盧梭所論的「不平等」與原題目中的「不平等」不同，也與一般人所理解的「不平等」不同。對於盧梭而言，原題目所指的「不平等」，只能算是「生理的不平等」，這是沒有分析價值的，因為這是所有人與生俱來的本質。盧梭認為，重點應該放在「人類統治關係上的不平等」，所以題目也就從「不平等的起源」變成「人類統治關係的起源」。其次，對於盧梭而言，原題目中所謂的「自然法」，根本「不自然」，而是「道德法」，是用來規範人倫關係的「道德律法」。真正的「自然法」，是規範所有生物的自然約束，人只是受約束對象中的一部分。為求釐清問題，盧梭改用「基礎」來說明，原題目中所隱含「不平等是自然法所授權」的錯誤觀念[28]。從對題目詮釋的更動，可以看出盧梭確實有異於常人的思路。別人視題目方向為當然，他卻發現題目是如此謬誤。但是，「兩篇論文」的系統，並不是一開始就很明確的。事實上，〈論科學與藝術〉一文，並不算是很有系統，有很多觀念甚至還會出現矛盾，尤其是有關如何看待科學發展這一件事。

26　Jacques Roger, "Introduction," Jean-Jacques Rousseau, *Deux Discours*, (Paris: Flammarion, 1971), p. 13。

27　原文如右：*Quelle est l'origine de l'inégalité parmi les hommes, et si elle est autorisée par la loi naturelle?*

28　請參閱 V. Gourevitch, "Introduction," in J.-J. Rousseau, *The Discourses and other Early Political Writings*, V. Gourevitch trans. , p. xvi。

五、〈論科學與藝術〉的結構

　　盧梭在啟蒙時代反對科學的發展，認為她無助於德行的發揚。這個立場，使得人們很容易認為，〈論科學與藝術〉的主要目的，就是反對科學，反對文明的進步，鼓勵原始，鼓勵人們回到蠻荒時代。這是普遍的想法，但卻是錯誤的。這一點，再一次證明盧梭與眾不同的獨特性。他甚至對於容易被別人誤解的情形感到悲觀，在〈論科學與藝術〉一開始，就引用詩人奧維德的話：「我在這裡就像是一個野蠻人，因為沒有人理解我。」其實，盧梭並不推崇野蠻人。

　　科學與德行之間的爭議早已存在，而盧梭企圖做的，表面上很像是勸人反璞歸真，放棄這個因為科學所建構的文明世界。實際上，盧梭並無意直接面對科學與德行之間的爭議，也不反對科學的存在。盧梭反對將科學視為全民教育的對象，但他並不透過理性論證，說明他的觀點；他以文字煽動讀者情緒性的認同，以隱喻闡揚他的警語。普羅米修斯（Prométhée）神話中的寓言，隱喻式地在〈論科學與藝術〉第二部分的一開始就說，為什麼他反對全體人類，因為好奇心的驅使，不約而同地學習科學。書前插畫的那句警語：「森林之神，你會為你下巴的鬍鬚哭泣，因為無論誰觸摸火，它都會灼燒。」指責的就是那些因為好奇，而不是因為才能，為科學知識所著迷的人。科學不是每個人都有必要學習的，因為她只屬於一小群大師級的人物，就像培根、牛頓、笛卡兒這種天才。沒有這種才能的人，卻硬要學科學的結果，就會導致社會德行的敗壞。那麼，盧梭對於科學與德行之間的關係，採取的又是一個什麼樣的態度呢？這需要從另外兩個重要的概念，即藝術與德行說起。

　　雖然〈論科學與藝術〉得到第戎學院的論文獎，但盧梭承認，這是一篇「熱情之作」，缺乏邏輯與秩序，還有論證不圓融的地方[29]。這份論文確實出現了不易理解的地方。我們在此先舉二例，作為說明〈論科學與藝術〉的方向。首先，盧梭在論文中有些關鍵字，其用法特別。以「藝術」（arts）為例，盧梭在此將「藝術」的含意，擴大解釋為包含「世俗禮儀」、「豪華精緻」、「柔軟舒適」，以及「追求超越的美術」。其詮釋範圍之廣，其實已經包含文明發展中的一切人為成果。另外一個至為關鍵的字，「德行」（virtue）的用法也很特別。盧梭所謂的德行，指的是公民（或個人）完全融合在祖國（或群體）之中；簡言之，就是個人德行只展現在與國家（或群體）結合為一的情況中。其他的各種道德特質，不是這種德行定義的條件，就是它的結果[30]。

　　盧梭在論文一開始，就說：「我告訴我自己，我並不責難科學。我所做的，只是在有德行的人面前捍衛德行。正直對於善良的人，比博學對於有學問的人，更加可貴。（37）[31]」盧梭遍舉歷史例證，說明知識成長導致道德敗壞。他舉出五個因為文明發達而道德敗壞的帝國（埃及、希臘、羅馬、君士坦丁以及中國），並將它們對比於五個尚未啟蒙但具有德性的民族（波斯人、斯基泰人（les Scythes）、日耳曼人、羅馬共和時期以及瑞士人）。盧梭在此建立一個「歷史規則」（文明越發達，道德越敗壞）的企

---

29 請參閱 *Les Confessions* op. cit., p. 431。

30 請參閱 J. Roger, "Introduction," in Jean-Jacques Rousseau, *Les Deux Discours*, pp. 14-15。

31 以下所有有關「兩篇論文」引文均參閱 Jean-Jacques Rousseau, *Les Deux Discours* (Paris: Flammarion, 1971) 中之頁數，如本文中所附之阿拉伯數字。

圖很明顯，但是這些例子本身能代表多少證據，則是一個值得懷疑的問題。然而，缺乏證據，並不真正影響盧梭所欲傳遞的訊息。盧梭提這些例證，只是想說明，德行的維持比文明（或知識）的發展重要。在此，他成功地應用了基督教傳統中的概念，卻並沒有因此而提供一個訴諸上帝的答案。他在強調德行，否定科學的同時，讓人聯想存在於西方傳統中有關基督教德行（例如安貧篤信）與異教文明（例如希臘科學）之間融合的問題。雖然在〈論科學與藝術〉中，盧梭並沒有清楚地說出這個關連性，但他卻巧妙地將西方傳統中有關德行與科學之間的辯論，帶回到18世紀的法國[32]。至少，盧梭在基督教傳統中，以提升德行為由，反對當時方興未艾「啟蒙思想」所代表的科學與藝術，感覺還有被理解的可能[33]。

　　毫無疑問的，盧梭在第一篇論文中的主要目的，在於告訴世人，伴隨「啟蒙時代」而來的，是道德習性的敗壞。由於促成啟蒙思想的是科學的發揚，所以盧梭必須先說明，為什麼這個由科學所主導的啟蒙思維，其實無助於德行的發揚，反而破壞了社會

---

32 請參閱 J. Roger, "Introduction," in Jean-Jacques Rousseau, *Les Deux Discours*, pp. 13。這是 Roger 的詮釋，但頗具參考的意義。Roger 基本上有一個觀點，認為盧梭的「論文」充滿神學思想的比喻（例如看到論文題目所出現的「天啟」現象、個人對於祖國抱持絕對的愛、對於原始狀態的描述（粗壯但有德行的人），類似於對於教會發展初期的印象），但他不用神學思想（例如「原罪」）來解釋，而用對國家（或社群）的愛來說明。

33 盧梭對於自己的論文能夠受到多少肯定，也不是很有信心的。他在〈論科學與藝術〉一開始，即以羅馬詩人奧維德（Ovid）的話作為全篇論文的題詞：「我在這裡就像是一個野蠻人，因為沒有人理解我。」這足以說明盧梭的心境，因為以18世紀法國的背景，任何批判科學與藝術的觀點，似乎都是非常難以理解的。盧梭套用傳統中德行與科學的爭議，成為他唯一訴求的方法。

風氣。盧梭在〈論科學與藝術〉中，對於科學的分析，一直到最
後才顯現出來。他認為，科學與藝術的發展，適合於私人領域的
個人範圍，卻不適合作為每一個人都應當追求的對象。如果鼓勵
每一個人都不顧一切地追求科學與藝術，盧梭說：

> 然而應該期待的是，所有這些不能在文學的道路上前進很遠
> 的人，他們早該在學術殿堂的入口處就遭到拒絕，並轉而投
> 身於對社會有利的匠藝中。某人盡其一生將為蹩腳詩人或次
> 級的幾何學家，但他可能變成一個偉大的織布製造者。（58）

如果說，科學與藝術只適合於少數的人，那麼，什麼樣的能
力，才是適合大多數人的呢？對於這個問題，盧梭展現他自幼受
到父親的影響，認為適合於所有人的，就是那來自本性的自然德
行與愛國情操。換言之，科學與藝術只屬於少數有特別才華的
人，實在不必強求，但是公眾道德與風俗的維持，因為涉及個人
自由與社會正義的緣故，必須加以保護。然而，盧梭的「保
護」，絕不是「倒退」，回到那質樸的蠻荒時代。盧梭反對視科
學與藝術為「全民運動」的理念，其目的不在於反對科學與藝
術，而在於喚醒眾人，注意這兩件事物的極端發展，將對於公眾
道德帶來多麼嚴重的傷害。事實上，盧梭對於這個問題是悲觀
的，認為一旦科學與藝術開始發展，大多數人們將趨之若鶩地追
求這兩種知識，而所有「有識之士」能做的，至多也只是遲緩這
個過程的發展罷了 [34]。

---

34 V. Gourevitch, "Introduction," in J.-J. Rousseau, *The Discourses and other Early
　Political Writings*, p. xiv。

　　因此，盧梭必須論述，為什麼科學與藝術的發展必然導致道德習性的敗壞。對於這個問題，盧梭給了一個「循環的答案」。他說：「科學與藝術來自於我們的缺點（遊手好閒[l'oisiveté]），卻在她的發展中，反而滋潤了遊手好閒（47-48）。」嚴格來說，盧梭在這裡是自相矛盾的，因為他一方面強調「原初生活的儉樸印象」，其中「天真與善良的人」，「共同居住在簡陋的茅屋中」（51-52）。但是，在另一方面，他卻說，有學識的人，這些來自各地「但是，這些虛妄與無用說教者，來自四面八方，武裝他們致命的悖論；顛覆信仰的根基，也消滅了德行。」（49）就科學有害於德行的保持這一點而言，我們不禁要問，究竟是原初善良人的本質中即已經包含「注定墮落」的因素呢？還是科學與藝術的發展，污染了人的心靈呢？對於這兩個問題，盧梭在〈論科學與藝術〉中，一開始就論及科學與藝術對德行的傷害，卻沒有詳細分析這些知識的原由。至於說，為什麼科學與藝術會快速發展，為什麼人類會發展這些形同「自我墮落」的知識，為什麼科學與藝術受到如此廣泛的支持等等這些問題，則是盧梭認為，這是人的軟弱以及好奇心所導致的結果。

　　當政府與法律提供人群的安全與福祉時，科學、文學與藝術則比較不專制，但可能更為有力地在圈禁人們的鐵鍊上鋪上花圈。它們壓制人們原有自由的情操，而人們似乎是為這自由而生，卻使他們喜歡他們的奴役狀態，而成為我們所謂的文明民族。（38）。

　　他稱呼這種「奴役狀態」為「虛假的同一性」；它將所有的心靈，「丟入同一個模子」，「我們再也不敢以原有的面貌出現，

並且在這持續的限制之中，……組成這個叫做社會群體的人們。（40）」在此，我們可以說，盧梭雖然尚未發展出完整的政治理論，但是基本的方向已經大致確立，都是從天真善良的原始人開始，分析他們德行沉淪的過程，結果是人類必須面對社會的出現。對盧梭而言，社會代表一種負面的價值，因為許多原先不存在的慾望，都是有了社會這個組織之後，才發展起來的。這些慾望也會因為每一個人天生才能或後天機緣，分別有不等的滿足情形，而社會就是為了維持這些不平等而存在的。對我們而言，社會原本是不需要存在的，現在它變成維持不平等的機制。盧梭解釋：「如果不是因為才能不同與德行墮落在人與人之間所導致的致命不平等的話，所有這些謬誤會是從哪裡誕生的呢？（55）」這不但是盧梭在〈論科學與藝術〉中唯一一次提到「不平等」的問題，也形成他政治思想發展的銜接。

「不平等」的問題，漸漸在盧梭心目中浮現，成為政治社會發展問題之起源。當然，這個觀點也說明，幾年之後當盧梭看到第戎學院針對〈第二篇論文〉所出的題目時，他再一次感到震驚之外，也已經知道如何用這個題目，補足從出版〈第一篇論文〉以來，所有因為系統性不足所引發的問題。自從〈論科學與藝術〉出版之後，盧梭曾經與一群文人、貴族，就這篇論文的內容展開一系列的「筆戰」（polemics）。其中，在回應波蘭遜王對他論文批判時，盧梭將「不平等」的問題，提升到一個核心位置。他說：

> 壞的第一個源頭就是不平等，從不平等那兒又來了財富。這個「貧窮」的字與那個「富裕」的字，兩者之間有一個相對關係，而且無論何處，只要是人與人之間處於平等的關係，

　　就沒有貧窮與富裕。從財富那兒又生成出奢華與遊手好閒；
　　從奢華那兒，來了藝術；而從遊手好閒那兒，來了科學。
　　（89）[35]」

　　很明顯的，在這一段話中，我們可以看出，「第一篇論文」
出版甫屆一年，盧梭已經著手處理關鍵問題：為什麼德行會敗壞
呢？為什麼人會墮落呢？為什麼人會用社會制度這樣的枷鎖，將
人限制在交相爭利的情境之中呢？是什麼因素，使得原先不懂欺
騙的人，成為渴望博得稱讚的人呢？他在這兒所提的答案是「不
平等」，但他並沒有告訴我們「不平等」的起源，只是把科學與
藝術的發展歸為不平等的結果。在此時，盧梭只是寫出他的感
覺，致力於批判這個讓他感到失望的社會。縱使如此，在〈論科
學與藝術〉之中，核心的觀念（如「自然」與「不平等」）已經
浮現，針對這個觀念進行詳細的系譜分析，則是盧梭在〈論人類
不平等的起源與基礎〉中所做的。

六、〈論人類不平等的起源與基礎〉

　　在「筆戰」中，盧梭「借題發揮」，一邊敘述著科學與藝術在
社會中應當受到限制，另一邊卻控訴著他在成長環境中所體驗的
貧富差距與不公不義。他大膽自述所有缺點之餘，卻反而嘲弄那

35　1751年9月的《法國信使》中出現一篇無名氏對〈論科學與藝術〉所做的批判
　　回應。盧梭在同年10月出版針對這篇批評的回應，題為〈觀察〉。當時，盧梭
　　已經知道這位無名氏作者就是Stanislas Leszinski，前波蘭兩次被廢的國王，也
　　是法王路易十五的岳父。請參閱J.-J. Rousseau, *The Discourses and other Early
　　Political Writings*, V. Gourevitch trans., p. 333。原文選自Rousseau, *Deux
　　Discours*, op. cit., p,. 89。

些自以為高高在上的王公、貴族、院士、學者，有時候卻連面對自己的勇氣都沒有。他說出，上流社會裝腔作勢的虛偽，訴說著窮人面對富人貪婪剝削的悲哀。人們對於古代單純社會的懷念，以及大眾對鄰里之間能夠相親相愛的渴望，都是經由盧梭的筆寫出來的。當大多數人都在啟蒙風潮前臣服，朝向代表進步的「現代社會」前進時，盧梭「敢言」出人們內心中最深層的感受，質疑大家以為無須再懷疑的事物。但是，這些「筆戰」的內容都容易讓人誤解，以為盧梭還在捍衛自己的論文，以「見招拆招」的方式，回應他人的攻擊。其實，在整個「筆戰」的過程中，在盧梭心中，說明不平等的起源，隱然已經成為他必須做的重點。

　　不知是巧合，還是有心的安排，1753 年 11 月的《法國信使》又舉辦徵文比賽，題目：「人類的不平等起源為何，它是自然法所授權的嗎？」早就準備寫一篇有關這個題目文章的盧梭，在《懺悔錄》中回憶：「這個偉大的題目震驚了我，第戎學院怎麼敢提出這樣的題目。[36]」為了撰寫這篇論文，盧梭在「聖日耳曼森林」（la forêt de Saint-Germain）中待了一週，找尋「原初社會」的印象。這個孤獨存在森林中的印象，充斥於整篇論文。代表自然的森林，是自由、德行與幸福的地方，是逃離社會與人的地方。對於盧梭而言，自然與城市是對立的。在自然中，存在著健康的身體，以及心靈的自由；在那兒，他能夠聽到自己內心中最深層與最自然的回應；在那兒，盧梭能夠在原始的天真無邪中，感受到內心的震動[37]。

36　請參閱 *Les Confessions* op. cit., p. 445。

37　請參閱 J. Roger, "Introduction," in Jean-Jacques Rousseau, *Les Deux Discours* , p. 22。

　　為什麼一定要回到自然呢？因為盧梭認為，不平等顯現出人
性中的「惡」，並具體地展現在社會制度中，尤其是在富人與窮
人之間。但是，現代社會的「惡」，來自何處呢？雖然「原罪」
的解釋最為普遍，但它不足以作為一個答案，因為神不曾出現在
接受這個解釋的人之面前（「這確實也是一個令人感到困惑和辯
護的矛盾，卻也是一個完全不可能證明的矛盾」（158））。如果
人並沒有背負這個原始的「惡」，那麼「惡」來自何處呢？盧梭
認為，「惡」來自被壞制度所治理的人（l'homme mal
gouverné）。那麼，什麼時候開始，無辜的人（l'homme
innocent）變成被壞制度所治理的人呢？為了回答這個問題，拒
絕「神啟論」（La Révélation）的盧梭，必須重建人類過去的歷
史。他應用「假設推理的方法」（la Méthode hypothético-
déductive），以現存的事實當成結果，透過假設與推理，回溯原
先人類最原初的狀態。在重建人類的過去的同時，盧梭卻強調，
這是「假設的」，並非「歷史事實的」（「這個問題完全不觸及事
實，我們所採用的研究方式，其目的不在於獲得歷史真相，而在
於獲得假設與條件式的推理。（158）」。為什麼他要這麼說呢？
因為對盧梭而言，懂得用文字語言作記載的人，已經是脫離自然
狀態的人。用隱喻的話來說，歷史就是建立在壓制自然的「善」
之上。即便如此，盧梭也強調，歷史卻從不曾真正地消滅過我們
的「善」。這個長年受到壞制度統治的「善」，一直退居在我們
的內心深處，卻從來也不滿意於污染它的人類「惡」史。盧梭要
強調，人因自然而獲得的「善」，一直存在於我們的內心之中，
不在歷史的演變之下，完全消弭在「惡」中。這是一場「善」與
「惡」之間的對立；「惡」的發展是歷史，但這個歷史與自然的
「善」無關。「惡」的歷史不斷地在拒絕、覆蓋，甚至穿越

「善」，但卻不能改變與摧毀「善」。這是為什麼，盧梭認為歷史真相的探討，將無助於理解人類不平等的起源，而應當回歸到最原初的自然狀態。盧梭坦承，這是一個實用的考量，因為「自然狀態」「在一個不再存在的狀態、一個過去也許從來沒有存在過的狀態，一個或許在未來永遠不會存在的狀態之中」，但是「為了對現狀做出正確判斷，擁有這個狀態的正確概念無論如何是必要的。（151）」盧梭認為，若要作「自然狀態」的探討，就必須用理性來作判斷，因為「最偉大哲學家不會指導這種實驗。（151）」盧梭指的，是霍布斯（T. Hobbes），這位論自然狀態最著名的政治哲學家。

盧梭說：「所有曾經檢視社會基礎的哲學家都覺得必須追溯到自然狀態，但是卻沒有哪一個人真正成功地做到這點。（158）」霍布斯錯誤地認為，自然狀態中的人，「天生就是壞的。（195）」盧梭認為，霍布斯用啟蒙與政治社會發展以後的思考方式描述自然狀態的作法，是錯誤的。這錯誤使得霍布斯的結論，即自然狀態就是一個人人相互攻擊的戰爭狀態，不合常理。如果人在一開始就面對生死存亡的戰爭狀態，那麼他們必須立即放棄那可怕的狀態，否則只有面對滅絕的下場。果真如此，那麼霍布斯根本就無法解釋，在「地理大發現」後，歐洲在世界各地所目睹的各種「前政治社會」。霍布斯的錯誤，在於他宣稱描述自然人，然而在實際上描述的，卻是那已經「啟蒙」的社會人。

自然人沒有道德嗎？對於盧梭而言，「他」根本就不知道「道德」為何。自然人因為無知，「所以不知道如何運用理性」，但因為同樣的理由，「所以也不知道如何濫用他的能力。（196）」我們可以因此說，自然人不壞的原因，正是因為他不知道什麼是好。自然人並不是因為啟蒙的發展，也不是因為法律的限制，

「*而是因為情感中的安寧，以及對於壞因的無知，使他們不做壞事。*（196）」盧梭認為，在理性發展前，情感中包含兩項自然天性，「自保之愛」（l'amour de soi）與「憐憫」（pitié）；它們使得自然狀態維持在一個相對均衡與穩定的狀態之中。為求「自保」，自然人必須以力相爭維持生存所需要的東西，但需求也僅限於最低階層，容易滿足。因此，雖然在我們眼中，自然人的行為處處顯得粗魯，但他們之間不會有真正的衝突。即使他們發生衝突，也是隨著眼前的爭奪分出勝負而結束，沒有記恨與報復。加上所有人（也包含動物）天生即具備的憐憫心，使得人不會因為見到別人痛苦而感到快樂。這也使得處於弱勢的人，不用擔心強者，因為自然提供滿足所有人的需求，「強者」與「弱者」也一樣活在「自保」與「憐憫」交雜的狀態中。所以，活在這個「前政治狀態」中的自然人處在「好的狀態」中，原因在於他們是「自足的」。他們與外在環境維持了一個均衡，使得人與人之間，享受了自由與平等。他們是自由的，因為他們在物質的、心理的以及人際的需求上，都能夠獨立地被滿足。他們是平等的，因為他們自然的不平等，不具有任何道德的意義[38]。這是一個無知於自己好壞的人所組成的狀態，於其中，沒有人的內心與外表是分離的；如果他粗暴，那是因為他不知道什麼叫精緻，如果他誠實，那是因為他不知道什麼叫欺騙。盧梭想要提升自然人，貶抑文明人的企圖已經很明顯了；自然人不但自由平等，還因此而比文明人幸福。

　　人的天性中，包含一種「求好」（perfectibilité）的特性，會

---

[38] V. Gourevitch, "Introduction," in J.-J. Rousseau, *The Discourses and other Early Political Writings*, p. xxi。

使人在自然環境中，追求比較好的生活空間。若是自然環境維持
滿足「自保」條件時，自然人不會主動「求好」。但是，當自然
環境改變了，當人口增加了，物質缺乏了，氣候改變了的時候，
人會隨著外在環境的改變而隨之調整生存方式。這代表原先「自
足」條件的破壞，接踵而至的就是依賴、分工、比較、獎懲的狀
態。結果是：類似於虛榮的「自重之愛」（l'amour propre）從自
然人所有的原始性格中脫穎而出，成為主導社會發展的動力。原
先人與人之間那種不具有價值意義的「不平等」，現在開始展現
他們在競爭環境下的優勢。那些比較強壯、比較聰明、比較敏
捷、比較美麗、比較大膽的人，就會注意到他們的才能，並會想
盡辦法，讓這些長處能夠在競爭環境中，發揮最大的價值。原先
那種不具道德意義的不平等，變成有社會價值的不平等。人的行
為與內心，也不再合而為一；行動的目的，是為了受別人的肯定
與讚揚。盧梭說：

> 人們習慣於聚集在茅屋前，或是大樹邊；唱歌與跳舞，是愛
> 情與閒暇的結果，但現在卻成為休閒群聚的男女之愉樂，或
> 者更恰當地說，日常生活的事項。每個人開始看別人，也開
> 始想要被看，於是獲得公開讚揚，成為一項獎賞。唱得與跳
> 得最好的人，就是最美與最強的人，最靈巧與最流暢的人，
> 也就變成最受矚目的人。這就是朝向不平等的第一步，同時
> 也是朝向惡的第一步。從這初步的偏好，一方面發展出虛榮
> 與蔑視，另一方面發展出羞恥與嫉妒。這些新的因素所發展
> 出來的結果，最後生成那些對幸福與天真有害的組合。（210）

人墮落的速度是非常快的。無須多久，這種不平等的現象，

不但發生在財富與權力上，也發生在心智與外表上。總之，只要是能夠贏得眾人注目的品質與才能，都是大家趨之若鶩的對象。追求社會價值，成為所有人努力的方向。至於個人本身變成完全不重要的東西。「真實與表面變成兩種完全不同的事物，在這個區別中，發展出驚嚇人的吹噓、迷惑人的計謀，以及所有附帶的惡行。（216）」慢慢地，心智與生理上的不平等，逐漸轉換成為富人與窮人之間階級的不平等，然後是主人與奴僕之間的不平等，最後是統治者與被統治者之間的不平等。總之，他們之間的結構都一樣，就是利用天生的不平等，博得最大的利益，並造成他人的損失。最嚴重的，是後天的人為不平等，它同時使得佔優勢者與居弱勢者，一起墮落。盧梭說：「富人的霸佔，窮人的搶劫，各種無節制的熱情，使自然憐憫心偕同那微弱的正義之聲音一起窒息，並展現出人的吝嗇、野心與惡毒。（217）」在「先佔為主」的權利與「強者為主」的權力之間，一直不停的發生爭端。只要看到對方還不是處在最悲慘的環境之中，我方就必須用盡心機，迫使其走投無路。爭端的結果就是無止境的戰爭與謀殺。「初始社會變成最可怕的戰爭狀態。（218）」

　　盧梭在論及戰爭狀態時，表現出他對於當代社會最嚴厲的批判。當人人讚揚現代法治社會之穩定奠基於契約理論時，盧梭卻認為社會契約，是富人對窮人「不安好心」的建議。當富人發現，持續的戰爭，不但花費所有累積的財富，也讓自己處在永遠的不安之中。為數眾多的窮人雖然更慘，但卻處處與富人拼命，彼此相互威脅，終非長久之計。盧梭說：「富人因為在緊急情況的逼迫下，最後在腦中浮現出人類從來不曾想過的最周詳計畫。（219）」這就是一種契約關係；它制訂原先自然權利所反對的機構與規則，轉換原先的敵人。它讓窮人反而變成防衛富人利益的

配合者。簡言之，盧梭說：

> 與其將我們自己的武力用來攻擊自己，讓我們一起聚集成一
> 個最高權力組織，它依照明智的法律治理自己，保護以及防
> 禦所有組織成員，驅逐共同敵人，並讓我們一起維持在一個
> 永久的協同之中。（219）

在這個協同關係中，傻乎乎的窮人還以為終於受到公平的待
遇了。殊不知，法治社會的起源，永不回頭地破壞了自然自由，
卻將財產的不平等固定成為法律。現在，為了少數人的野心，將
多數人置於工作、奴役與悲慘的境地之中，原先非常精緻的掠
奪，變成無可挽回的「權利」。這不是「自然權利」，而是「公
民權利」；它存在於「公民社會」中，不但用來約制「公民個
人」，其實也還隱而不彰地合法化那原來因霸佔而出現的不平
等。「合法化」來自一種使人與人對立的制度；它不但不鼓勵人
與生具備的憐憫性情，反而加以壓制，將個人權利的基礎，建立
在自私自利的制度之上。這充分展現了盧梭在「第一篇論文」中
即已揭示的一個重要觀念：人在變壞的同時，原始的善良卻不曾
完全消失。這同時也說明了，為什麼人因自然而是善良的人，卻
因為壞的制度而被治理成邪惡的人。這時候，盧梭已經成功地在
「第二篇論文」中，解釋了他在「第一篇論文」中所留下的問
題，也將「兩篇論文」的精神（「現代社會的批判」與「個人權
利的起源」），用他那一貫能夠打動人心的文字，連結在一起，
成為他政治著作中最具原創性的一部分。

七、以人為本的道德政治

　　盧梭的「兩篇論文」反映出一種「歷史悲觀論」。人脫離了
自然狀態,並成為政治社會動物的過程,不但是人的「宿命」,
也是人無法挽回的「事實」。這個「歷史悲觀論」敘述了盧梭自
己的故事,卻完全相反於當時因為追求「啟蒙」的樂觀主義。盧
梭成功地將社會大眾區分在上流社會之外,在原有以貴族、教士
以及中產階級的三種階級之外,為普羅大眾的利益大聲疾呼。因
此,我們可以說,對於「人」的關懷,是盧梭「兩篇論文」的基
點。

　　盧梭所關心的人,不是一個抽象的「人」,而是一個活生生
的人;他/她有理想要實現,也有現實要面對。目前,人並不是
處在幸福的狀態之中,因為他/她應當享有的一切,都已經被摧
毀了,不復存在。盧梭要做的,是向眾人提出警語,告訴他們,
目前的狀態是人為的,所以是不平等的。原先的狀態是好的,因
為它是自然的。人因自然而是好的,而那個建立在財產權與不平
等的社會制度,是一切罪惡的淵藪,是使主人與奴隸相互依賴的
制度。在盧梭強烈的人性訴求下,他並沒有進一步解釋,為什麼
自然中的一切都比社會中的好。事實上,這不但是一個沒有經過
論證的觀點,也是與許多同時代人相左的觀點。盧梭並不在乎他
所建構的概念之間,是不是能夠維持一致的推理,因為他非常清
楚,人性在現實社會中有許多地方必須加以調和,否則衝突與對
立勢不可免。這種兼顧理想與現實的融合,使得盧梭的作品出現
許多前後不一致的地方。

　　最著名的例子就是盧梭在政治思想中,有關「個人自由」與
「社群權利」之間的態度。盧梭的政治思想中呈現兩種相對立的

思維。在盧梭的早期作品中（以〈論人類不平等的起源與基礎〉為主），他不但肯定了個人自由，而且這是一個與所有社群脫離的個人。但是，在後期的著作中（以《社會契約論》為主），盧梭完全轉變了原先的思維，反而肯定社群對於消弭個人利益與權利上的合法性[39]。對於盧梭自己而言，這並沒有什麼不一致的地方，因為「個人自由」與「集體掌控」兩者，都是必要的。政治的目的，就是要在現實的環境中，調和這兩種情況。但是，這兩種必要性，卻無法放在同一個理論架構之中。詮釋盧梭政治思想的傳統，將這兩種條件發展成為兩種觀點。那種贊同個人自由的觀點，稱為「個人主義式的詮釋」[40]，而另外那種贊同社群權力高於個人權利的觀點，則稱之為「社會主義式的詮釋」。前者甚至被引申為一種極端的個人主義，必須為法國大革命中的暴民政治負責，而後者卻被引申為一種「集權主義」[41]。這兩種觀點確實存在於盧梭的政治思想中，只是因此而認定盧梭的觀點處於矛盾的想法，就過於偏執一方了。對於盧梭而言，重點不在於選擇「個人」與「社群」何者優先，重點是這些都是「人」必須面對的情境。盧梭在乎的是，人如何改善他／她的環境，而不是如何設計出最完美的理論。若是想要全面而且一致地理解盧梭的政治思想，應當採用「以人為本」的詮釋途徑[42]。

39　請參閱 C. Vaughan, "Introduction," *The Political Writings of Jean Jacques Rousseau*, C. Vaughan ed. (Cambridge: Cambridge University Press, 1915), p. 5。

40　請參閱 T. Todorov, "Le Rousseau que je l'aime," *Magazine Littéraire,* No. 357, p. 19。

41　請參閱 J. Talmon, *The Origins of Totalitarian Democracy* (London: Blackwell, 1952)。

42　以下有關於盧梭「人本主義」的內容以及「基本假設」的分類上，均參閱 T. Todorov, "Le Rousseau que je l'aime," *Magazine Littéraire,* No. 357, p. 19。

　　盧梭對於「人」做出三種基本假設：「我的自主性」、「你的不可侵犯性」、「他人的普遍共同性」[43]。「我」作為一個主體，具有自主的能力。我的行為並非全然受到外在力量所主宰。無論這個力量是神也好、是地理條件或歷史條件也好、是我自出生即已存在的外在條件也好，我作為一個主體，就享有選擇的自由，也因而必須為我自己的命運負責。「你」在我身旁，就值得受到我的尊重與珍愛，並不是因為你對我有什麼特定的利益，所以我必須這麼做，而是因為「你」本身。最後，所有其他人，那些與「你」「我」相同的「他人」，都擁有被尊重的權利，就像我尊重與珍愛你那般[44]。對於所有人都適用的普遍性，不但說明為什麼道德的基礎是普遍的，也說明為什麼道德的議題，整體地展現盧梭對於人性的關懷。

　　從這個「道德基礎」，開啟了所有盧梭論述的內容。對他而言，所有與人相關的事物，都與倫理道德相關，而因此都與政治相關。這說明了一個觀點，「對於盧梭而言，一切都是政治的，因為一切都是道德的。」[45]當盧梭論及人類命運、不平等起源、教

---

43 同上所引。

44 這三種有關人的基本假設及其分析，來自三句盧梭的話：一、「人自認擁有去同意或拒絕的自由」（Il se reconnaît libre d'acquiescer ou de résister.）；二、「人是一個非常高貴的存有，他不能單單作為他人的工具」（L'homme est un être trop noble pour devoir servir simplement d'instrument à d'autres.）；三、「在我們內心之中，除了對正義的愛之外，就是對人類的愛。」（L'amour du genre humaine n'est autre chose en nous que l'amour de la justice.）。詳請參閱：T. Todorov，同上所引之文章。

45 "Tout est politique parce que tout est moral". 這是J.-M. Goulemot所提出來的觀點。詳請參閱J.-M. Goulemot, "La politique selon Jean-Jacques," *Magazine Littéraire,* No. 357, p. 41。

育的方法，甚至戲劇、音樂、植物學時，這一切都是為了道德／政治。因此，雖然我們在一開始說盧梭有多重風貌，但這些差異僅止於表面，它們都是為了人類道德與政治所提出來的觀點[46]。道德與政治是盧梭最根本的關注焦點。從最能代表道德／政治的著作來檢視盧梭，就是能夠全面展現盧梭思想的關鍵。

八、結語

我們透過生平與「兩篇論文」，重構了盧梭政治思想的前期觀點。展示這個觀點的意義，在於顯示如下三點有助於全面掌握盧梭政治思想的概念。第一、是「自然完美論」。這一點幾乎在所有盧梭的著作中都很明顯，尤其是「兩篇論文」中。盧梭明確地想要在讀者心目中留下如下印象：「自足」原始人的習性，是人性的典範。人類的歷史，就是一部「破壞自足的歷史」，充斥著人與人之間的交相爭利，直到不平等的結果，在公民社會中被制度化成為受法律保障的「公民權利」。第二、是「歷史悲觀論」。或許有人會認為，盧梭企圖透過「自然」與「社會」的比較，邀約我們「回到自然」。這是錯誤的。所有盧梭做的，只是

---

46 若說論及人類命運、人類不平等、教育方法等與道德／政治相關實在不足為奇，但說戲劇、音樂與植物學與道德／政治相關，則必須加以解釋。根據Goulemot的說法，戲劇可以透過它的內容使觀眾墮落或提升（盧梭的著名戲劇「自戀」（*Narcisse*）的序言即是一篇有關〈論科學與藝術〉批判的回應。請參閱："Preface to Narcisse," in J.-J. Rousseau, *The Discourses and other Early Political Writings*, V. Gourevitch trans.; 法文原著，參閱《盧梭全集》第二卷。音樂作為國家整體的一部分，自然也與道德／政治有密切的關係。就是植物學也與政治相關，因為它具有使人避開世間紛爭的功用。詳請參閱 J.-M. Goulemot, "La politique selon Jean-Jacques," *Magazine Littéraire,* No. 357, p. 42。

表達他對過去的懷念，但他也非常清楚，原始人的純真，永遠不
會再回來了。他不諱言，對於人類歷史發展的軌跡，感到無限的
失望，但是這個墮落的歷程已經發生了。或許我們只能以〈創世
紀〉中，人失去伊甸園的描述來比喻盧梭作品中，他對於人失去
自然善良所抱持的遺憾[47]。第三、是「政治神權論」。盧梭的「第
二篇論文」中，有一部分是〈對日內瓦共和國的獻辭〉。這部分
的內容與論文本身並不一致，但是它具有一個很重要的連接意
義；它是盧梭前期與後期政治思想的銜接作品。「歷史悲觀論」
指的是現實，但政治本身卻有其理想性。我們不必全然因為不能
回到自然，就放棄規劃未來的理想。盧梭對於政治不但抱持理
想，還有一個理想的模範，就是他的祖國：日內瓦共和國。在這
篇獻詞中，盧梭均以日內瓦作為政治理想的代表，其中包含「小
國寡民」、「萬民一心」、「法治社會」、「社會道德與個人自由的
結合」，以及「全民主權」等等。毫無疑問的，這些都是對於日
內瓦的讚美，但是當時的日內瓦究竟有多好，是否真的足以作為
「政治理想」典範，則是一個值得懷疑的問題[48]。然而，這卻充分
顯示盧梭的愛國心。對於盧梭而言，正如同我們在先前所述，政
治不但與道德結合在一起，個人德行只能展示在與國家結合在一
起時。雖然盧梭從不用神學理論來論述政治，但他對於祖國所表

47　請參閱 Starobinski, "The Political Thought of Jean-Jacques Rousseau," in
　　Rousseau's Political Writings, op. cit., p. 224。

48　Cranston 即曾說過，當時的日內瓦共和國，實際上是一個包著「共和外衣」
　　的「貴族獨裁」。並且在貴族、公民（盧梭為公民）與居民（非公民）三種
　　階層中，一直不斷有「貴族政治」、「共和制度」與「民主政治」之間的意識
　　型態爭執。請參閱 M. Cranston, *The Early Life and Works of Jean-Jacques
　　Rousseau 1712-1754* (Chicago: University of Chicago Press, 1982), pp. 13-29。

現的信仰，幾乎等同於一種「宗教信仰」。這並非偶然，因為他確實想將政治提升人民幸福的功能，與原先宗教在同一方面所發揮的功能，作一個具有現代精神的融合。盧梭「世俗化」了許多宗教信念，最後卻「宗教化」了人倫關係中最現實的一面，也就是政治。

九、譯後語

　　十多年來，我一直在教學與研究的忙碌生活中，擠出時間做這份由當時國家科學委員會（現科技部）人文處所補助的翻譯工作。我不斷地嘗試用最貼切的用語，將18世紀的法文轉換為21世紀的中文時，盡可能保留盧梭那令人激昂的優美文字。我知道，這很難，但為了這個目標，我翻閱許多參考資料，企圖透過註腳的補述，讓讀者更清楚地理解文本的內容。

　　在翻譯過程中，我徵詢過許多人的意見，但人數太多，無法在此一一致謝。之璇與清水兩位助理，幫助我整體地做了勘誤的工作，使得這份譯文避免了許多錯誤。尤其是旅居法國多年的清水，給我最多建議，特別感謝。最後，我要向當年的國家科學委員會人文處致上最誠摯的謝意，給我這個機會，讓我一償宿願，將這份重要的經典，以更為完整的方式，呈現在中文世界。

苑舉正

國立台灣大學水源校區

譯註主要參考資料

　　本翻譯乃依據Jean-Jacques Rousseau, *Discours sur les science et les arts; Discours sur l'originalité de l'inégalité* (Paris: Flammarion, 1971)之版本。其中有關兩篇論文以及相關論戰的部分，採用《盧梭全集》第三冊（Tome III, *Œuvres cpmplètes* [Paris, NRF-Gallimard, Bibliothèque de la Pléiade], pp. 1-236）。只有〈伏爾泰針對〈論不平等論文〉寫給盧梭的信〉是另外選入的信件。

　　翻譯之註腳主要參考如下資料，其他資料則在註腳中列舉全書方式為之：

　　Audi, R. (ed. Rousseau, Jean-Jacques), *Cambridge Dictionary of Philosophy*, (Cambridge, 1994).

　　Havens, George R. *Jean-Jacques Rousseau: Discours Sur les Sciences et les Arts* (New York: Modern Language Association of America, 1946).

Robert, P. *Dictionnaire Universel des Mots Propres, Le Petit Robert 2* (PR2) (Paris: Le Robert, 1981).

Roger, Jacques, «Introduction», *Discours sur les science et les arts; Discours sur l'originalité de l'* inégalité (Paris: Flammarion, 1971).

Rousseau, Jean-Jacques *Discourse on the Origins of Inequality (Second Discourse), Polemics, and Political Economy*; edited by Roger Masters and Christopher Kelly and translated by Judith Bush, Terence Marshall, Roger Masters and Christopher Kelly (Hanover, NH.: University Press of New England, 1992).

Rousseau, Jean-Jacques *Discourse on the Sciences and Arts (First Discourse) and Polemics, The Collected Writings of Rousseau*, edited by Roger Masters and Christopher Kelly and translated by Judith Bush, Roger Masters and Christopher Kelly (Hanover, NH.: University Press of New England, 1992).

Rousseau, Jean-Jacques *The Discourses and Other Early Political Writings*, ed. & trans. by Victor Gourevitch (Cambridge: Cambridge University Press, 1997).

Trousson R. & F. Eigeldinger, *Dictionnaire de Jean-Jacques Rousseau* (Paris: Honoré Champion, 1996).

盧梭的生平 [1]

盧梭在「論文時期」前的生平

讓－雅克・盧梭（Jean-Jacques Rousseau）於1712年6月28日，在日內瓦出生。母親為蘇姍・柏娜德（Suzanne Bernard），在盧梭出生後九天，於7月7日過世。父親為以撒（Issac）・盧梭，從事鐘錶業。

1722年：以撒與人發生衝突，必須在10月11日離開日內瓦。於是，盧梭被送往位於鮑希（Bossey），郎貝西牧師（Pasteur Lambercier）家裡寄養。

1724年：盧梭重回到日內瓦，並被送往在一位書記員那裡作學徒。

1725年：盧梭往雕刻師傅杜公鳴（Du Commun）處作學徒。

1　翻譯與整理自 J. Roger, "Chronologie," Jean-Jacques Rousseau, *Discours sur les sciences et les arts; Discours sur l'origine de l'inéglité* (Paris: Flammarion, 1971), pp. 5-12。

1728年3月14日：散步歸來的盧梭，發現眾城門都關了。於是，他索性決定離開日內瓦。3月21日，他受華倫夫人（Madame de Warens）接納，然後被她指示轉往杜林（Turin），在那裡改信天主教。在修道院中，盧梭先作僕役，然後成為古逢修道院院長（l'abbé de Gouvon）的秘書。

1729年：盧梭被開除，重回到安耐希（Annecy），住在華倫夫人家中。

1730年：多次旅行。7月份，盧梭前往洛桑（Laussane），盧梭自學成為音樂家，還辦過一次音樂會。然後，盧梭定居在諾夏德（Neuchâtel）並且教授音樂課。

1731年：多次旅行。盧梭第一次住在巴黎；9月份，盧梭在香蓓莉（Chambéry），重逢華倫夫人。

1732年-1739年：除了短暫時間的旅行之外，盧梭在這一段時間中，很少離開過華倫夫人。1737年，他們定居在夏美特（Charmettes）。

1740年：盧梭定居在里昂，成為德馬布雷先生（M. de Mably）兩位男孩的家庭教師。

1741年：盧梭重回到夏美特。

1742年：盧梭赴巴黎，並於8月22日在科學院宣讀他的「樂符簡記法」文章，〈有關音樂新樂符的計畫〉（Project concernant de nouveaux signes pour la musique）。

1743年：盧梭認識杜潘夫人（Mme. Dupin），並與她的女婿方谷

儀（Francueil）結交。6月份，盧梭成為甫受任命為法國駐威尼斯大使的蒙泰巨子爵（comte de Montaigu）的秘書，並於7月與他出發就職。

1744年：盧梭因為與蒙泰巨大使發生衝突，返回巴黎。

1745年：盧梭開始與拉瓦瑟交往；創作歌劇《風雅的繆思女神》（*Les Muses galantes*）；改編伏爾泰與拉摩（Rameau）的歌劇《哈密爾節慶》（*Les Fêtes de Ramire*）；與狄德羅（Diderot）與貢狄雅克（Condillac）來往。

1746年-1748年：盧梭成為杜潘夫人的秘書，與她同住在夏農瑟（Chenonceaux）。同時，盧梭也作了一些小戲劇。這時（分別在1746年與1748年），盧梭將他與拉瓦瑟所生的兩個孩子，送進孤兒院。

盧梭在「論文時期」的生平

1749年：

1-3月，盧梭在《百科全書》中，準備有關音樂的詞條；

7月24日，狄德羅遭拘捕，被關在范錫恩堡（château de Vincennes）；

10月份，盧梭探視狄德羅，在路上，他閱讀《法國信使》雜誌時，發現第戎學院為1750年道德論文獎徵文比賽題目：〈科學與藝術的重建是否有助於淨化風俗〉。盧梭後來在《懺悔錄》第一書，第八章中說：「一看到這個題目，我馬上目睹另一個世界，並且變成另一個人。」在〈給馬爾澤伯的第二封信中〉，盧梭說：「當時，內心的悸動，形成一股強有力的感覺，壓著我的胸

腔，讓我行走時，有不能呼吸的感覺，促使我倒在路旁一棵樹下。然後，再起身時，我才發覺，我上衣的前端，已經被我在不知不覺中流出來的淚水，浸得濕透透的。」於是，盧梭拿起鉛筆，立即寫下法布里修斯（Fabricius）那激烈的警語。見到狄德羅時，他竭力鼓勵盧梭寫出論文，並且參加比賽。盧梭接受他的建議，開始寫作〈第一篇論文〉。其過程中，狄德羅曾經提出一些指正。

1750年：

3月份，盧梭將論文送往第戎學院。

7月9日，第戎學院頒此論文首獎。

7月20日，盧梭向第戎學院表達謝意。

這一年的秋天，負責管理法國書籍出版的官員，馬爾澤伯（Malesherbes）不顧檢查員的反對意見，授權出版〈第一篇論文〉，但當時因為盧梭生病的緣故，所以由狄德羅代為監督印刷。

11月份的時候，黑納（Raynal）在《法國信使》雜誌給予〈第一篇論文〉的簡短摘要。

1751年：

1月8日，〈第一篇論文〉的出版，是登記在一個假的日內瓦地址下，但在巴黎，由皮索（Pissot）書店出版。

1月份時，狄德羅寫信告訴盧梭，〈第一篇論文〉銷售成績之好，前所未見。（《懺悔錄》第一書，第八章）

2月至3月之際，盧梭離開方谷儀，並決定以抄寫樂章為生。

4月20日，剛將第三個孩子送往孤兒院的盧梭，寫信給方谷儀夫

人，為自己的行為辯護。

6月份，黑奈在《法國信史》提出對於〈第一篇論文〉的一些觀察，然而盧梭立即寫了一封回應信。

9月份，波蘭遜王史達尼斯拉斯（Stanislas）以匿名的方式，在《法國信史》出版〈對第一篇論文的反駁〉。

10月份，盧梭出版了〈觀察〉，答覆波蘭遜王的批判，但仍尊重他的匿名身分。同時，《法國信史》出版南希科學院院士高捷（Gautier）對於〈第一篇論文〉的反駁。

11月，盧梭出版一封致葛林（Grimm）先生的信，回應了高捷對他的批判。

12月，《法國信史》出版〈論科學與藝術的好處〉。該文曾於6月22日由盧梭的舊友博德（Bordes）在里昂學院宣讀。

1752年：

4月，盧梭針對博德的論文，出版〈盧梭的最後回應〉。

4、5月間，盧梭出版一封信，回應一篇論文對〈第一篇論文〉的新批判。這篇批判論文為勒卡（Le Cat）所著，其身分為盧昂科學院終身職秘書，但在作這篇批判論文時，他假冒第戎學院的一位院士。

夏天時，盧梭創作歌劇《村莊的佔卜師》（*Le Devin du village*）。

10月18日，《村莊的佔卜師》在國王（路易十五）面前，於楓丹白露堡演出，獲得好評。國王願聘盧梭為御用音樂師，但在受獎時，盧梭並沒有出席。狄德羅曾為這件事情，責備過盧梭的態度。（《懺悔錄》第一書，第八章）

12月18日，盧梭所創作的話劇《自戀者》（*Narcisse*）在「法國劇院」上演，這是盧梭在年輕時所創作的喜劇。演出失敗。

1753年：

春天，盧梭的《自戀者》出版，並附帶一篇序，於其中，盧梭強力批判當時社會，並為他的戲劇自我辯護。

9月份時，博德針對盧梭的回應，再寫了一篇批判。盧梭原本想要針對這篇批判，再寫一封回應函，但只作了一篇序言。

11月，《法國信使》出版1754年論文獎的題目，「人類不平等的起源為何；以及這個不平等是否為自然法所許可？」盧梭在《懺悔錄》第一書，第八章中說：「受這個偉大題目驚嚇之餘，我對於第戎學院膽敢提出這個題目感到詫異。不過，既然它有這份勇氣提出這個題目，那我也可以有勇氣寫這份論文；而且我作了。」為了思考論文，盧梭在巴黎郊區的聖日耳曼森林中漫步八天。

11月底至12月初，盧梭在出版〈有關法國音樂的一封信〉之後，因他明顯認同義大利音樂風格的緣故，引發某些人公憤，盧梭的芻像被巴黎歌劇院的管絃樂隊所懸吊。

1754年：

春天，盧梭寫〈論人類不平等的起源與基礎〉（以下簡稱為〈第二篇論文〉）。

6月1日，盧梭與德蕙斯出發至日內瓦，順道至香蓓莉，訪問華倫夫人。

6月12日，盧梭在香蓓莉寫〈第二篇論文〉中對日內瓦共和國的〈獻辭〉。實際上，第戎學院看不下這篇論文。

8月1日，盧梭再次改宗，又成為日內瓦新教教徒，同時他也恢復日內瓦公民的身分。

10月份，盧梭在日內瓦定居的意願轉弱，決定搬回巴黎。同

時，〈第二篇論文〉在阿姆斯特丹由馬克－密協雷（Marc-Michel Ray）書店出版。

1755年：

4月24日，〈第二篇論文〉正式付梓。

6月份，盧梭提交〈第二篇論文〉到日內瓦議會。同時，該論文也獲得馬爾澤伯的許可，准予在法國發行。

8月份，1700本〈第二篇論文〉運抵巴黎，在皮索書店販售。

8月30日，伏爾泰寫信給盧梭，批判〈第二篇論文〉。實際上，從伏爾泰所閱讀的〈第二篇論文〉裡所作的眉批看得出來，他的態度其實比信中所表現的更為強烈，尤其是針對〈第二篇論文〉的第二部分開始的地方。

9月10日，盧梭回信，說他無意將人類帶回野獸時代，也認定伏爾泰絕無可能到達這個狀態。

10月份，《法國信史》出版〈日內瓦公民——愛城人的信〉（La lettre de Philopolis, citoyen de Genève），作者是日內瓦自然學者與哲學家查里斯‧勃內（Charles Bonnet）。針對這信，盧梭也作了回應。

盧梭在「論文時期」後的生平

1756年，盧梭住在戴皮內夫人（Mme. D'Epinay）的公園中的艾米塔吉（Ermitage），位於夢摩杭西（Montmorency）。同時，在沒有什麼特別規劃的情況下，盧梭開始寫小說《新愛洛依絲》（*La Nouvelle Héloïse*）。

1757年3月，盧梭與狄德羅發生第一次爭執。全年中事件不斷，

他與「百科全書派」的學者之關係日漸交惡。該年春季，盧梭開始與鐸德圖夫人（Mme. D'Houdetot）交往。12月10日，盧梭被戴皮內夫人從艾米塔吉趕出去，改住蒙路易（Montlouis）的花園裡，但仍在夢摩杭西。同時，他也接到《百科全書》第七卷。閱讀後，盧梭決定針對達蘭貝（d'Alembert）在伏爾泰建議下所寫的〈日內瓦〉文，提出回應。

1758年3月9日，盧梭完成〈給達蘭貝有關戲劇的信〉（*Lettre à d'Alembert sur les spectacles*）；5月6日，盧梭與鐸德圖夫人決裂；6月與狄德羅永遠決裂。

1759年，盧梭仍在夢摩杭西，開始寫《愛彌兒》（*l'Emile*）。

1760年，盧梭除了寫《愛彌兒》之外，另外還寫《社會契約論》（*le Contrat social*）。

1761年1月，《新愛洛依絲》在巴黎大賣；10月，《愛彌兒》在巴黎付梓；11月，盧梭將《社會契約論》的手稿，交與馬克－密協雷書店，準備在阿姆斯特丹出版。

1762年1月，在1761年底，經過一段憂鬱期的盧梭，寫了四封自傳式的信給馬爾澤伯，作為自我辯護；5月底、6月初，《愛彌兒》上市，卻立即招到巴黎最高法院的譴責與焚毀。6月11日，盧梭因為拘捕令，逃離夢摩杭西。同時，《社會契約論》在法國被查禁。更糟的是，在日內瓦，《社會契約論》與《愛彌兒》同時遭到當地政府下令焚毀。6月14日，盧梭逃抵依維東（Yverdon）後，又遭當地政府驅離。7月10日，盧梭逃到摩介－塔維（Môtiers-Travers），該地由於依附普魯士國王的緣故，所以賦予盧梭保護

許可。8月28日，巴黎主教，克里斯多夫‧德布蒙（Christophe De Beaumont）頒佈主教訓諭，譴責《愛彌兒》。盧梭下決心回應，於11月18日寫〈給克里思多夫‧德布蒙的信〉。

1763年4月16日，盧梭取得諾夏德國籍，並於5月12日放棄日內瓦公民身分。

1764年，盧梭寫《山間書信》（*Les letters écrites de la montagne*），藉此以回應童欣（Tronchin）所寫的《鄉間書信》（*Les letters écrites de la campagne*）。12月27日，伏爾泰的《公民的情感》（*Sentiment des citoyens*）出版，書中內容嚴厲譴責盧梭將自己孩子全部送入孤兒院。盧梭將伏爾泰的這篇抨擊文章，歸於維納牧師（Pasteur Vernes）。因此，盧梭決定寫《懺悔錄》。

1765年，盧梭先過了一段極為憂鬱的日子，然後遭人以石頭攻擊。不得已，盧梭分別於7月以及9月，逃離摩介－塔維，轉往位於伯延能湖（lac de Bienne）中的聖皮耶島（L'île de Saint-Pierre）。然而，又因為遭到伯恩小議會下令驅逐的緣故，使盧梭接受英國哲學家休謨（D. Hume）的邀約，前往英國。11月2日，盧梭經由史特拉斯堡；12月16日，盧梭帶著安全通行證，抵達巴黎。

1766年1月4日，盧梭離開巴黎，抵達倫敦。但過不了多久，就跟休謨鬧翻了，改住在沃敦（Wooton）。在巴黎的哲學界鼓勵之下，休謨將他與盧梭鬧翻的事情公諸於世。

1767年5月21日，盧梭離開英格蘭，逃往提耶（Trye），並在宮第王子（le prince de Conti）保護下，盧梭以讓－約瑟夫‧荷農

（Jean-Joseph Renon）的假名生活。

1768年8月30日，盧梭與拉瓦瑟在勃冠（Bourgoin）市長的福證下結婚。

1770年，盧梭恢復本名；6月，搬到巴黎，開始宣讀他的《懺悔錄》。

1771年，戴皮內夫人獲得警察總監的命令，禁止盧梭在公開場合宣讀他的《懺悔錄》。

1772年-1775年，盧梭重新從事於樂章抄寫的工作，也做一些園藝的事情。後來，為了避免哲學界的「陰謀」，盧梭寫了《盧梭評論讓－雅克》（*Rousseau juge de Jean-Jacques*）。

1776年，在「妄想症」的影響下，盧梭想把《盧梭評論讓－雅克》的手稿，放在巴黎聖母院的大祭壇上，但因為祭壇的柵欄關閉而作罷，但他仍將手稿交給貢狄雅克（Étieme Bomot de Condillac）。4月份，盧梭在大街上發放一份事實陳述書，題目為〈給所有仍然愛好正義與真理的法國人〉（*A tout Français aimant encore la justice et la vérité*）。到了夏天，隨著心智問題的和緩，盧梭開始寫《孤獨散步者的漫想》（*Les Rêveries du promeneur solitaire*）。

1778年5月20日，盧梭接受德吉鴻旦侯爵（le marquis de Girandin），為他在艾曼農市（Ermenonville）所提供的住處。盧梭於7月2日上午11時病逝此地。

讓－雅克・盧梭：
論科學與藝術（第一篇論文）
以及相關論戰

森林之神，你不認識火；參見頁81，盧梭註R5。

本論文[1]
於1750年獲第戎學院獎[2]

該學院所出之題目：
科學與藝術的重建是否有助於品行的淨化[3]

1　盧梭稱呼本翻譯中所包含的這兩篇作品為「論文」（Discours）。這個稱呼，
　　是有特殊意義的。這一篇論文〈論科學與藝術〉（Discours sur les Sciences et
　　les Arts），也被稱為〈第一篇論文〉（Premier Discours）以及下一篇論文〈論
　　人類不平等的起源與基礎〉（Discours sur l'Origine et les Fondements de
　　l'Inégalité parmi les Hommes），也被稱為（第二篇論文）（Second Discours）。
　　這兩篇都是為了參加第戎學院徵文比賽的論文。

2　第戎學院的全名為，*Académie des sciences et belles lettres*（科學與文學學
　　院）。它在1749年10月將1750年論文獎的題目，刊登在《法國信使》
　　（*Mercure de France*），並且規定，論文最遲於1750年4月1日以前提交。每
　　篇論文被閱讀的時間不會超過半小時，評審於7月達成決議，8月宣佈得獎
　　人。盧梭後來在《懺悔錄》中，回憶他初次看到這個題目時的感覺。他當時
　　在拜訪「啟蒙運動」哲學家狄德羅（Denis Diderot, 1713-1784）的路途上，一
　　邊沿著路走，一邊閱讀《信使》的內容。當他看到第戎學院的徵文題目時，
　　他的腦海中，立即冒出一大堆理念，這些理念在他身上所產生的衝擊之強，
　　使得他必須在路邊一棵大樹坐下來，然後在樹下，將方才所冒出來的理念作
　　一個整理（參見《懺悔錄》第八書）。在盧梭寫給馬爾澤伯（Malesherbes）
　　的四封自傳式的信件中的第二封信裡，他說：「在那約十五分鐘的時間內，
　　我在樹下所體驗出來的理念構成我的三份主要著作的內容：第一篇論文，有
　　關人類不平等起源的那篇論文（第二篇論文），以及那份有關教育的作品
　　（《愛彌兒》）；這三份作品是無法分開的。」

3　此處所指的「品行」，是原先題目中所用的字*moeurs*的翻譯。這個字無論在
　　中譯，或是在英譯裡，都非常困難（Masters: 203）。原因是英文中的morals
　　與中文中的「道德」都並不能夠適當地表達出*moeurs*這個字的意義。這個字

我在這裡就像是一個野蠻人，因為沒有人理解我。

——奧維德[4]

除了表達「倫理上正確的行為」之外，另有「生活方式」、「共同的信念」、「約定俗成的習慣」等意思。雖然從某種聯想的角度而言，我們可以感受得到 *moeurs* 的這兩種「意義」之間的關係，但是就中文中的「道德」而言，它明顯地有第一個意思，但是沒有第二個意思。英文中似乎也沒有一個適當的字來表達 "shared public morality"（Gourevitch: xlv），因此我們擬採取如下的處理方式：當 *moeurs* 這個字在被使用的脈絡中，出現「倫理含意」時，我們使用「道德」這個字。當這個字的用法中，出現「習慣」、「生活方式」的含意時，我們用「品行」一詞，作為翻譯。根據 Gourevitch 的說法，在此處盧梭明顯地將這個題目理解為：「藝術」與「科學」對於我們的「道德品味」、「品行」、「判斷」、「行為」以及「一個社群的生活方式中所擁有的特性」（Gourevitch: xlv）所帶來的衝擊，我因此將題目的 *moeurs* 譯為「品行」，論文中其他部分則多翻譯為「倫理風俗」。

4　奧維德（Ovid；全名為 Publius Odidus Naso; 43 B.C.-17 or 18 A.D.）羅馬詩人，放棄法律事業，改行作詩人，以寫豔詩著名於羅馬。於西元 8 年，因其在一份作品（*L'art d'aimer*）中論及長生不死的證明，因而被放逐於 Tomes（在現今羅馬尼亞境內，黑海一帶），並辭世於該地區。這裡盧梭所引的話，採自奧維德在放逐歲月中所寫的詩集（*Tristia*）。盧梭在此以這一段題詞作為理解全篇論文的一個指引，實際上是有其用心之處。單從字面上的意義而言，盧梭似乎是在說，在他所處以法國舊制度（*ancien régime*）著名的這個時代中，很少人可以理解他在這一篇論文所論及的主題，即「共和國」的本質。這似乎也是正確的，因為我們只要從他有關政治上的作品，在 18 世紀歐洲所受到的「官方」待遇，即可發覺這句題詞引用的「真實性」（Gourevitch: 322）。但是這個字面上的解釋，可能只是表面上的，因為根據 Masters 的詮釋，盧梭在此應用這一句話的用心良苦，他其實是在強調，即使在這篇論文中，藝術與科學受到極為嚴峻的批判，但是他在論文的一開始，即將自己比喻成為一個「詩人」，足以說明他本人對於「藝術」的態度（Masters: 202-3）。

作者的聲明 [5]

　　什麼是名聲？就是這一份不幸的作品為我爭得了名聲。雖然這一份作品為我贏得獎，也使我出了名，但是很肯定的，這是一份頂多是平庸的作品。同時，我也敢說它是我這裡所選出來的文章中，最微不足道的一份作品。如果這第一份作品的問世受到應有對待的話，作者可以避免因這份作品所導致的深重的苦難啊！但是無可避免地，那起初就不正確的關愛，漸漸為我帶來更不正確的懲罰。[6]

5　這一段話是1763年，當盧梭本人在編一套自己作品的選集中所加上去的。有
　關這一份《選集》中包含哪些作品並不是很清楚（見Masters: 203），但是有
　關盧梭本人對於第一篇論文感到不滿意，則是他在其他地方也有提到的（見
　《懺悔錄》第八書）。

6　盧梭會認為這一篇論文展開了他受到排擠與譴責的命運確實是有原因的。因
　為自從盧梭的《第一篇論文》使他聲名大噪之外，也為他展開「哲學之
　路」。根據Jacques Roger的說法，《第二篇論文》使得世人不得不承認原先以
　「音樂家」著名的盧梭現在是「哲學家」（參閱Roger, "Introduction", p.13）。
　但是，盧梭在1763年寫下這一段文字時，卻正是他發展他的哲學思想十多年
　來，最為艱苦的時期。首先是他在1761年底，約在《社會契約論》送往阿姆
　斯特丹付梓後不久，他經歷一段因憂鬱所引發的危機，然後在1762年五月，

因為《愛彌兒》在市面發售，引發巴黎國會的嚴厲譴責，下令焚毀。6月，
盧梭因被判拘提緣故，逃離巴黎，潛赴Yverdon。此期間，《社會契約論》在
巴黎被禁，《愛彌兒》在日內瓦被焚。7月間，又因為伯恩（Bern）政府之
令，將盧梭驅離出境，轉逃往Motîers-Travers，受普魯士國王保護，暫時居
住下來。這段文字就是在這裡暫時居住時所作。次年1763年，盧梭放棄他一
直相當引以為傲的日內瓦公民權。1764年12月17日，《公民的情緒》
（*Sentiments des citoyens*）雜誌中，出版一篇譴責盧梭拋棄子女的文章，對盧
梭打擊很大，他除了懷疑這篇匿名文章是伏爾泰（F.-M. Voltaire）所為之外
（Gourevitch: xxxiv），也決定撰寫《懺悔錄》。在這一連串的打壓與排擠中，
盧梭一直認為這些都是有心人士對他進行迫害的計畫，如果不是因為他的名
氣，他或許不至於遭受到如此的命運（Masters, 203）。

序言

　　在歷來被討論的，既偉大又非常好的問題中，本論題是一個。這篇論文不會牽涉那些令所有文藝界人士趨之若鶩，以及在學院活動中總是無法避免的形而上的微妙探究。在這篇論文中，所牽涉到的，卻是與所有人類幸福相關的真理中的一個。

　　我預料，若要一般人原諒我在這篇論文中所大膽採取的立場，將會是很困難的。在公然攻擊人們今天所推崇的事物的情形下，我能夠期待的，只有全面的詆毀。同時，這篇論文不是為了獲得幾個智慧人的認同，進而博取公眾的認同。我的立場也就決定了：我並不在意於是否取悅那些有才華的人、或是風頭人物。在各個不同的時代中，有一些人生來就束縛於他們所處的世紀、國家與社會的意見。這樣造成今日的思想自由人或哲學家[7]，若是在「神聖聯盟」的時代[8]，基於同樣的理由，他不外就是一個狂熱

7　此處盧梭所用的字是"*l'esprit fort et le philosophe*"，前者（l'esprit fort）有三個意義：「不信神者」；「有自由思想者」；「不受世俗之見約束的人」。後者一般翻譯為「哲學家」。盧梭在這裡有將此二者當成同義字的味道，似乎也突顯出他所處時代中的「自由」與「啟蒙」的氣氛。

8　"*La Sainte Ligue*"，是16世紀法國因為要消滅境內「新教徒」，於1576年所組

份子。當某人企圖超越他所處的世紀時，就不應當為這種讀者而寫作。

　　在我結束序言前，我必須再說一句話。因為我沒有想到會得獎，所以自從我送出原稿之後，我已經將這篇論文的內容，改寫增加到幾乎可以說是一份另外的作品。今天，我相信有義務將它恢復到我原先獲獎時的內容。我只在原稿中補充幾個註釋，並且所增加兩段的地方，是容易辨認的，或許「學院」不會認同這些增補[9]。我認為公平、敬意與感激要求我提出這個聲明。

的「天主教聯盟」。這一個聯盟後來重要性大為減弱，因為原先為新教徒的亨利四世（法國國王1589-1610）在新教徒（胡格諾派（Huguenots）；按：16-18世紀，法國天主教徒對於境內之喀爾文派教徒之稱呼）與天主教徒的戰爭中獲勝（Coutras, 1587）。亨利四世雖然在當上法國國王之後放棄新教信仰，但在1598年4月30日簽署、頒佈「南特詔書」（Edict de Nantes），昭令容忍新教信仰。

9　事實上，盧梭在此處所增加的內容，並不是如他所說的明顯（Masters: 203）。但是根據Gourevitch 的說法，它在此所增加內容的意義應當是，這些增錄的部分只會增強他對於「啟蒙運動」與「舊制度」的批判（Gourevitch: 323）。

論文

我們被善良的外表所欺騙[10]

科學與藝術的重建是否有助於淨化倫理風俗，或是導致敗壞
倫理風俗呢？這是在此所要檢視的問題。我在這個問題中應當選
擇哪一邊呢？先生們，應當選擇適合於一個誠實的人這一邊，而
這人什麼都不知道，但仍然自我敬重。

我可以感覺到，要在我受評審的會議面前，使我要說的論點
合宜將會是困難的。我如何敢在歐洲最博學的學人團體前責難科
學，在一間著名的學院中讚揚無知，以及在對研究的蔑視與對真
學者的尊重之間作調和呢[11]？我看到這些矛盾，但是它們並不能

---

10 原文為拉丁文，*Decipimur specie recti*。這句話選自羅馬詩人 Horace（拉丁原
　名為 Quintus Horatius Flaccus, 65-8 B.C.）的詩集《詩的藝術》（*ars poetica*）
　之中。根據 Horace 的意思，他認為被蒙蔽的是詩人（Gourevitch: 323）。

11 「學人團體」的法文原文是 *savantes compagnies*，另外，「真學者」的法文原
　文是 *les vrais savants*。在此，*savant* 這個字，無論是當成形容詞或是名詞，指
　的都是「有學問的人」，而且依照 Gourevitch 的觀點，這個字在此與題目中的
　science 有相同的意思。換言之，此處盧梭所談的 *science*，其所指的意思不應

阻擋我。我告訴我自己，我並不責難科學。我所作的，只是在有德行的人面前捍衛德行。正直對於善良的人，比博學對於有學問的人，更加可貴。那麼，我有什麼好擔心呢？擔心聽我傾述之評審團的智慧嗎 12 ？我承認我擔心，但這只針對本論文的寫作結構，而不是因為演說者的情緒。公正的君主在有爭議的討論中，從來不會遲疑地責難自己。而對於有理的一方來說，最為有利的立場，就是能夠面對正直與開明的對手，作自我辯護，依照自己的理由作判斷。

　　除了這個鼓勵我的動機之外，還有另外一個決定我這樣作的動機：那就是，依照我的自然亮光，捍衛真理這一邊之後，無論我的成就如何，我都少不了一個獎，因為我將會在我的內心深處中找到它。

　　僅以類似「自然科學」作為理解的依據。它所指的意義是更為廣義的「知識」，或是「學問」。同樣的，題目中的「藝術」，也應當從一個比較廣義的意思來理解；它所包含的意思除了我們今天所指的藝術之外，也包含了工藝與技術（Gourevitch: 323）。

12 此處所提到的「獲得智慧的人」，其原文為 *Les lumières des Assemblées*。其中，因為 *lumières* 包含「先天的自然智慧」與「後天的因啟蒙而獲得的智慧」兩種，所以，爾後當這個字的意思所指為前者，我們以「自然智慧」作為翻譯，如果所指為後者，我們則以「獲得智慧」為翻譯（Masters: 204）。

第一部分

　　看人透過自己的努力在某種意義上脫離虛無，這真是一幕既偉大又精彩的景象。人依靠理性的光芒，驅散因自然所掩蓋人的黑暗，提升並超越自身，藉著心靈飛到天界，宛如太陽一般以巨人的步伐橫跨宇宙中的廣闊疆域。同時，更偉大的與更困難的還是回到自己，研究人，以圖瞭解人的本質、義務與目的。在這短短的幾代之間，這些令人讚嘆的事又已經重新開始了。

　　歐洲曾經陷入原始時代的野蠻狀態。雖然世界上這個地方的民族，現今是如此的開明，然而在幾個世紀之前，他們曾生存在一個比無知還要糟糕的狀態。我不知是什麼莫名其妙的科學用語，比無知更為可鄙，不但竊取了知識的名義，還對於知識的返回，造成無法攻克的障礙。實在需要一場革命，為的是使人們重新擁有常識。最後，這個革命卻在最不被期待的地區出現了。這個革命來自於愚蠢的回教徒，它帶來文藝上的永恆災難，在我們之中重生文藝。君士坦丁堡寶座的喪失，把古希臘的遺物帶入義大利[13]。輪到法國，則是以這些珍貴的戰利品豐潤自己。旋即，

13　此處所談的歷史，主要指的是中世紀時代裡，回教徒的擴張，與基督徒的

科學追隨文藝而來；思考藝術加入書寫藝術。雖然這逐漸加深的轉變，看似有些不尋常，但似都是非常自然的。人們就開始感受到參與藝術與知識的主要好處[14]；尤其是使人們更加社會性的好處，藉由值得大家都互相稱讚的作品，激發彼此取悅的慾望。

　　正如同身體一般，心靈亦有其需求。身體的需求是社會生存的基礎，而心靈的需求則使社會生存變得愉悅。當政府與法律提供人群的安全與福祉時，科學、文學與藝術則比較不專制，但可能更為有力地在圈禁人們的鐵鍊上鋪上花圈。它們壓制人們原有自由的情操，而人們似乎是為這自由而生，卻使他們喜歡他們的奴役狀態，而成為我們所謂的文明民族。需求提升了王權；科學與藝術鞏固了王權。世間的掌權者啊！喜歡才華吧！並且保護那些培養才華的人吧！[R1]文明民族啊！培養才華吧！快樂的奴隸啊！殊不知你們這引以為傲的精緻與細膩的品味，以及這促使你

「十字軍東征」。這兩段歷史之間，造成了許多不同文化之接觸，而這也就是盧梭所稱的「革命」。在這段歷史的發展過程中，君士坦丁堡因其地理位置處於歐亞兩大區域交界之故，再加上它在1203年為「十字軍」所攻佔，後又於1453年為土耳其人所滅，成為多元文化交流的重心，同時，原有的古希臘文明反而也因為遠征軍的緣故傳回西歐地區，為日後「文藝復興」的發展奠下基石。

14 此處所謂之「感受到參與藝術與知識」，實在是一句「意譯」的文字，其原文為 *commerce des Muses*。*Muses* 指的是希臘神話中負責詩詞、文學、藝術與科學的九位女神（*Calliop, Clio, Euterpe, Melpomene, Terpsichore, Erato, Polyhymnia, Urania, Thalia*）。很明顯地，這篇論文基本上就是針對這九位女神所代表的隱喻所作，因此盧梭在此提到她們是完全可以理解的，但是我們在中譯的過程卻無法直譯，因為盧梭談的脈絡不是神話，而是人從事藝術與科學活動的感覺，我因此作出「感受到參與藝術與知識」這樣的翻譯。

R1（按：此註腳為盧梭本人所加，為區分方便，除前冠以R之外，另特以楷書字

們之中如此親近與隨和交往，在個性上的溫和與風俗上的禮貌，其實來自這些君王。一言以蔽之，這些都只有各種德行的表面，卻無任何德行。

正是這種禮節，其愈少顯現，其愈加親切，使得昔日的雅典與羅馬在它們的宏偉與璀璨之如此自豪日子中突出。毫無疑問的，是這種禮節讓我們的世紀與我們的民族將超越所有時代與所有人民。這是一種以自然但體貼的方式所發展出來的哲學態度，它既不帶有學究氣息，也不像條頓蠻族那樣的粗魯，也沒有義大利的矯揉造作。這是品味的果實，藉著良好的學習而獲得，以及在人際交流間而完美。

如果外在舉止展現的總是內心想法，如果禮儀就是德行的體現，如果我們的道德標準就是作為我們的原則，如果真正的哲學與哲學家的頭銜不可分的話，那麼生活在我們之中，將是一件愉快的事。但是，這些特質極少是匯合一起的，並且德行也很少在排場很大的情況下發展。服飾上的華麗，可以表明一個富有的人。服飾上的優雅，可以表明一個有品味的人。而健康且強壯的人，則可以用其他的標誌來識別；就如同在一個勞動人的樸素服裝中，而非在一個朝臣的金縷衣中，我們才能找到身體的力量與

為記）對於那些賞心悅目藝術的品味以及不會導致金錢外流的浮華，君主們總是樂見這些在其臣民之間散播流佈。因為，除了如此滋養臣民的狹小心靈以適合奴役指使之外，君主們也清楚看出，臣民們為自己所提出的所有要求，也就是他們桎梏自己的鐵鍊。亞歷山大大帝因為希望迫使那些以魚為主食之人依附於他，所以令他們放棄釣魚為生，並吃與其他民族相同的食物。那些居住在美洲的原始人則不同，他們赤裸著身子，依靠狩獵為生，從來不曾被任何其他人所馴服過。事實上，對於不需要任何東西的人，我們能夠附加什麼樣的枷鎖呢？

生氣。而對於代表靈魂力量與生氣的德行而言，服飾是不相干的。一個好人，就像是一位喜歡赤身上陣的運動員：他輕視所有無價值的裝飾，因為它們只能妨礙他力量的使用，而且它們的大部分也只是發明來遮掩身體中畸形的部分。

　　早在藝術塑造我們的態度，以及它教育我們的情感說矯揉造作的言語之前，我們的倫理風俗是粗樸的，但也是自然的，同時，舉止的差別立即能顯現出個性的差別。實際上，人性並非是最好的，但是在人與人在相互交往的過程中，因為很容易互相瞭解，而彼此找到安全。我們現在感覺不出這個安全感價值的好處，卻為他們免除了許多惡行。

　　今天，更細微的研究，以及更精緻的品味，把取悅人的藝術化約為原則，在我們的倫理風俗中盛行一個卑鄙又虛假的同一性，使得所有的心靈好像都被丟放在同一個模子裡。禮節不停止地要求，規矩不斷地在發號施令——我們不停止地跟著慣例，卻從未跟著他自己的天性。我們再也不敢以原有的面貌出現，並且在這持續的限制之中，若是沒有特別強烈的動機，轉移人們在同樣的環境下，做同樣的事情，組成這個叫做社會群體的人們，放在同樣的環境，將會做同樣的事情。所以我們永遠無法明確知道我們是和什麼人打交道，要辨認個人的朋友，就只能等待重大的場合，也就是說等待時機失去的場合了。因為只能用這樣的場合，本質地來辨認朋友。

　　還有什麼一連串的罪惡不會伴隨這樣的不確定性呢？再也沒有真摯的友誼，再也沒有真實的尊敬，再也沒有堅實的信心。懷疑、嫉妒、害怕、冷漠、心機、仇恨、反叛，將不斷藏在那禮節同一而且奸詐的面幕之下，藏在那種來自於我們時代文明所造成的，很吹噓的文雅之下。我們將不再以粗話褻瀆萬物主宰的名，

而將是以咒罵來侮辱祂，卻不使我們謹慎的耳朵受到觸犯。我們將不再誇耀自己的優點，卻將貶低別人的優點。我們將不再粗俗地侮辱敵人，卻將巧妙地中傷他。民族的仇恨將會減弱，但對祖國的愛也一樣會減弱。我們以危險的懷疑論取代被輕蔑的無知[15]。一些浮誇事物將會被禁止，某些罪惡將會被認為不體面，但仍有一些浮誇事物與罪惡將會以德行的名義裝飾起來，人們會認為應當擁有它們，或者假裝擁有它們。任何人想要誇耀當代智者的拘謹，可以隨他的意，但對我而言，這只能讓我看到對不節制行為的精緻化，它與當代智者的詭詐簡樸一樣，不值得我的讚美。[R2]

---

15 盧梭在此處所用的字是pyrrhonism。它來自於希臘哲學家艾利斯的皮若（Pyrrho of Elis, 365-270 B.C.），皮若被視為懷疑論之始祖。如同蘇格拉底，皮若並沒有作品，但他獨特的理念與不在乎的態度均讓許多人留下深刻的印象。皮若的理念是透過伏留斯的第蒙（Timon of phlius, 325-235 B.C.）所作的諷刺文章而為人所知。根據第蒙的說法，皮若堅持知識是不可能的，原因並不是我們的認知感覺有任何問題，而是我們的世界並非確定的，因此如冷熱、好壞等形容詞加諸於任何事物上均非確定的。第蒙強調皮若的懷疑論是有其倫理上的目的：將自己訓練至不顧所有感覺與價值，必可因而獲得心靈上的寧靜（請參閱：*Cambridge Dictionary of Philosophy*, ed. R. Audi, [Cambridge: Cambridge Univesity Press, 1994], p. 665）。

R2 蒙田說：「我喜歡爭辯與討論，但僅限於與少數人，而且是為了我自己。因為在大人物面前演戲與爭相表現個人的智慧以及滔滔不絕的演說，我覺得對於重視榮譽的人而言，這是不恰當的職業。」除了一個人之外，這是我們的所有才子所做的事。

譯註：這段引言來自蒙田（Michel de Montaigne, 1533-92）。蒙田是文藝復興時期推動古希臘懷疑論的法國哲學家。他出生於法國西南部大城波爾多，後任該市市長，也任「宗教改革派」與「反宗教改革派」領袖的顧問。他的主要作品被收入成為三大卷散文。此處所引文為第三卷第八章一篇名為〈有關

　　我們的倫理風俗所獲得的純淨便是如此。因為這樣，我們成為好人。在有益的產物中，讓文學、科學與藝術都各自認領它們的貢獻吧！我將加上僅僅一個反省，譬如說，有一個來自遙遠地區的居民，他企圖對歐洲的倫理風俗形成一個概念，但若他看到的是我們的科學之狀態、我們的藝術之完美、我們的戲劇之合適、我們的舉止之禮貌、我們的交談之親切、我們持續地展現的仁慈，以及來自各年齡層、各階級層的人，從日升到日落，亂哄哄的競爭，急切地相互保證的話，那麼我說，這個外地人對我們的倫理風俗之猜想，與我們所認定的倫理風俗正好相反。

　　那裡沒有結果，那裡沒有原因可找尋。但在此，結果確定，就是實際的墮落，而且隨著我們的科學與藝術朝向完美發展的步調，我們的靈魂益發腐敗。要說這是我們的時代中所特有的不幸呢？不！先生們，我們虛榮的好奇心所導致的惡果同世界的存在一樣古老，海水每日的漲潮與退潮受到照亮夜晚星球運行的影響[16]，不會比倫理風俗與正直品格的發展受到科學與藝術進步的影響更有規律性。我們已經看過，隨著它們的光芒在我們的地平

交談藝術〉的散文。英譯本可參閱Jacob Eeitlin之譯本（3 Vols; New York: Alfred A Knopf, 1936）第三卷，頁129。另外，盧梭在這段引文之後所作的評論「除了一人外，這是我們的所有智者所做的事」中，所指的那一人，根據George R. Havens所編輯的 *Jean-Jacques: Discours Sur les Sciences et les Arts*（New York: Modern Language Association of America, 1946, pp. 187-188）中所說，此人指的是盧梭在作〈第一篇論文〉時最親近的朋友，狄德羅。

16 盧梭這裡所說的：「夜晚為我們照亮的星球」，指的就是月亮。他並沒有直接說的原因，是因為「月亮引力而海洋潮汐漲退」的理論是在18世紀才逐漸被接受的理論。根據Havens的說法，盧梭在此有意暗示這個新的發現。同前引，頁189。

線升起，德行逐漸離失，而同樣的現象在各時代和各地方被觀察到。

看埃及吧！全世界的第一個學園，在青銅色的天空下，擁有肥沃的土地，在這個著名的地方，薩索斯娣斯（Sesostris）[17]曾出發企圖征服世界。埃及成為哲學與藝術之發源地，但不久之後，埃及受到甘比斯（Cambise）[18]所征服，而後是被希臘人所征服、羅馬人所征服，阿拉伯人所征服，最後是被土耳其人所征服。

看希臘吧！先前住滿了英雄，他們兩次征服亞洲，一次在特洛伊城（Troie）之前，另一次在他們自己的故鄉[19]。新生的文藝

---

17 在埃及歷史中的第十二個朝代（中帝國時期）曾有三位法老王，以薩索斯娣斯為名。他們分別是薩索斯娣斯一世（1970-1928 B.C.），他曾兼併下奴比（Basse-nubie）地區，並赴迦南地區探險。薩索斯娣斯二世（1970-1897 B.C.）是薩索斯娣斯一世的孫子。薩索斯娣斯三世是二世的兒子，他將埃及帝國的勢力擴張至紅海、巴勒斯坦、敘利亞，以及克里特島等地區，並因而成為埃及征服其他地區的理想典型人物。在新帝國時期，薩索斯娣斯曾被奉為神明。在這三位名為薩索斯娣斯的法老王之中，沒有一位真正出發去征服世界，但若以「征服世界」比喻古代擴張領土的傳統而言，盧梭在文本中所指的應當是薩索斯娣斯三世。請參閱 *Dictionnaire Universel des Mots Propres, Le Petit Robert 2* (Paris: Le Robert, 1981)中的相關條目（以下該書簡稱為PR2）。

18 甘比斯（法譯名原文應為Cambyse，而非Cambise）。此處盧梭所指的，是波斯國王甘比斯二世（530-522 B.C.在位），他也是波斯帝國的創建者居魯士大帝（Cyrus the Great）的兒子。他於525 B.C.攻佔埃及，並在該地建立第二十七個王朝。但是，在攻佔阿蒙綠洲（Oasis Ammon）與衣索比亞時失敗，並放棄對迦太基進攻。最後，他在自埃及返回波斯途中，路經敘利亞時，聞訊他的兄弟巴第亞（Bardiya）竊佔國家而自殺（PR2）。

19 盧梭在此指的「希臘兩次征服亞洲」，其中所指的「亞洲」應屬小亞細亞（Asie Mineur）。據盧梭說，一次是「在特洛伊城（Troie）前（位於愛琴海東邊，現土耳其境內）」，指的應是約在希臘歷史中的近青銅時期「1580-1100

原先尚未造成它人民心中的墮落，但是藝術的進步、倫理風俗的腐化，以及馬其頓的枷鎖卻接踵而至[20]。希臘，一直重視知識、一直喜好享樂，但一直遭受奴役，在它不斷的革命中，只感受到不斷地替換主人。即便有德謨斯典那（Démosthène）[21]的全部雄

B.C.」，也就是邁錫尼文明（La civilization mycénienne）時期，希臘文明的第一個階段。這也就是希臘神話《伊利亞德》（*Iliade*）描述種種英雄神蹟的時期。在神話的紀錄當中，1230 B.C.發生的「特洛依戰爭」所記述的原因，是為了奪回斯巴達王后所發生的戰爭。實際上，在這一段時間內，善於騎馬與駕馭戰車的印歐民族不但攻佔克里特島，也以航海的技術拓展海上商業貿易，終於因為貿易利益與特洛依地區發生戰爭。此即為希臘文明向小亞細亞擴張的一個例子；這個例子在盧梭眼中被視為第一次征服亞洲。第二次征服亞洲，指的是在西元前11世紀，希臘文明在小亞細亞所建立的殖民地，被稱之為「亞洲的希臘」（Grèce d'Asie）。正是因為這一次是以殖民地的方式征服亞洲，所以盧梭說：「*在自己的故鄉中征服亞洲*」，就是這個意思（PR2）。

20　希臘北邊馬其頓國國王菲利普，也就是後來征服各地建立跨越歐亞非三大洲的亞歷山大大帝的父親於338 B.C.征服古希臘所有的主要城邦（PR2）。

21　德謨斯典那（384-322 B.C.）是雅典的政治家與演說家。他曾經歷過嚴格的演講訓練，甚至依照傳統以口中含小石頭的方式來訓練講話。後來他以為人寫演講稿與辯詞為業。自從355 B.C.，德謨斯典那為國家採用緊縮財政管理辯護而聲名大噪，並使他步入政治，立足於人民法院中。他的政治生命幾乎完全與雅典的民主政治結為一體，並因為維護雅典的政治制度而譴責外邦人的威脅，尤其是斯巴達人對雅典的覬覦之心。他因為堅決反對馬其頓的擴張成為雅典的知名演說家，也是愛國團體的主席。許多他流傳下來的演講稿中都流露出德謨斯典那堅決與不妥協的精神。他的演講深深地說服了雅典人，以至於即使在「謝洪內（Cheronée）戰爭」失敗的情況下，也不會令雅典人民對他的聲望有所疑慮。324 B.C.，德謨斯典那因為捲入一場財物醜聞而被罰款，但因無法繳交罰金而被迫流亡。一年後，他返回雅典並掀起對抗馬其頓人的抵抗。在抵抗活動失敗後，先被馬其頓派駐雅典的總督安第派特（Antipater）判處死刑，後來改為驅逐出境，流放置卡洛里（Calaurie）島，並在該地的海神廟中服毒自殺。（PR2）

辯口才，也不能拯救這個因奢侈與藝術所造就軟弱無力的身體。

在安尼斯（Ennius）[22]與特杭斯（Térence）[23]時期，由一牧羊人所奠基，並由勞動人民所出名的羅馬，開始衰敗。但在諸如奧維德（Ovide），諸如卡杜勒（Catulle）[24]，諸如馬沙爾（Martial）[25]，以及這一群猥褻的作家，單單他們的名字就足以讓人駭然之後，

---

22 安尼斯（239-169 B.C.）為拉丁詩人。他曾由老卡托（見註33）帶領進入羅馬，並曾為介紹希臘文化給羅馬人的重要人物。他於184 B.C.歸化成為羅馬人，在他的影響之下，希臘的文化遺產得以與羅馬精神結合為一。他的作品中有敘述羅馬歷史的長詩十八卷《年鑑》（*Annales*）之外，還有二十幾本悲劇以及與哲學、道德相關的詩集。（PR2）

23 特杭斯（190-159 B.C.）為拉丁詩人。他原為出身北非迦太基的奴隸，由於羅馬參議員路卡奴斯（Lucanus）的收留，因而獲得自由並受教育，還與貴族階級相交往。在深受希臘文化的影響之下，他留下六部喜劇，並且都曾經於166-160 B.C.上演。這些劇本的特色在於灌輸希臘文化中的細緻與華麗於拉丁知識份子之中。特杭斯以細微的心理、情緒的複雜、道德意圖等為訴求的主題，令這些喜劇不同於傳統的劇本。同時，特杭斯用同音異字的方法，以笑話嘲弄社會，刻畫出劇中人物每日生活的細節，尤其重視他們在職業上、社會上與家庭上關係的細節，讓觀眾覺得人比他們的外表更有內涵，更值得被尊重、被信賴。可惜的是，特杭斯喜劇的風格在當時並不受歡迎，只是在知識份子中贏得較高的評價，卻也為拉丁喜劇譜下休止符。之後，一直到文藝復興時期，特杭斯的喜劇才重新獲得重視。（PR2）

24 卡杜勒（87-54 B.C.）為拉丁詩人，是「新詩人群」（poêtes nouveaux）中最重要與最具原創性的詩人。他最重要的作品是表達他對於蕾絲碧（Lesbie）戀情（蕾絲碧是他為他所熱戀的情婦克蘿第亞（Clodia）所取的詩中的名字）所寫的抒情詩。（PR2）

25 馬沙爾（40-104 A.D.）為專作諷刺短詩的拉丁詩人。他與其他詩人依照十二音節詩，又稱為亞歷山大體詩（vers alexandrins）的傳統作諷刺短詩，並將其中大多數的詩以諷刺個人為題材，並因而造成許多具諷刺性的笑話。（PR2）

羅馬這個過去是德行的殿堂，變成罪惡的劇場、眾國的恥辱，以及蠻族的玩具。這個世界之都最後受制於她以往加諸於如此多的民族上的枷鎖，而且她淪陷的那一天，正是人們賦予她某一子民判別品味高低頭銜的前一日。[26]

我要如何說東羅馬帝國的首都呢？她因為優越的位置而似乎應成為全世界的首都，成為科學與藝術的避難所，因為她們在當時為歐洲的其他地區所禁止，理由也許出於智慧多過出於野蠻。所有的放蕩與貪瀆的行為，都是最可恥的；那些叛逆、那些暗殺、那些毒藥，都是最醜惡的；所有罪行的聚集，都是最殘暴的；這就是構成君士坦丁堡歷史的脈絡；這就是我們這個世紀中所引以為榮的知識所出之純粹源泉。

但是為何要在久遠的歲月中尋找一個真理的證明，在我們眼下我們就有持續存在的諸多見證此一真理呢？在亞洲就有一個廣闊無垠的國家，在那兒文章受到嘉許即通往國家的第一官職。如果各種科學真能淨化倫理風俗，如果她們真能教導人們為祖國灑他們的血，如果她們真能鼓舞勇氣，那麼中國的人民應是有智慧

---

26 根據泰西特司（Tacitus）所著年鑑（Annals）第十六書第十八章中顯示，這個頭銜原本授予皎陀尼斯（Petronius）。但是，因為皎陀尼斯為西元1世紀時代的人，而這裡所謂的「這個世界之都最後受制於她以往加諸於如此多的民族之上的枷鎖」指的絕非是西元476年滅亡於蠻族手中的羅馬。盧梭當時所想的一個比較可能的說法，指的或許是羅馬帝國的建立（31 B.C.）。Masters認為這個臆測非常有可能是正確的，因為盧梭在這裡所說的「羅馬的淪陷」在皎陀尼斯被授予「高品味」頭銜之前。這段文字中也顯示出盧梭將君主制度與奴隸制度視為等同。的確，如果我們仔細觀察盧梭的行文風格，我們可以看出一點，就是他對於共和體賦予高度的評價，而將帝國體制或君王制度視之為籠絡社會的代表。這是他認為「羅馬落入枷鎖的限制中」的原委（PR2）。

的、自由的，並且是不可征服的。然而如果沒有一種罪惡不統治他們，沒有一種罪行他們不熟悉；如果政府官員的聰明，如果法律的所謂智慧，如果這廣大帝國的眾多居住者，都不能保證它避免無知與粗魯韃靼人的枷鎖，那麼所有它的這些讀書人到底為它提供了什麼用處呢？在他們被榮譽所充滿時，它能從那裡得到什麼結果呢？難道這僅是住滿了奴隸與壞人嗎？

　　相對前所述的這些圖畫，讓我們比較少數民族的倫理風俗圖。不受虛誇知識的感染，他們藉著他們的德行，已經創造了他們自己的幸福，也成了其他國家的榜樣。早先的波斯人就是如此，在這個特別的國家，人們學習德性，就如同在我們這裡，人們學習科學一般。這個特別的國家曾經如此輕易地制伏亞洲，也是唯一擁有這個榮耀——它的制度史變成了一篇哲學的傳奇[27]。斯基泰人（Scythes）[28]就是如此，關於他們，人們還留下給我們

27　這本書就是由雅典哲學家與歷史學家色諾芬（Xenophon, 431-355 B.C.）為波斯大帝居魯士（Cyrus the Great）所著作的書《居魯士的教育》（Cyropaedia）。這本書中所介紹的內容完全以居魯士生平為主。正如同色諾芬其他的作品一般，這本傳記的內容以歷史為主，但後世有許多批評的人，懷疑本書的內容中包含許多虛構的部分。

28　斯基泰人起源於伊朗人的一支，生活在黑海北岸的大草原，並一直以游牧民族的方式建立了斯基泰王朝。在西元前700-200年，斯基泰人一直是「草原文化」（l'art des steppes）的主要代表，在西元前7世紀，斯基泰人曾經跨越高加索山參與麥德人（Medes）與亞述人（Assyrians）之間的戰爭，並於西元前653-625年之間佔領麥德人，大敗亞述軍隊，勢力範圍擴至巴勒斯坦地區。國王沙麥第克一世（Psammetique I）在埃及付出金錢的條件下，未進攻該地。然後又曾與波斯帝國的阿基美尼德王朝（Achemenides）為敵，在西元1世紀時，斯基泰人在印度建立了王朝。盧梭在此所說的斯基泰征服亞洲的歷史指的應該就是斯基泰王國這段歷史。（PR2）

的是如此壯麗的讚美。日耳曼人就是如此,一個作家的文筆因厭
煩於描繪一個受過教育、擁有財富又喜好享樂的民族的罪行與陰
險,感到寬慰地描繪日耳曼人的簡單、純真又具德性的特色。甚
至羅馬曾經就是如此,在它仍處於貧窮與無知的時期。最後直到
今日,這個粗樸的國家也還是如此表現,它因為具有逆境無法削
弱的勇氣而感到自豪,也因為擁有忠誠而不為惡例所收買而感到
驕傲。R3

這些地區的人偏好別的活動,勝過心靈上的活動,不是因為
愚蠢的緣故。他們沒有忽略在其他區域,一些遊手好閒的人終其
一生爭論關於最高的善、罪惡以及德行。他們沒有忽略一些驕傲
的推理人,在賦予自己最偉大的讚美之餘,對其他民族,冠以野
蠻人的可蔑視名義。當他們思考這些遊手好閒的人與愛推理人的
生活品行時,他們學著去蔑視這些人的理論。R4

我怎能忘記那個在希臘懷抱中崛起的城邦呢?因為它幸福的
無知與它法律的智慧而著名,並且成為一個由幾乎是神而非單純

R3 當我們的惡多到要費許多功夫來清除時,我實在不敢提到這些連惡是什麼都
　不知道的幸福民族。我講的是美洲的野蠻人。在蒙田的眼中,他毫不遲疑地
　欣賞他們那既簡單又自然的管理,不但勝過柏拉圖的法律,甚至也勝過所有
　哲學針對人民的管理所能夠想像最完美的原則。為那些懂得讚揚他們生活的
　人,蒙田提出許多令人印象深刻的例子。但他說:「什麼!這些野蠻人連褲
　子都沒穿!」

R4 有誰能誠摯地告訴我,當雅典人自己費盡苦心排除雄辯術於那連神都無異議
　的公正法院之外時,他們對於雄辯術還會有什麼意見呢?當羅馬人把醫學驅
　逐在他們的共和國之外時,他們對於醫學是如何想呢?當僅餘的人道促使西
　班牙政府禁止他們的律師進入美洲大陸時,他們對於法律原則應抱持著什麼
　樣的理念呢?我們不說他們已相信,透過這一條法令,可以彌補所有他們在
　這些不幸的印地安人身上所造成的痛苦嗎?

為人所組成的共和國，他們如此多的德行似乎超越了人性。噢，斯巴達！對於一個虛誇的理論，你給予它永遠的羞辱。當罪惡為美術所引導而整批地進入雅典時，當一個暴君如此細心地在雅典裡收集那個「詩人王子」[29]的作品在一起時，你卻把藝術以及藝術家、科學以及科學家趕出你的城牆外。

結果標誌他們之間的這個差別。雅典成為禮儀與高尚品味的棲息處，雄辯家與哲學家的故鄉，建築物的優美與語言的優美相呼應，我們在那兒到處都看得到，大理石與畫布均由最有技巧的大師之手賦予生命活力。這些成為各個腐敗時代典範之驚世作品，來自雅典。拉薩德孟能（Lacédémone）[30]的畫就比較少絢爛，但其他民族說：「在那裡，人生而有德行，就連當地的空氣似乎也激發德行。」它的人民為我們所留傳下來的，只是他們的英勇事蹟，這樣的紀念碑會比雅典留給我們稀奇的大理石更不值得嗎？

的確，幾個智者已經對抗這股普遍的洪流，並且要在繆思女神留駐之處保證自己免除罪惡。但是我們來聽聽他們之中第一個且最不幸的智者對他那個時代中的學者與藝術家所作的評語[31]。

他說：「我已經檢視那些詩人，並且將他們視為才華足以駕馭自己和別人的人。他們自己冒充智者，人們也視他們為智者，但他們可以什麼都是，除了是智者以外。」

蘇格拉底接著說：「從詩人，我轉到藝術家。沒有人比我對

---

29 皮西斯特拉圖斯（Pisistratus, 554-527 B.C.）是雅典的暴君，他以第一位傳錄與編輯荷馬（Homer）詩篇而著稱。此處所指的「詩人王子」就是荷馬。

30 拉薩德孟能就是古希臘的城邦「斯巴達」。（PR2）

31 此處所指的智者即為蘇格拉底。

於藝術更無知的[32];也沒人不信服藝術家們都擁有美麗的祕密。然而,我已經察覺到,他們的情況並不比詩人的情況好,他們彼此都處於相同的偏見之中。因為他們之中最能幹的,在他們的專業中表現卓越,卻因此而視他們自己為人群中最具智慧者。在我眼中,這個自負傲慢完全地使他們的知識褪色。以至於如果讓我坐在神諭的位子來判斷的話,我會問我自己我最喜歡什麼樣的存在,是作自己或是作他們呢?知道他們所學的或是知道我所不知的呢?我回答我自己以及神說:『我希望停留在本來的我。』

我們不知道,辯士、詩人、雄辯家、藝術家以及我本人也不

---

32 這段文字是盧梭引自柏拉圖《辯護篇》(*Apology*)中的內容。盧梭引用這段文字的目的很明顯的,是用它來支持他在此處所作的論證,但他的「引用」卻很有心的做了一個配合他論證的改變,如果將原文《辯護篇》22a-23b於此處的引文相對照,我們可以看得出來,盧梭在轉錄這段文字的過程中,擅自做了兩種修改。原文在22a處:「在談完政客之後,我轉談詩人、劇作家、配樂者等等,同時我必須承認相較於他們而言,我是無知的。」"After I had finished with the politicians I turned to the poets, dramatic, lyric and all the rest, in the belief that there I should expose myself as comparative ignorant." (translated by H. Tredennick, Bollingen foundation, 1961)。然而,盧梭的原文是:「從詩人,我轉到藝術家。沒有人比我對於藝術更無知的。」"Des poètes, j'ai passé aux artistes. Personne n'ignorait plus les arts que moi." 在這兩段文字中,我們可以清楚的看得出盧梭所作的修正,一種是蘇格拉底在原文中所提到「政客」,盧梭則完全沒有提到;二是蘇格拉底所提到的對象,其實包含了詩人、劇作家、配樂者等「文化工作者」(artisans),但盧梭在引文中,卻只有提到藝術家(artistes)而已。Masters針對這些引文上的「錯誤」,認為這不是盧梭疏忽的結果,而是他有意作出來的,因為在〈第一篇論文〉的寫作過程中,有許多真正的想法盧梭並沒有直接透過他的筆寫出來,這是盧梭後來在《懺悔錄》第八書中談到他〈第一篇論文〉的寫作過程所提到的。請參閱Masters: 201。

知道什麼是真、什麼是善、什麼是美。但是在我們之間卻有這一個差別：雖然這些人什麼也不知道，但他們卻自以為知道一些東西。而我，是否我什麼都不知道，至少於此我不在懷疑中。這使得透過神諭所賦予我智慧的優越，僅僅地歸結為這個令人信服的真理：我知道，我什麼都不知道。」

依照眾神所作的判斷，他就是最有智慧的人；依照全希臘人的意見，他就是最有知識的雅典人，蘇格拉底，他讚美無知！我們相信，如果他在我們之中復活的話，我們的學者以及我們的藝術家能夠改變他的觀點嗎？噢不，先生們，這位正直的人會繼續蔑視我們虛妄的科學；面對我們正被成堆的書籍四處淹沒時，他不會幫忙增加更多的書量。正如同他所作的，為了教訓他的學生以及我們的後代，他僅留下範例與他的德行所形成的回憶。所以，教育人們是很美好的！

蘇格拉底在雅典所開始的；老卡托（Caton）[33]在羅馬延續著他的志向，並掀起風暴對抗那些既奸詐又狡猾的希臘人；那些奸詐又狡猾的希臘人不單對他的同胞引誘，以才華誤導德行，而且還使他的同胞勇氣變得萎靡不振。但是科學、藝術與辯證依然佔上風，羅馬充斥著哲學家與雄辯家；人們忽視了軍事訓練，人們藐視了農田耕作，人們喜好結黨，人們忘卻了國家。伊比鳩魯（Epicure）[34]、芝諾（Zénon）[35]與阿克薩斯拉斯（Arcésilas）[36]的

---

33 老卡托（Caton L'Ancien）或稱為監察官卡托（Caton le Censeur），拉丁文原名（Marcus Porcius Cato）。羅馬共和時期的政治家（234-149 B.C.）。他於西元前184年任羅馬的監察官，並以攻擊奢華與反對希臘文化與習慣出名，他認為希臘的文化與習慣腐蝕了造就羅馬強盛的精神。（PR2）

34 伊比鳩魯（341-270 B.C.）是希臘的哲學家，也是伊比鳩魯學派的創始人。他首先於311 B.C.在雷斯伯斯（Lesbos）創辦第一所哲學學校，並於306 B.C.在

名字取代了自由、無私、守法等神聖之名。他們自己的哲學家說[37]：「自從我們之中出現了學者之後，好人都被遮蔽了。」羅馬人在先前依然為實踐德行而感到滿足，但當他們開始研究德行時，這一切都失去了。

　　噢！法布里修斯（Fabricius）[38]，你那高貴的靈魂會怎麼想呢？如果你不幸又被召回人間，看到這個羅馬的華麗面貌，它曾經被你的膀臂所拯救以及你受人尊敬的名聲比它在各地的征服戰績更為顯赫。你會說：「眾神啊！那些原先溫和與德行所棲息的茅草屋頂與粗糙房舍變成了什麼呢？如此致命的華麗已取代了羅馬的簡樸啊！這種陌生的語言是什麼呢？這些軟弱無力的倫理風俗是什麼呢？這些雕像、這些繪畫、這些建築代表什麼呢？不明智的人啊！你們作了什麼呢？你們原是這些國家的主人們，你們豈不是已經把自己搞成你們所征服輕浮人的奴隸了嗎？是這些

雅典創辦了「花園學校」（l' école du Jardin）。伊比鳩魯的作品非常多，但是大部分多已流失，現今所存的僅有三封信。（PR2）

35　芝諾（335-264 B.C.），希臘哲學家斯多噶學派（Stoicism）的創始人，出身自腓尼基（Phenicie）的富商家庭，成長於雅典，成立了斯多噶學派的學校。他的作品完全遺失，僅有少數的條目散見於其他作者的作品之中。（PR2）

36　阿克薩斯拉斯（316-241 B.C.）是希臘哲學家，屬於「懷疑學派」的前身「新學院派」，並為該派的創始人。他用辯證的方法為說理的工具，批判斯多噶學派的教條主義，對於他而言，沒有所謂的真理，只有或為真或為假的意見。（PR2）

37　這裡所指的哲學家為塞內卡（Seneca），而這句話則是引用蒙田《散文》第一卷中的〈賣弄學問篇〉（Du Pédantisme）中的一句話（Havens: 203）。

38　法布里修斯是西元前3世紀的羅馬政治家，他以公正廉明而著名，他在赫拉克萊戰役之後被送往希臘國王皮若二世擔任大使。他的操守獲得國王的尊敬，並且，在不用付出贖金的情況下，讓國王放回戰俘。他曾經是布魯達克（Plutarque）詩篇中的英雄。（PR2）

修辭學家在統治你們嗎？你們用你們的血來灌溉希臘與亞洲，是為了要富足一群建築師、畫家、雕刻家和笑劇演員嗎？征服迦太基（Carthage）的戰利品[39]變成獻給吹笛手的供品嗎？羅馬人啊！你們快點推倒這些圓形劇場，敲碎這些大理石，燒掉這些繪畫，趕走這些控制你們的奴隸，他們所帶來的是使你們墮落的致命藝術。讓其他的手因著虛浮的才華來自詡吧。唯一與羅馬相稱

---

39 迦太基位於北非（現今突尼西亞與阿爾及利亞中間）的古代帝國。以其優越的地理與沿海位置，迦太基曾於西元前6世紀建立一個控制地中海西岸的商業帝國，並與埃及、希臘有密切的海上貿易與商業關係，也是在這一段時間中，迦太基的船隊沿著非洲海岸航行，甚至北上至北大西洋地區。在西元前5世紀，迦太基帝國與希臘人發生爭奪西西里島控制權的戰爭，歷史稱之為希麥兒戰爭（Bataille Himere）。接著，迦太基帝國又在西元前3世紀與羅馬人發生三次爭奪海上屬地控制權的戰爭，史稱之為普尼克戰爭（Guerres Puniques）。盧梭在此所指的，應當就是這三次普尼克戰爭中所獲得的戰利品。第一次普尼克戰爭（264-241 B.C.），造成迦太基將西西里島、科西嘉島，以及薩丁尼亞島的統治權讓給羅馬人，並且賠了大筆的戰款，造成政府的改組以及傭兵的政變。第二次普尼克戰爭（218-201 B.C.）是由迦太基的大將漢尼拔（Hannibal）所主導，他率領大象部隊跨過阿爾卑斯山，深入歐洲高盧地區（現今法國）。後來漢尼拔於215 B.C.在諾勒（Nole）敗給羅馬大將馬色盧斯（Claudius Marcellus），羅馬因而收復義大利南部與西班牙地區，並將迦太基帝國的勢力逐出歐洲之外。此時，迦太基帝國失去西地中海的控制權，但它依然是一個相當富裕的帝國。第三次普尼克戰爭（149-146 B.C.），當時諾尼底（Nunidie）國王馬西尼沙（Masinissa）與羅馬聯軍大敗迦太基帝國，導致迦太基城被毀，諾尼底與羅馬瓜分迦太基的土地。自122 B.C.，羅馬帝國在迦太基以基農尼亞（Junonia，迦太基的女神）的名義重建為殖民地，凱撒大帝曾在原迦太基市附近重建迦太基市，從此迦太基變成羅馬在非洲轄地中的知識與宗教中心，後來在因為羅馬帝國改奉基督教為國教的緣故，迦太基成為基督教中心，該地的學校曾教育出多位基督教學者，聖奧古斯丁（St. Augustine）即為其中一個重要的代表。（PR2）

的才華，乃是征服世界並使德行盛行於世的才華。當西奈亞斯（Cynéas）[40]將我們的元老院當成一群國王聚集的場所時，他不因虛浮的壯麗，也不因造作的優美而使他眼花撩亂。他根本沒注意這輕浮的演說，以及那些不切實際人的研究與魅力。那麼西奈亞斯看到如此雄偉的是什麼東西呢？噢，公民們啊！他看到一個你們的財富與所有你們的藝術都無法給予的景象；在天底下從未出現過最美妙的景象：即兩百個有才能的人，在羅馬就能發號施令以及統治大地。」

但是，讓我們跨越時空的距離，以及讓我們看看在我們的國土內以及在我們的眼下所發生的事情。或是更確切地說，讓我們推開那些傷害我們敏感的可憎之繪畫，並且讓我們不要在其他名稱下，重複同樣的事情。這並非說我提到法布里修斯的亡魂是枉然的，因為我使這位偉人所談的事情，不是一樣可以透過路易十二或是亨利四世的口說出來嗎？在我們中間，誠然，蘇格拉底也許不會飲鴆而死，但是他在更苦的一杯中會喝下被羞辱的嘲弄，以及比死還糟上一百倍的蔑視。

這便是奢華、瓦解與奴役如何一直以來成為我們所做傲慢的努力之處罰，因企圖脫離永恆智慧為我們安排的幸福無知。永恆智慧所進行的活動外圍都包上一層厚厚的帷幕，似乎足以警告我們，她絕無意將我們引向徒勞無功的研究工作。但是我們有無從她某一教訓中，知道獲取益處呢？或我們不受傷害地忽視她呢？

40　西奈亞斯（？-279 B.C.，法文原名應作Cinéas）是希臘的政治家與演說家，他是希臘國王皮若二世（Pyrrhus II）的部長，曾經力圖勸說皮若二世不要進攻羅馬，而他們之間有關這個議題的對話，後來成為知名的紀錄，在赫拉克萊戰役（Bataille d'Heraclee）之後，西奈亞斯被送往羅馬議和，但終因無法說服羅馬元老院而告失敗。（PR2）

人們啊！所以你們應該一度知道，大自然曾經想要保護你們不碰科學，就像一個母親從孩子手中奪出危險的武器一般；大自然向你們隱藏的所有祕密，就是不讓你們接觸到的諸多壞事，而你們自己在學習中所遇到的困難，在她的恩惠中不是最小的。人們原本就很邪惡；如果他們不幸天生就擁有知識的話，他們將會更壞。

　　這些反省對人類而言是多麼大的慚愧啊！我們的驕傲必須受到多麼大的屈辱啊！什麼？正直是無知的女兒？科學與德行是不相容的？在這些偏見之下，還有什麼其他我們不能得出的結果呢？但是，為了要化解這些表面上的衝突，僅應當就近檢討那些讓我們目眩神迷，還讓我們輕易賦予在人類知識上的傲慢頭銜所引發的虛榮心與虛無，就夠了。因此，讓我們思考科學與藝術本身，讓我們看看從它們的進步會導致出什麼結果。同時，讓我們別再搖擺不定，接受所有我們的推理與歷史歸納所提出的一致觀點吧。

第二部分

　　這曾是一個從埃及流傳到希臘的古老傳說，敘述一個神，與人類的安寧為敵，祂就是科學的發明者 R5。這些埃及人對於來自於他們自身的科學，又應當有什麼樣的意見呢？因為他們可以就近看產生科學的源泉。事實上，無論是我們翻閱世界的年鑑，或是我們以哲學探究來補充那些不確定的編年史，我們將無法在人的知識中，找到一個根源，與人喜愛形成的想法相稱。天文學生

R5 我們在此可以輕易地想到普羅米修斯（Prométhée）神話中的寓言。希臘人將普羅米修斯釘在高加索（le Caucase）山上的神話中顯示，希臘人在此對神的態度，並沒有比埃及人對他們的神鐸突斯（Teuthus）的態度較好。一個古老神話中說：「當森林之神（Satyre）第一次看到火的時候，他就想親吻與擁抱它，但普羅米修斯卻對他大喊說：『森林之神，你會為你下巴的翻鬚哭泣，因為無論誰觸摸火，它都會灼燒。』」這是書前插畫中的主題。

譯註：根據 Havens: 209，此處盧梭所引的寓言，幾乎完全採自布魯達克（Plutarque）。特別之處，在於盧梭並未引用布魯達克在敘述這個寓言時所提出的結論。原文中在敘述完盧梭所用文字後，又說：「任誰碰到火都會遭到灼傷的下場，但火也提供了光明與溫暖。而且只要懂得如何使用它，火可以為所有的事物提供服務。」從這個「補述」中可以發現，盧梭有意刪減結論，以增強他自己反對科學發展的隱喻。

於迷信；雄辯術生於野心、仇恨、諂媚、謊言；幾何學生於貪婪；物理學生於一種虛妄的好奇心；所有的知識，甚至道德的知識，皆生成於人的傲慢。所以，科學與藝術全靠我們的罪惡而生；如果它們是全靠我們的德行而生，我們將比較不會去質疑它們的好處。

它們根源的缺點，我們可以從它們的目標裡來追溯。如果沒有奢華來滋潤藝術，我們要藝術做什麼呢？如果沒有人與人之間的不正義，法學能為什麼提供服務呢？如果沒有暴君、戰爭與陰謀者，歷史又會變成什麼樣呢？如果每個人只聽從人的義務與自然需求的支配，能把時間都用在為了國家、為了不幸的人、以及為了每個人的朋友事上，總之還有誰會終其一生從事那些無結果的沉思呢？難道我們出生是為死而被縛在潛藏真理的井邊嗎？單單這個反省就足以在一開始使那些透過哲學的研究，嚴肅地進行自我教育的人灰心喪氣。

在眾科學的研究中，有多少危險啊！有多少歧路啊！在獲得真理的過程中，有多少比有用的真理危險上千倍的錯誤啊！為了抵達真理，不需要經歷這些錯誤嗎？不利是可見的，因為錯誤可以肇因於無限多種的結合，但是真理就僅能以唯一的方式存在。此外，是誰在誠摯地找尋它呢？即使是以最好的意願，基於什麼特徵，我們能確定地認出它呢？在這麼多不同的見解中，哪一樣將是我們的標準來仔細判斷它呢？R6 接下來才是最困難的，如果

R6 人知道越少，人越會相信他知道越多。逍遙學派哲學家，他們懷疑過什麼嗎？笛卡兒就是用「立方體」與「漩渦」來建構宇宙嗎？今天即便在歐洲還有那種微不足道的物理學家，他不敢放肆地解釋電的奧祕，但這電的奧祕可能永遠地成為真正哲學家的絕望嗎？

逍遙學派（Peripateticism）是後人對於亞里斯多德學派的稱呼。

有幸我們最後找到它，那我們之中又有誰知道如何善用它呢？

　　如果我們的眾科學在它們自己所提出的目標是虛妄的，那麼眾科學以它們所產生的結果，是更加危險的。眾科學生成於閒逸，反過來它們滋養閒逸。時間的無可彌補喪失，是眾科學對社會必然造成的第一個損害。在政治中如同在道德中一般，不做好的事就是一個大惡，因而每一個無用的公民可被視同如一個有害的人。所以回答我，顯赫的哲學家們，因為你們，我們知道天體在太空中相互吸引的理由；因為你們，我們知道在眾行星的公轉中，以相同的時間所繞行面積的關係；因為你們，我們知道在什麼樣的弧線上有交合點（points conjugués）、折射點（points d'inflexion）、歧點（points de rebroussement）；因為你們，我們知道人如何能夠在神中看到全部；因為你們，我們知道靈魂如何與身體相應卻無溝通，就像是兩個時鐘一般；因為你們，我們知道何種星球能夠被居住；因為你們，我們知道何種昆蟲是以奇特的方式繁殖[41]。我說，回答我，因為你們，我們已經吸收如此之

41　這裡提到七種當時的科學發明。根據Havens: 214所示，這些事實上都是盧梭聽到其他人例如狄德羅與伏爾泰等人對於當時風行的科學知識，作的簡述。依照Gourevitch: 328的研究，它們分別指涉七位科學家的研究成果。一、「物體在太空中相互吸引」指的是牛頓的萬有引力定律；二、「行星以相同的時間繞行軌道的不同區域」指的是克普勒的行星運動定律：三、「弧線上有交合點、折射點、歧點」，Gourevitch沒說指的是誰，但Havens認為這是盧梭《百科全書派》朋友如狄德羅與達蘭貝（數學家）所經常提到；四、「人在神的內部看到全部」指的是馬爾布朗雪（Nicolas Malebranche [1638-1715]）的觀點；五、「人的靈魂與身體像是兩個鐘」指的是萊布尼茲的「預設和諧」（pre-established harmony）的觀點；六、「別的星球能夠讓人居住」指的是豐丹奈爾（Bernard le Bovier de Fontenelle [1657-1757]）的觀點；七、「昆蟲的繁殖方式」指的是盧梭的兩個朋友瑞奧彌（R.-F. Réaumur [1683-1757]）與柏

多的高深知識。當你們沒有教導我們這些東西，我們會變得比較少嗎？會被治理得比較不好嗎？比較不可怕嗎？比較不繁榮嗎？或是更邪惡呢？因此重新回到你們成就的重要性：如果我們學者之中最知識淵博的以及我們最好公民的工作成果，僅能為我們謀得如此少的用處時，那麼你們對我們說吧！我們應如何看待這一群默默無聞的作家以及遊手好閒的文人——他們只是白白地在消耗國家資源。

我在說什麼，遊手好閒？但願神能讓他們確實是這樣！如此一來倫理風俗會更健康，社會也會更祥和。但是，這些虛妄與無用說教者，來自四面八方，武裝他們致命的悖論；顛覆信仰的根基，也消滅了德行。他們鄙視地嘲笑國家與宗教等舊字眼，並且將他們的才華與哲學用來摧毀與貶詆那些人群視之為神聖的東西。追根究柢來說，不是因為他們痛恨德行與我們的教條，而是因為他們是公共意見的敵人。為了要將他們帶領回到祭壇腳下，僅僅需要將他們貶抑為與無神論者在一起的人。噢！在追求與眾不同的瘋狂下，還有什麼是你們作不出來的呢？

虛擲光陰是一個大惡。其他更為嚴重的惡隨著文學與藝術而來。奢華就是如此，它像其他的惡一般，生成於人們的遊手好閒與虛榮。奢華很少不伴隨科學與藝術一同發展，而科學與藝術的發展，也絕少不了奢華。我知道我們的哲學一直在特異準則上很豐富，無視於所有世紀以來所累積的經驗，偉稱奢華能夠造成國家的富麗堂皇。但是，即使忘記限制奢華的必要性後，它膽敢否定好的倫理風俗對於國祚而言是必要的這一事實嗎？而且奢華不

內（Charles Bonnet [1720-1793]）。柏內後來以費洛波里斯（Philopolis）名，寫了一篇〈第二篇論文〉的批評，為盧梭所回應（收錄在本翻譯中）。

是與好的倫理風俗截然相牴觸嗎？奢華或者是財富的明確象徵，甚至當我們想加倍擴充財富時，奢華也有其用處。對如此配生於我們今日的這個悖論，從它應當提出什麼結論呢？當可以無論用什麼代價來變富的時候，德行將會變成什麼呢？古代的政治家們不停地在談論倫理風俗與德行，而我們的政治家們卻只談論交易與金錢。其中一個政治家將會對你們說，一個人在這樣的區域值得在阿爾及利亞（Alger）被人賣的錢；另一個政治家在追隨這種計算之後將發現，在某些地方人是一文不值，在其他地方人比一文不值還賤。他們以計算家畜的方式評價人。依據他們的看法，一個人對國家的價值，就是他在此所做的消費，所以一個斯巴芮人（Sybarite）比一個斯巴達人（Lacédémonien）有高出三十倍的價值。那麼我們來猜猜，在斯巴芮（Sybaris）與斯巴達（Sparte）這兩個共和城邦中，哪一個是被一小群農民所制伏，而哪一個使亞洲發抖呢[42]？

居魯士（Cyrus）王朝被一個君王率領三萬人所征服，這個君王的財富比波斯帝國最小的總督財富還少[43]。在所有的民族中最窮困的乃是斯基泰人（Scythes），他們曾堅強地對抗普天下最強大的王朝[44]。兩個著名的共和政體爭奪世界帝國的頭銜；其中一個是非常富裕，另一個卻空無一物，而結果卻是這個貧窮的摧

---

[42] 根據 Havens: 221，此處盧梭所稱，指的是克東能（Crotone）於510 B.C.以相對較差的武力，攻克斯巴芮。另外後面那個例子，指的是斯巴達的國王，阿傑西拉斯（Agésilas）打敗波斯人，征服小亞細亞。

[43] 根據 Masters:208，此處所指為亞歷山大大帝於334-330 B.C.征服波斯帝國。

[44] 根據 Masters:208，此處所指為希羅多特斯（Herodotus）所記錄之波斯帝國大流士大帝率領大軍於512 B.C.征服斯基泰失敗的事件。

毀了那個富裕的[45]。輪到羅馬帝國,在貪婪地吞下世界的所有財富之後,反而變成連財富是什麼都不知道的人掠奪之物[46]。法蘭克人(Les Francs)征服高盧人,薩克遜人(Les Saxons)征服英國,他們沒有其他財物,除了他們的勇氣與他們的貧窮之外。一支貧窮山區居民的部隊,他們所有的貪慾不過是自限於幾塊羊皮,在抑制奧地利的傲慢後,戰勝這個富裕又可怕的勃艮第家族[47]。後者曾一度使歐洲的統治者發抖。最後,查理五世(Charles Quint)繼承人的所有強權與所有智慧,被印度全部財富所支持,卻因為不敵一群捕鯡魚人的對抗而破裂[48]。但願我們的政治家們敬請暫停他們的計算,而來反省這些例子,也但願他們真正一次地體認到:錢可享有一切,但除了倫理風俗與公民義務以外。

　　所以,在這個有關奢華的問題中,到底牽涉了什麼呢?它使我們知道,哪一個是對帝國最重要,是光彩而短暫呢?或是有德而長久呢?我說光彩,但是指的是哪一種亮度呢?愛好排場的品味與愛好誠實的品味是不大連結在同一心裡的。不,為眾多無用的悉心照料所墮落的人們要自己提升到偉大境界是不可能的;即

45　根據Havens: 222,此處所指的是,富裕的迦太基與貧窮的羅馬共和。

46　根據Masters: 208,此處所指為西元476年,西羅馬帝國為蠻族所滅的事件。

47　根據Masters: 208,此處所指為瑞士軍隊於西元1315年與1386年分別擊敗奧地利哈布斯堡王朝的里奧普一世(Leopold I)與里奧普三世(Leopold III),另外還在西元1476年擊敗勃艮第公爵,查理斯(Charles the Bold)。

48　根據Masters: 208,此處所指為荷蘭人於西元1566-1579年擊敗西班牙國王菲利普二世的事件。整體而言,盧梭在此所舉的諸多歷史事件中均不免摻雜了一些誇大的嫌疑,目的自然是為了強化他的論證。舉例來說,擊敗西班牙的荷蘭絕非一群漁夫,而是在商業與工業上均極為富強的國家。

使他們有了提升到偉大境界的力量，他們依然缺乏勇氣。

　　每一個藝術家都希望被鼓掌，而他當代人的讚美，對每一個藝術家來說又是他能獲得的獎賞之中最為珍貴的部分。所以，他將做什麼以期待能獲得他當代人的讚美呢？如果他不幸地生在某一民族與某個時代中，在那裡，有著成為聞名一時的學者，他們將輕浮的青年人放置於定調的狀態中；在那裡，人民為了那箝制他們自由的暴君，而犧牲了他們的品味；在那裡，兩性中的一性只敢贊同與另一性的膽怯之相稱事情，但卻置美妙詩篇中的傑作不顧，和聲學的奇才遭到嚴峻的拒絕[R7]。先生們，若是這樣，他將做什麼呢？他將依照他所處時代的水準，降低他的才華，並將寧願喜歡編纂通俗而且在活著時候，受到人仰慕的作品，而非更好的、僅在死後良久才能受到人仰慕的作品。告訴我們，知名的阿胡耶（Arouet）[49]，你曾為我們虛假的細緻要求，犧牲了多少那雄健與強壯的美感，以及在微小的東西上用多少如此豐富的諂媚精神，卻因而消耗掉了你多少偉大的東西。

　　因此，倫理風俗的瓦解，乃是奢華的必然結果，並且跟著導致品味的變壞。如果在這一群有藝術才華的能人之中，無意之中

R7 我絕不認為婦女地位的提升就其本質而言是壞事。這是大自然為了人類的幸福所給予她們的禮物：如果這個禮物被引導得好，它會產生如同在今天所產生的壞處一樣多的好處。我們不夠感覺出在社會中將有什麼好處產生，若是一個更好的教育給予治理另一半人類的這一半人類。男人將總是在做令女人高興的事：所以如果你們想要讓男人變成偉大與有德，那麼你們就必須教導女人什麼是偉大的靈魂與德行。這個議題所造成的反思，與柏拉圖曾經作過的反思，是很值得被一個文筆更好的發展，這文筆值得依照這樣一位大師而寫作，也值得捍衛一個如此偉大的事業。

49 此處所指為18世紀法國文學家伏爾泰（Voltaire, 1694-1778）。

找到一個內心堅定、並拒絕迎合他時代精神的才子，並且不以那些幼稚的作品而自我墮落的話，他該倒霉了！他將死於貧困並被人遺忘。但願這裡只是我作的一個預兆，而不是引證一個經歷！卡爾勒（Carle）、皮耶（Pierre）啊！[50]，時刻到了！即是這支畫筆注定要以崇高與神聖的圖像來增加我們廟宇的尊榮，將從你們手中掉下；抑是這支畫筆將糟蹋自己用那些淫畫去裝飾一個面對面的馬車之油畫版。還有你，是派克西戴勒（Praxitèle）與菲蒂亞斯（Phidias）[51]的對手啊！你的前人們曾用雕刻刀為他們塑造出眾神，可以讓我們原諒他們的偶像崇拜；無法模仿的畢迦勒（Pigalle）[52]啊！即是你的手將決定用來修削一個奇醜男子的肚子，抑是讓你的手閒置不用。

　　如果一個人不是很高興地回憶起原初生活的簡樸印象，他無法針對倫理風俗作反省。這印象就像是一個純粹經由自然之手所裝飾的美麗海灘，它不但一直不停地吸引我們的目光，還使我們因為遠離它而感到遺憾。當天真有德的人喜歡有眾神來作為他們行為的見證人時，他們與眾神共同居住在相同的簡陋茅屋之中。但是，沒有多久，這些人變壞了。他們厭煩於這些令人感到不舒適的「觀眾」，並轉而將祂們安置於華麗的廟堂之中，最後他們將神祇趕出廟堂，為了他們自己搬進去居住，或者至少眾神們所居住的廟宇與公民所居住的房子不再有所區分。這就是墮落的頂點；罪惡被推展至極點，當我們看到，也可以說，眾神在列強的

50　此處所指為兩個在盧梭同時代的知名畫家：Charles-André（"Carle"）Van Loo（1705-1765）與 Bapitist-Marie Pierre（1713-1789）。

51　此處所指為兩個在古希臘時期最知名的雕刻家 Praxitèle（400-326 B.C.）與 Phidias（490-430 B.C.）。

52　此處所指為在盧梭同時代的知名雕刻家：Jean-Baptist Pigalle（1714-1785）。

宮殿進口處，被支撐在那些大理石柱上，並且被刻在科林多式的柱頭上。

當生活中的舒適增加，當藝術朝向完美發展，以及奢華延伸的時候，真正的勇氣卻變得軟弱無力，軍事能力逐漸消逝，而這些依然都是科學與所有藝術在珍品收藏櫥的暗影中所展現的產物。當哥德人蹂躪希臘時，所有的圖書館之能夠倖免於戰火摧殘的唯一原因，乃是當中有一個哥德人散佈這樣的想法。這個想法表示，應當將成套家具留予敵人，目的是轉移他們的軍事訓練，並且在閒暇與居家時娛樂他們。查理八世幾乎不需拔劍看自己成為托斯卡尼（Toscane）與那不勒斯（Naples）王國的主人，所有他的宮廷朝臣們均認為，造成如此出乎意料順利結果的原因，乃在於義大利的那些王公貴侯們很喜歡使自己成為精巧與博學，更勝於訓練自己成為強壯的戰士。事實上，那位有見識的人 53，論及這兩種傾向時，就說所有這些例子讓我們學習到軍事治理，以及所有其他類似這種的軍事治理中，科學研究都更適合來軟化與弱化勇氣，而非來鞏固與鼓舞勇氣。

羅馬人已經承認，他們軍事能力的減弱，與他們開始認識繪畫、雕塑、金銀器皿以及培養美術呈現對應關係。彷彿這個出名地區注定不停地成為其他人民的例子，麥地奇家族（les Médicis）的崛起與文學的重建，已再次或甚至永久擊垮義大利似乎幾世紀前所恢復的軍事聲望。

希臘的眾古共和城邦具有這種閃爍在它們大多數制度中的智慧，它們禁止它們的公民所有平靜與居家的工作，因為這些工作除了會衰弱與破壞身體之外，也立即會使得靈魂中的精力變得軟

---

53 這人即為蒙田，引用他的《散文》第一卷中的〈賣弄學問篇〉（Du Pédantisme）。

弱。事實上，我們來思想，人們要從哪種觀點能夠面對飢荒、口渴、疲勞、危險與死亡，當他們難以忍受那最小的需求，與討厭那最小的辛苦？依靠什麼樣的勇氣，才使那些軍人將能夠忍受他們完全不習慣的過量工作呢？依靠什麼樣的熱情，即使連軍官自己也無力量騎馬時，那些軍人將做強行軍呢？但願沒人用所有現代戰士在如此精心訓練下，所產出來之光榮價值來反對我，有人對我大大誇獎他們在某戰鬥日所顯現的英勇，但從來不曾提到他們是如何忍受工作的過量，他們如何抵抗季節的嚴酷與惡劣的天氣。只消一點太陽或是白雪，只消幾個多餘事物的剝奪，即足以在短短的幾天內融化與摧毀我們最好的軍隊。勇敢的戰士們啊！你們暫且一次忍受你們極少聽到的事實；我知道，你們是勇敢的；你們曾與漢尼拔將軍於坎城（Cannes）與塔斯麥能（Trasimène）大獲全勝。凱撒曾與你們一起跨越魯比孔（Rubicon）河，並征服自己的國家[54]。但是，漢尼拔將軍能跨越阿爾卑斯山，凱撒擊敗過你們的祖先時，都不是與你們在一起。

　　戰鬥並不代表總是贏得戰爭的勝利，而且對於將軍們而言，贏得戰爭的勝利是一種藝術，是超過贏得戰鬥的藝術。某人只靠著勇猛跑到戰火處，他依然是一個非常差勁的軍官，對士兵本身而言，多一點的力量與精神，可能較之於那不能保他不死的很多勇氣更必要。對於國家而言，如果它的軍隊滅亡在熱病與寒冷

---

54 凱撒（Julius Cesare, 100-44 B.C.）是羅馬共和時期的政治家與軍事將領。因其花了八年時間征服高盧（58-51 B.C.），獲得軍事榮耀，並在其忠心部隊的支持下，於西元前49年1月11-12日晚上，在沒有經過參議院同意的情況下，率領大軍，跨越盧比孔河，進入羅馬城，引發內戰。凱撒在戰勝後，成為羅馬共和的執政官與獨裁者。最後，凱撒在西元前44年3月15日，在參議院，遭民事官布魯圖斯（Brutus）所參與的暗殺計畫中遇刺身亡。

中，或是死在敵人的刀劍下，又有什麼差別呢？

　　如果科學文化對於戰鬥品質是有害的，那麼它對於道德品質的害處就更多了。從我們最初的幾年開始，一種荒謬的教育粉飾著我們的精神，並且敗壞我們的判斷。我到處看到在龐大的機構中，人們花了很多經費，教導年輕人學習除了他的義務之外所有其他東西。你們的小孩將對自己的語言毫無所知，卻將會說他們在世上用不到的其他語言，他們將會寫出他們自己很難理解的詩句。他們不知道分辨真偽，卻將擁有用特殊論證，致使他人難辨真偽的藝術。他們將無知什麼是崇高、克制、仁慈、勇氣等這些字；也從不曾聽說過如祖國這樣甜美的名稱。如果他們聽到人們談論神，這將不是為了敬畏祂的緣故，而是因為害怕祂[R8]。有一個智者曾說[55]：我寧願我的學生能夠在網球場中度過這段學習時間，因為至少這樣他的身體是更適宜於運動。我知道應該讓孩子們忙著學習，我也知道對他們而言遊手好閒是最值得擔心的危險。所以他們應當學習什麼呢？這肯定是一個很好的問題！但願他們學習成為人時他們應當做的事物[R9]，而不學習那些他們應當忘卻的事物。

　　我們的花園被雕像所裝飾，而我們的畫廊中掛滿了畫。你們

R8　這是哲學思考。

55　這句話引用蒙田《散文》第一卷中的〈賣弄學問篇〉（Du Pédantisme）。

R9　這就是斯巴達人的教育，依據他們最偉大的國王之所述。蒙田說，這是一件非常值得深思的事。在利克格（Lycurgue）的極好治理之下，依其完美，是極可怕的真理，然而是如此仔細於孩童的膳食，好像是它的最主要的任務。即使在繆思女神的住處、科學與藝術等領域之中，也極少提到學說。彷彿對待一個蔑視所有其他枷鎖的高貴年輕人，我們應當為他僅僅提供有關勇氣、謹慎，與正義的師傅，而不是有關我們科學的師傅。

曾想過這些為大眾所讚賞的藝術傑作代表什麼呢？祖國的捍衛人
嗎？或是這些更偉大的人，以他們的德行豐富祖國嗎？不！所有
這些藝術品都是良知與理智遭到迷惑的圖像，精選自古典神話之
中，並且很早地呈現在我們孩子的好奇心前。毫無疑問地，呈現
的目的就是要讓孩子們在他們懂得閱讀之前，就看到惡行的型
態。

　　如果不是因為才能不同與德行墮落在人與人之間所導致的致

現在我們來看，同一位作者如何談論古代的波斯人。他說柏拉圖談論他們皇
族世家的長子就是這麼養成的。從他出生之後，嬰兒不被交給婦女撫養，而
是交由與國王最為親近的宦官所撫養，因為他們的德行關係。他們負有讓嬰
兒保持漂亮與健康身體的責任，並且在他七歲後，開始教他如何騎馬與打
獵。當他十四歲的時候，他們把他交在四種人的手中受教育：全國最有智慧
的人、最公正的人、最節制的人以及最為英勇的人。第一種人教他宗教，第
二種人教他總是作真實的人，第三種人教他克制自己的貪婪，第四種人教他
不要恐懼什麼。我將再加一句，所有人都在教育他成為善良的人，而不是教
育他成為有學識的人。

在色諾芬的書中，亞斯提雅基（Astyage）曾向居魯士要求解釋他的最後一
課：他說，在我們班上有一個身材高大的男孩，將他的一件小外套送給他同
伴中身材最小的一位，而這位高大的男孩卻拿走這位同學那件較大的外套。
我們的導師要求我在這兩種不同情況中評評看，我判斷事物應當維持在這個
情況中，因為在這個情況中兩者皆似乎相互配合得比較好。於此導師卻向我
指出我作了錯誤的判斷，因為我只停留在考慮合宜，而這首要考慮的，應當
是供給正義。正義要求無人在他所屬的事物中，被強迫放棄。然後，他說他
自己因此而受到懲罰，其處置就像是在我們村莊中，我們受到懲罰，因為忘
記希臘動詞（τυπτω）的第一不定過去式。在說服我他的學校是這麼好之前，
我的輔導教師以「種類展示」的方法（in genere demonstrativo），對我作了一
番優美的高談闊論。

這些話都是引用蒙田《散文》第一卷中的〈賣弄學問篇〉（Du Pédantisme）
中的內容。

命不平等的話，所有這些謬誤會是從哪裡誕生的呢？這就是所有我們的研究中最明顯的結果，以及所有他們的後果中最危險的後果。我們對於一個人不再問他是否正直，而問他是否有才能；對於一本書，我們不再問它是否有用，而問它是否寫得好。獎賞都揮霍在那些自詡為才子的人身上，而德行則缺乏應有的榮譽，華麗的論文可獲得數以千計的獎賞，但對高尚的行為卻什麼鼓勵都沒有。然而，但願有人可以告訴我，是否在這個學院中被選出的最佳論文所獲之榮耀冠冕，可以與設置這個論文獎項的功績相比較嗎？

有智慧的人不追求財富；但他對於光榮不會無動於衷。當他看到榮譽如此的胡亂分配時，他那僅需一點鼓勵即可活絡與造福社會的德行也陷入頹喪，並在悲哀與遺忘中熄滅。久而久之，其結果是到處都偏好取悅人的才能，而不是有用的才能，而自從科學與藝術的更新以來，經驗已太多地證實這一點。我們有物理學家、幾何學家、化學家、天文學家、詩人、音樂家、畫家，但我們不再有公民。或者，假使他們仍然存在我們之中，他們必已經被趕散在我們棄居的鄉下，在那裡貧困與被蔑視地滅亡。這就是他們被迫處於的情況，這就是他們從我們這裡獲得這種被蔑視的感覺，雖然他們為我們提供麵包與為我們子女提供牛奶。

然而，我承認，惡還不像它可能變成的那樣嚴重。就如同永恆的遠見，在不同的有毒植物旁，放置有益於健康的簡單植物，以及在有害動物的身體中，放置治療為牠們所傷的藥物一般，永恆的遠見也教導他的執行者——君王們，模仿這遠見中所包含的智慧。這就是依照他的範例，這個偉大君王[56]——其榮耀將從一

---

56 這裡所提到的君王，指的就是法王路易十四，諡號為「偉大的路易」（Louis

時期到另一時期，不斷地為他爭取到新的光芒──從科學與藝術的核心之中，也就是上千混亂的源泉裡，創造了這些知名的團體。這些團體同時是人類知識的危險寄託處，以及倫理風俗的神聖寄託處，因這些團體將注意力集中於維持人類知識與倫理風俗之所有純粹性在所寄託處中，也要求它們所收的成員，都能夠維持這種純粹性。

這些充滿智慧的機構因為他的令人敬畏繼承者[57]而更形鞏固，且受到歐洲所有國王的仿效，對文人們至少起了抑制的作用。所有文人們在一心一意期待獲得進入這些學院的榮譽之際，將保守他們自己，以及靠著有用的作品與無懈可擊的道德，將努力讓他們自己配得這榮譽。在這些協會中，有一些協會為了榮耀文學的優秀而獎勵，將選擇出適當的主題，來復活公民們心中對於德行的愛，從而將表現出這個愛在協會間流行，並且將給予人民如此難得與柔和的愉快，看到這些學術性的團體能夠對人類專心灌輸不僅令人愉悅的光芒，並且有益的教訓。

所以但願人們不要對我的觀點提出反對意見，因對我而言它只是一個證明我觀點的新論證。這麼多的關注，就是為了極度地顯現接納它們的必要性，以及人們根本不必為那些並不存在的惡

---

le Grand）。1643 年，路易五歲登基，直到1715年逝世為止，任法王七十二年之久。法國在路易十四期間，一共建立四所學院，其中包含：「繪畫與雕刻學院」（*l'Académie de peinture et sculpture*, 1648）、「建築學院」（*l'Académie d'architecture*, 1671）、「文字與文學學院」（*l'Académie des inscriptions et belles-lettres*, 1663）、「皇家科學院」（*l'Académie royale des sciences*, 1666）等。唯在法國第一所學院「法蘭西學院」（*l'Académie française*, 1635）卻為路易十三而非路易十四所建。

57 這裡所提到的令人敬畏繼承者，指的就是法王路易十五。

找尋解決方案。為什麼這些貧乏的解決方案仍帶有一般解決方案的性質呢？這麼多有利學者而成立的機構，使科學的東西更有能力受敬畏，並將心靈轉移到科學事物的培養。在人們所採行的預防措施中，似乎感覺人們有過多的農夫，卻擔心沒有足夠的哲學家。我在此不願冒險將農業與哲學放在一起作比較，人們是無法接受這個比較。我只問：什麼是哲學？最著名的哲學家們的作品中包含了些什麼？這些愛好智慧的朋友們的教導又是什麼？聽他們說話時，人們不把他們看成是一群喊叫的江湖術士，在公共場所中，每個人在某個角落說：「你們請到我這來，只有我不會欺騙」嗎？其中一個哲學家宣稱，物體並不存在，所有存在的只是表象罷了。另一個哲學家宣稱，除了物質外，沒有其他的實體，除了世界外，沒有其他的神。這個哲學家宣稱，沒有德行，也沒有惡行，在道德上所談的好與壞都是虛幻的。那個哲學家宣稱，人是狼，而且在問心無愧下，可以相互吞噬[58]。噢，偉大的哲學家們！但願你們沒有為了你們的朋友與你們的孩子，保留這些「有益」的課程;，你們將很快地領到這些有益課程的「獎賞」，而我們將不會在我們的朋友與我們的孩子之中，發現屬於你們派別的人，而感到害怕。

　　所以這些就是卓越出色的人，當他們活著時，受到他們同時

---

[58] 這如同前註41中所顯示，盧梭在此談到許多他所知道或聽到的哲學家思想的「簡化內容」（一、「實體並不存在」；二、「沒有神存在」；三、「沒有德行，也沒有惡行」；四、「人跟狼一樣」）。這些思想代表哪一些哲學家是有爭議的。Masters：209說是柏克萊、史賓諾莎、蒙達維爾（Mandeville, 1670-1733）以及霍布斯。Gourevitch: 331說是柏克萊、史賓諾莎、狄德羅以及霍布斯。Havens: 241-242說是柏克萊、拉梅特利（Julien Offray de La Mettrie, 1709-1751）以及霍布斯同時代表第三與第四種思想。

代人士無度地高度評價,當他們死後,又有不朽的名聲為他們預留著!這些就是我們從他們那兒所獲得的智慧格準,而且一世代又一世代地我們傳給我們的後代。聽任人類理性的所有迷失之異教,它可曾為後世留下任何事物,以致我們可以與在基督福音的統治之下,有印刷術為可恥的紀念物作準備相比較嗎?留希伯(Leucippe)與戴格拉斯(Diagoras)褻瀆宗教的著作隨他們辭世而滅亡[59]。那時我們尚未發明使人類心靈的荒謬成為不朽的藝術。但是,有賴於活字印刷的發明[R10],加上我們對於它的應用,諸如霍布斯(Hobbes)與史賓諾莎(Spinoza)的危險漫想卻得以永久地保存下來了。你們去吧!我們先祖的無知與粗野,

---

59 留希伯是西元前5世紀的古希臘哲學家,也是最早的原子論者,認為宇宙中的一切均由不能再分割的原子所構成。戴格拉斯是西元前3世紀的古希臘詩人,也是最早的無神論者。傳言中,說他是知名的原子論者Democritus的學生。

R10 想一想印刷術在歐洲所導致的可怕亂象,評一評未來惡日復一日所作的進展,我們可以輕易地預見,君王們將毫不遲疑地致力於將這一項可怕的藝術驅逐在他們的國家之外,正像他們先前致力於引進印刷術到他們的國家中。阿西美(Achmet)蘇丹因為順從幾個自認有品味人的糾纏不休,於是同意在君士坦丁堡(Constantinople)建立一所印刷所,但是正當印刷機要開始運作時,他們卻必須摧毀它,並且將器材丟入井中。人們都說,當歐瑪哈里發(le calife Omar)被問到將如何處置亞歷山大(Alexandrie)的圖書館時,他是如此回答:「如果這個圖書館所藏的書是與《可蘭經》相反的,那麼它們是有害的,所以必須燒掉它們。如果它們所包含的都是《可蘭經》的教條的話,你們也該燒掉它們,因為它們是多餘的。」我們的學者曾引用這個推理,作為荒唐的極致表現。然而,你們來假設,以「偉大的格列高利」(Grégoire le Grand)教宗來取代歐瑪,以及以《福音書》取代《可蘭經》,這個圖書館依然會被燒的話,這可能反而會變成這位卓越教皇生平中,最為光彩的一個行動。

完全沒有能力創造的知名典籍；在我們後代中，你們這些知名典籍伴隨更加危險的著作，從這些危險的著作流露出我們世紀的倫理風俗之敗壞，以及在要來的世紀中，你們這些知名典籍與危險著作一起帶來一段忠實的歷史，深信我們的科學與我們的藝術所帶來的進步與好處。如果他們閱讀你們，你們將不會使他們在我們今天所討論的問題上不知所措。除非他們比我們更為愚笨，他們將會對天舉出他們的手，並且在他們內心的痛苦中將說出：「全能的上帝啊！祢掌握精神，求祢免除我們先祖的知識與致命的藝術，並還我們無知、單純與貧困，唯有這些東西能夠使我們幸福，也是在祢面前是珍貴的。」

　　但是，如果科學與藝術的進步完全沒有增加我們的真實幸福，如果此進步敗壞了我們的倫理風俗，並且如果倫理風俗的敗壞對清純品味帶來傷害，我們將會如何看待這一群初級的作者呢？他們排除禁止靠近繆思神殿的困難，而這困難正是大自然對於那些渴望求知人的能力所佈置出的考驗。我們又將會如何看待這一群書籍編輯者，他們冒失地打碎了眾科學的門，並在她們的聖殿裡，引入沒有資格的下等人來接近她們。然而應該期待的是，所有這些不能在文學的道路上前進很遠的人，他們早該在學術殿堂的入口處就遭到拒絕，並轉而投身於對社會有利的匠藝中。某人盡其一生將為蹩腳詩人或次級的幾何學家，但他可能變成一個偉大的織布製造者。對於這些大自然注定要作為門徒的人，完全不需要師傅。諸如威虞藍（Vérulam）[60]、笛卡兒及牛頓這些人類的導師，他們自己並沒有設置師傅，並且是什麼樣的指

60　所指為培根（F. Bacon, 1561-1626）。培根於1618年成為英國上院爵士後，蒙獲頒予Baron Verulam頭銜。

導者帶領他們直到他們的廣博才華所攜帶他們所至之處呢？一般的師傅只能藉著縮小這些人的智力在他們自己的狹窄能力之中，限制自己。藉著初步障礙，這些人學習到付出心力，並且鍛鍊自己，來通過他們所經歷過的廣大空間。如果應該准許一些人致力於科學與藝術的研究時，應該單單交予那些感到自己有能力，獨自行走在這些人的後塵，並且有能力超越他們。為人類精神的光榮立起紀念碑的人，乃屬於這一小群人。但是，如果我們想要沒有什麼東西大過於他們的才華，那麼就要沒有什麼東西大過於他們的願望。這就是他們所需求的唯一鼓勵。心靈在不知不覺的情況中，與佔據它的事物相稱，並且這是偉大的場合造就出偉大的人物。雄辯術的泰斗，曾是羅馬的執政官，而可能是最偉大的哲學家，曾是英國的大臣[61]。人們相信嗎？如果他們其中一位，僅在某個大學中佔據一個教職，而另一個僅在某個學院中獲得一個微薄的退休俸的話，我說，人們相信他們的作品能不展現到他們所存在的狀態嗎？但願國王們因此不要不屑於允許那些最能夠給他們出好主意的人在他們的顧問行列之中，但願他們放棄這個為傲慢所杜撰的舊有偏見，認為引導人民的藝術比啟發人民的藝術更為困難，這就像是說，讓人們依照他們自己意願好好行事，要比用強迫的方式使他們就範，還要輕便容易。但願第一流的學者在國王的宮廷中找到尊敬的居處，但願在那兒他們可以得到配得上他們的唯一獎勵；這獎勵就是藉著他們的信譽對人民的幸福做出貢獻，並且他們對人民將教導智慧。只有如此，我們將看見德行、科學與威權，在高貴的競爭激勵中，並且為人類幸福共同努

61　此處所談的「能言善道者」，指的是羅馬共和時期的西塞羅（Cicéron, 106-43 B.C.）與培根。

力之所能。然而，只要權力獨自在一邊，而知識與智慧獨自在另一邊時，學者們將很少思考偉大的事物，君王們將更少做美好的事物，而百姓卻只能繼續低賤、墮落與不幸。

對我們這些平凡人而言，上天並沒有分給我們那麼偉大的才能，上天也沒有要我們命中注定擁有那麼多的榮耀，讓我們維持在我們的默默無聞中，千萬別汲汲於追求與我們無緣的名聲。讓我們別去爭取那個我們得不到的名聲，並且現有的情況告訴我們，縱使我們有追求的所有資格獲得這個名聲，但這個名聲永遠不值我們為此所付出的代價。如果在我們自身之中，我們就可以找到我們的幸福時，又何必在他人的意見中找尋我們的幸福呢？我們讓其他人辛勞教導人民有關他們的義務，並滿足於好好完成我們的義務，我們不需要知道更多的義務。

噢！德行啊！儉樸心靈的崇高科學，真的需要這麼多的辛勞與工具來認識你嗎？你的原則不是已經刻在每個人的內心中嗎？為學習你的律法，不是回到自己，並且在激情沉靜中，傾聽他個人良心的聲音就已經足夠了嗎？這才是真正的哲學，讓我們學會滿足於這種哲學。不羨慕那些在文藝共和國中居不朽地位的知名人士之光榮，讓我們在他們與我們之間做出這個光榮的區別，就是人們過去注意到兩個偉大人民間這個光榮的區別：其中一個懂得說，而另一個懂得做。

讓－雅克‧盧梭給葛林(Grimm)的信[1]
有關數學及歷史教授暨「南希皇家文學院」
院士高捷(Gautier)先生對他論文的反駁

先生，我還給您這麼好意借我的10月份《信使》（*Mercure*）。我在其中非常愉快地閱讀了高捷先生大費周章對我論文所作的反

---

[1] 這是盧梭寫給葛林男爵（Baron Friedrich-Melchior Grimm）的信，在1751年11月出版。它的內容是針對議事司鐸，也是南希學院院士的高捷先生反駁〈論科學與藝術〉一文所作的理由之回應。正如同盧梭在信裡的第一句話中所顯示，高捷先生的對盧梭論文的反駁在1751年10月出版於《信使》，因為高捷先生在「反駁」中直接署名的緣故，所以盧梭在回應中也就毫不客氣地指出高捷先生的大名。在題目中，盧梭提到高捷先生的多種頭銜，其實也正是想要突顯他對於體制內學者的無懼。另外高捷先生的頭銜多歸因於創建南希學院的前波蘭遜王史達尼斯拉斯（Stanislas）。史氏曾以無名氏的方式，對盧梭的「第一篇論文」也提出批判，盧梭也作了回應（見下一篇回應〈觀察〉）。基於這個緣故，盧梭在寫這封信的同時，可能也正在寫那篇給史氏的〈回應〉。無論如何，可以確定的是，盧梭在很短的時間內，回應了這兩篇針對同一篇論文的批判。我們因而也可以將這兩篇回應放在一起來看，這一封信是針對「學者」而作，而下一篇回應，則是針對「王公」而作。這兩種階級人士對於盧梭的批判，是格外具有其時代意義的，因為盧梭在「論文」中

駁[R1]，但是不如您所斷言的，我不認為我必須回答。以下則是我的反對意見。

1. 我不能說服我自己，為了證明是有理的，一個人必須在最後說話。

2. 當我再次閱讀這份〈反駁〉，我愈相信除了提供高捷先生這份他已經回應的論文之外，我實在不需要提供其他的答覆。我祈求您，讀一讀他與我兩人作品之中有關奢華、戰爭、學院與教育的討論，讀一讀路易大帝（Louis le Grand）與法布里修斯的激烈言論[2]。最後，請您讀一讀高捷先生的結論與我的結論，那麼您

的主要內容，即在於針對這些人作批判。所以我們可以將這兩篇回應放在一起思考。

在這封信中，盧梭的回應對象是高捷的「反駁」，但他並沒有將高文引出，只是針對其要點直接說明。根據Gourevitch的說明，高捷先生這篇「反駁」，在一開始就對於皇室，提出一些諂媚的言詞，最後他以呼籲所有的院士注意自己利益為結尾。這個立場使得盧梭在這封信之中，將他自己比喻成為自由人與自由公民的代言人，相對於高捷先生被盧梭比喻為學院派與職業文人的代言人。前者的目的在於捍衛自由，而後者的目的則在於捍衛院士們的私利。在這一封信中，盧梭等於在利用這兩者之間的對比與衝突，更進一步地說明了在「第一篇論文」中所處理過的題目及有關自由人與學者之間的比較。請參閱Gourevitch, p. 336。

在文本中的斜體楷書字，代表盧梭引高捷先生〈反駁〉一文中的部分內容。有關高捷先生的〈反駁〉的英譯本，可以參考 "Refutation of the Discourse Which won the Prize of the Academy of Dijon in 1750," in *Discourse on the Sciences and Arts And Polemics*, trans. by J. Bush, R. Masters & C. Kelly (Hanover, NH.: University Press of New England, 1992), pp. 70-83.

R1 高捷先生的反駁，將在附錄的第一卷中出版。

2 在《法國信使》之中，高捷先生為了要捍衛科學與藝術而模仿盧梭在「第一篇論文」中引法布里修斯的話，引了一段路易大帝的話，以相抗衡。有關法布里修斯的引言，請參照「第一篇論文」中的內容。

將會瞭解我所想說的。

3.整體而言，我的想法與高捷先生是如此地不同，到了如下地步：如果我必須記錄所有我們之間所抱持不同意見的地方的話，我可能必須與他打鬥，即使在我說出與他所說相似的事物上。這會令我蒙上愛反駁的外表，也是我企圖要好好地避免。例如，當談到禮儀時，他即清楚地散播訊息，表示為了要成為好人，應當先從偽君子開始做起，而虛假則是一條抵達德行的康莊大道。他還說，如果用禮儀裝飾的惡行沒有傳染性，但若惡行直接以粗野方式顯示自己，則惡行將如同往常一樣有傳染性。他也說，看透人心的藝術，正如同偽裝自己的藝術一般，都做相同的進步。他又說，每人確信，不應該相信人們，除非自己為人們所喜歡，或是自己對人們是有用的。他也說，每個人都知道評價禮儀的特別價值，也就是說，毫無疑問地，當兩個人相互恭維時，一個人發自內心地對另一個人說：「我對待你如傻子一般，而且我嘲笑你。」另外一個人則發自內心地回答他說：「我知道你在厚顏無恥地說謊，但是我盡力地還你一個更好的謊言。」如果我想要使用最辛辣的話諷刺禮儀，我也能夠說出與這差不多的話。

4.反駁中的每一頁，我們看到作者根本不瞭解，或根本不想瞭解他所反駁的作品。對他而言，這確是非常方便合適的，因為當他不斷地在回答他的思想，而從未回答我的思想時，他有全世界最佳良機說出所有令他感到高興的東西。從另一邊而言，如果我的辯駁變得比他的反駁較困難時，我的辯駁變得比他的反駁較不必要。原因是我們從未聽說過一個向大眾展現一幅畫的畫家，必須要先檢查觀眾的眼睛，並且對所有需要眼鏡的人提供眼鏡。

此外，即使我辯駁了，我也不確定我能讓對方聽懂我的話。例如，我對高捷先生說，我知道，我們的士兵完全不是諸如瑞奧

彌（Réaumur）[3]與豐丹奈爾（Fontenelle）[4]的人物，而這對這些科學家、對我們，尤其是對敵人而言，這是活該。我知道他們是一無所知，他們是殘暴與粗魯的，但我仍然說，而且我還要說，士兵被他們所鄙視的科學，和他們所忽略的藝術所軟弱。這是文學發展所造成的大妨害之一，因為僅為了幾個文學啟發的人而已，文學徒然腐蝕整個國家。現在，先生，你看得很清楚，這對於高捷先生而言，這只是另外一個無法解釋的悖論。對於這位高捷先生向我驕傲地詢問，軍隊與學界擁有哪些共同點；他問到士兵是否在穿得差與吃得差中，較之學界有更多的勇氣？他也問我，當我提出說由於榮耀才能的緣故，我們忽略德行時，是什麼意思？以及其他類似的問題；它們都顯示我不可能在按著提問人的意願，清楚地回答這些問題。我相信你將會同意我沒必要自我解釋第二次，因為讓人們更理解我所說的，不會好過第一次。

5.如果我要回答對我反駁的第一部分，這會是沒完沒了的方式。高捷先生認為，指示我可以引述這些作者，也指示我必須拒絕的作者。他的選擇是完全自然的，因為他棄絕那些對我顯示出作者的權威，反而要我託付那些他相信與我相反的作者。我徒然想使他理解到僅有一個贊成我的見證，是關鍵的，而一百個見證不能證明什麼東西，反對我的情感，因為這些證人是訴訟過程中

---

3 瑞奧彌（R. A. Ferchaud de Réaumur, 1683-1757），法國物理學家與自然學家。他以提出溫度計量著名，並以他名字為此溫度計量系統命名。在這個系統中，水在80度時沸騰，在0度結凍（PR2）。

4 豐丹奈爾（B. Le Bovier de Fontenelle, 1657-1757），法國作家。他是法國哲學家（*philosophes*）·時代中，提倡科學理性的重要人物。1699年因為被任命為科學院秘書的緣故，提倡科學，捍衛現代科學相對於傳統科學的優越性，責難迷信和輕信，普及哥白尼天文學，提倡笛卡兒物理學等（PR2）。

的當事人。我徒然祈求他區別他所援引的例子。我徒然向他指出，是野蠻的或是有罪的是兩個完全不同的東西，並且真正墮落的人民，極少為擁有惡法的人民，而多為輕視法律的人民。他的辯駁是容易預見的：人們怎麼可以相信這些可恥的作家，他們居然膽敢讚揚那些不會讀也不能寫的野蠻人！怎麼有人會假設那些赤裸到處行走的人會有羞恥心，那些吃生肉的人會有德行呢？所以將必有辯論。所以就出現了希羅多德（Hérodote）[5]、史特拉邦（Strabon）[6]、龐伯尼斯－梅拉（Pomponius Mela）[7]等人的觀點與色諾芬（Xénophon）[8]、查士丁（Justin）[9]、奎特－庫斯（Quinte-

---

5　希羅多德（484-425 B.C.），希臘歷史家，曾被西塞羅譽為「歷史學之父」，也是第一個廣為流傳的散文家（PR2）。

6　史特拉邦（58?-21? A.D.），希臘地理學家。他著作中有關歷史的部分均已流失，但是有關地理誌的方面，則大多保存下來。在他的年代中，他並沒有受到重視，在中世紀中也遭人遺忘，文藝復興時期被發覺，並重新出版他的作品，於其中，他針對人類的起源、遷移、帝國的形成，以及人與自然環境關係等方面提出問題與研究（PR2）。

7　龐伯尼斯－梅拉為約在西元1世紀，來自西班牙的拉丁作家。他是一本有關地理學專著（*De situ orbis* 或 *De chorographia*）與其他三本書的作者（PR2）。

8　色諾芬（430-350 B.C.）是一位希臘的軍人與歷史學家，除了著作一些相關於歷史、教育、政治理論以及其他相關題目的作品之外，他因為受教於蘇格拉底門下之故，也是數冊《蘇格拉底對話錄》的作者。他對哲學有興趣，也是一位重要的與有智慧的社會思想家，其觀點甚至在他死後的幾世紀均發揮了相當重要的影響力。他對於蘇格拉底個性以及道德觀點的描述，對比於較著名的柏拉圖觀點與描述，具有相當補充的作用。他的《對話錄》不但是柏拉圖版本之外，唯一有關蘇格拉底生平敘述的作品，並且以一種更為寬廣、更符合文學意味的角度，記錄了蘇格拉底的人格與理論。此外，他還提到了許多其他蘇格拉底的追隨者，例如安地斯泰能斯（Antisthenes）與阿斯必阿德斯（Alcibiades）。色諾芬的《對話錄》中，有對蘇格拉底的〈回憶篇〉（Memorabilia），亦有回應柏拉圖〈辯護篇〉（Apology）與〈饗宴篇〉

Curce）[10]、塔西陀（Tacite）[11]等人的觀點搏鬥。我們因而在批判家的研究、古物及博學之中。從小冊子轉成卷帙，書籍增多，但問題被遺忘。這是文學爭論中的專長，就是在諸多闡明的對開本之後，人們總是以不再知道其所處告終。那就沒有必要展開這些爭論。

如果我要針對第二部分辯駁，這可以馬上就作；但是我無教導任何人任何東西。高捷先生為了反駁我，自滿在所有我說

（Symposium）的相同篇名著作，還有以記錄雅典社會生活與婦女地位而著名的〈經濟篇〉（Oeconomicus）（*Cambridge Dictionary of Philosophy*）。

9　查士丁，原名為 Marcus Junianus Justinus，為西元2世紀的拉丁歷史學家，著作有長達四十四冊的《全史》（*Histoire Universelle*）（PR2）。

10　奎特－庫斯，原名為 Quintus Curtius Rufus，為西元1世紀的拉丁歷史學家，著作有十冊的《亞歷山大史》（前兩冊已經遺失），其中論及浪漫的感情生活，並配合以他客觀的寫作風格，以及優美的敘述（PR2）。

11　塔西陀，原名為 Publius Cornelius Tacitus，為西元1世紀的拉丁歷史學家。他原為羅馬帝國下的騎士階級，於西元97年任職行政長官，於西元110到113年，任職羅馬帝國亞洲行省執政長官。在從事於歷史學研究之前，他是一位非常知名的演說家。他的著作有〈演講家的對話〉（Dialogue des orateurs），是一篇有關演講術沒落的知名作品；〈農業生活〉（la Vie d'agricola）是一篇對其岳父，一位羅馬帝國將軍的喪禮讚詞，於其中，塔西陀對於羅馬皇帝進行激烈的批判；《日耳曼》（*Germanie*）有一篇有關日耳曼人道德習性的作品。他最有名的兩份歷史著作是《歷史》（*L'Histoire*）與《年鑑》（*Annales*）。塔西陀的作品中，充斥著他對於探討道德的興趣，處處顯露出他對於被遺忘德行所表示的遺憾，並嚴厲斥責各種惡行。他特別喜愛分析宮廷的生活，並認為宮廷生活為心理分析提供了豐富的研究資料。他也善於探討野蠻人世界中的美麗外邦生活，並認為探討個人因素，比探討整體因素來得重要。在這些對於人性心理分析的高超技巧下，塔西陀卻提出一種悲觀的歷史哲學，並發展出一種特殊的歷史學研究風格，在原先歷史學中編年的傳統風格裡，引入一種介於心理分析與文學之間的風格（PR2）。

「不」的地方說「是」，卻在所有我說「是」的地方說「不」；所以我只須在所有我曾經說「不」的地方繼續說「不」，在所有我曾經說「是」的地方繼續說「是」，並且只須刪除掉證據，我將很準確地回答。跟隨著高捷先生的方法，所以針對反駁中的兩部分，我不得不過多或過少地回答。現在，我想不作這兩者。

6. 我將跟隨著另一種方法，並分別檢視高捷先生的辯論以及反駁的風格。

如果我檢視他的辯論，對我而言是容易的顯現出這些辯論全部是站不住腳的，作者全然沒理解問題的情況，以及他根本不瞭解我。

例如，高捷先生費力告訴我，有些邪惡的民族不是有學問的，但我早已經很懷疑卡穆克斯人（Kalmouks）[12]、貝督因人（Bédouins）[13]、凱佛爾人（Cafres）[14] 既不是非常有德性的人，也不是非常有學問的人。如果高捷先生能夠同樣費心地向我顯現出，有哪些有學問的民族不是邪惡的，那才真是讓我感到驚訝。他到處使我推理，彷彿我曾說科學是人與人之間敗壞的唯一來源，如果他真誠地相信這是我所說的，那我則欽佩他願意回答我。

他說世上的交往足以獲得一個高尚文雅的人引以為傲的禮儀，從這裡他結論出人們沒有充分理由將導致禮儀的榮耀歸於科學。但如果不是這樣，那麼我們將導致禮儀的榮耀歸於什麼呢？

12　卡穆克斯人為西伯利亞南方之蒙古族人，於西元1334年建立帝國，並曾遭鐵木真征服，後於17世紀重獲獨立，最終於1759年為中國所滅（PR2）。

13　貝督因人為一支游牧的阿拉伯人，其居住範圍主要為北非地區，包含現今摩洛哥與埃及，但亦擴展至敘利亞以及阿拉伯半島地區（PR2）。

14　凱佛爾人是阿拉伯人為居住於南非好望角省分附近的原著民所取的族名。凱佛爾（Cafres）在阿拉伯文中原意為「不信」（kafir; infidèle）（PR2）。

自從有人生活在社會中，曾經有有禮貌的民族，也曾經有其他沒有禮貌的民族。高捷先生卻忘了向我們說明導致這個差別的理由。

　　高捷先生到處欽佩我們現在的倫理風俗之純真。他所懷有這個好意見肯定為他自己的道德習性增添許多榮耀。但他所懷有這個好意見並沒有顯示他有很多經驗。從他說話的口氣來看，可以說他就像是「逍遙學派」學者們（les péripatéticiens）研究物理一般，他不離開他的書房來研究人。至於我，我闔上我的書；聽完人們談論後，我觀察人們行動。當我們跟隨如此不同的方法後，在我們的判斷之中我們少有意見的交集，是一點也不足為奇的事。我看到人們不能使用一個比我們世紀的語言更為誠實的語言，此令高捷先生產生強烈印象。但是我也看到我們不會擁有更為敗壞的倫理風俗，這令我感到憤慨。所以，因仗著將得體的名稱加諸於我們的罪行上，而使我們學習到不再為我們的罪行感到臉紅，我們就認為變作一個好人嗎？

　　他還說，縱雖我們可以用很多事實來證明，倫理風俗的瓦解總是與科學一起流行，由此不能說正直的命運倚賴在科學的進步。在引用我論文的〈第一部分〉證明這些事物總是一起流行之後，我打算讓〈第二部分〉顯示出事實上這些事物是彼此相互牽連。所以，我能夠想像在此高捷先生要回答誰呢？

　　我覺得他對於我談論學校教育的方式感到特別憤慨。他告訴我，人們在學校教導我不知有多少的好東西給年輕人，當他們長大時，這些好東西可以在日後成為他們的消遣娛樂之好泉源。但是我承認我看不出來，教導青年的這些內容，尤其是與他們作為公民應當優先學習的義務之間有什麼關係。我們將主動地打聽，他會希臘文與拉丁文嗎？他用詩篇或用散文寫嗎？但是他是否變

得比較好或比較深思熟慮，這曾是主要的問題變成最後的問題。當你對我們人民喊出一個路人：『喔，有學識的人！』另一個路人：『喔，有德行的人！』我們人民的眼光與尊重之情應該是集中在第一個路人身上。唯有第三個喊叫者，喊出：『喔，那些傻頭傻腦的人！』我們人民才會不把眼光與尊重之情集中在第一個路人身上。

　　我曾經說過，大自然想要保護我們不碰科學，就像一個母親從孩子手中奪出危險的武器，以及我們在學習中所遇到的困難，在她的恩惠中不是最小的。高捷先生卻誤以為我說的是「人們啊，所以你們必須知道，自然並不希望你們仰食於大地的生產。她在耕作上所連結的困難是要你們別碰農業的一種警告。」高捷先生卻沒有想到，只要一點點努力，我們就確定可以做出麵包，但在許多研究之下，我很懷疑我們是否能夠造就出一個通情達理的人。他更沒有想到，這其實只是另一個偏向我立場的觀察，因為如果不是為了要我們轉移那些遊手好閒的事務工作，大自然為什麼要在我們的身上，強加那些必須做的工作呢？但是從他對農業所顯示的蔑視態度中，我們可以容易看到，如果全由他來決定的話，所有的勞動者可能很快地離開鄉下，去到學校中辯論。我相信，根據高捷先生以及依照很多教授們的看法，這種去學校中辯論的事對國家幸福而言是非常重要的。

　　對柏拉圖的一段話進行思考，我曾推測，古埃及人可能不若我們所相信的對科學賦予那麼大的重要性。反駁我的作者問我，當如何使這種觀點與奧斯曼笛亞斯（Osymandias）[15]刻在他的圖

15「靈魂病痛的治療」是奧斯曼笛亞斯王刻在其最為古老圖書館之上的銘文（Masters: 213）。

書館上面的銘文彼此一致呢？如果這個國王還活著的話，這個難點將會是一個好的問題。現在他死了，換我來問，基於什麼樣的必要性，來調和奧斯曼笛亞斯國王的看法與埃及智者的看法呢？如果他曾計算，甚至斟酌過所有的意見，他將會回答我說，「毒藥」這個字不是被「藥物」那個字所取代嗎？但是，讓我們越過這個豪華的銘文。我同意，這些藥物是非常好的，而且我已經重複說了好幾次，但這足以構成一個隨便地用藥，而罔顧那些病人體質的理由嗎？就如這食物本身是很好的，但在衰弱的胃中，只會造成消化不良與惡劣情緒。人們會怎麼說一位醫生，在他讚揚某些鮮美的肉品之後，還結論說所有的病患都應該吃到飽嗎？

　　我表明科學與藝術使勇氣軟弱無力，高捷先生卻稱呼這是一種奇特方式的推論，而且他完全無法看出在勇氣與德行之間有什麼關連。然而對我而言，這並不是很難理解的一件事。對於那些從前習慣於偏好個人生命更勝於個人義務的人而言，他幾乎不耽誤地依然偏好那些使得生活變得容易與舒適的東西。

　　我說過科學適合一些偉大的天才，但科學對於那些發展她的民族而言，總是有害的。高捷先生則說，曾經責難科學的蘇格拉底與卡托本身即是極有學問的人，並且他還以為依此就宣稱反駁了我。

　　我說過，蘇格拉底是雅典人中最有學問的人，並且因此我從他的見證中獲得權威，這完全不妨礙高捷先生願意告訴我蘇格拉底是一位有學問的人。

　　他責難我，說我提出卡托蔑視希臘哲學家的觀點，並且他立基於卡內阿德（Carnéade）[16]，那同時為相同的命題既辯護又推翻

16　卡內阿德（Carnéade, 214-129 B.C.）是「希臘化哲學」時期，屬於懷疑學派

的遊戲；這使卡托對希臘人的文學不適當地產生反感。然而，高捷先生應該好好告訴我們，這個卡內阿德的祖國是哪裡？他的職業是什麼？

毫無疑問的，卡內阿德曾是唯一的一位哲學家或學者，他自炫於同時支持贊成與反對，否則高捷先生在此說的所有內容，就不具有任何意義了。對於這一點，我託付他的博學。

如果這個反駁在好的推理上不是豐富的，反之它在漂亮的誇張詞句上是非常豐富的。作者到處以藝術的裝飾取代他在開始時所承諾證據的顛撲不破，但是當作者在一個反駁中濫用演說的華麗，卻還指責我在一篇學術論文中運用演說的華麗。

高捷先生說：盧梭先生這些動人的誇張詞句是什麼意思？假使有可能，就是為了要廢除學院中那虛浮的誇張詞句。他說：當聽到盧梭保證說，我們具備所有德行的外表，卻沒有任何德行時，誰不會不憤慨？我承認，說我們具備所有德行的外表，有一點奉承的味道。但是高捷先生應該比其他人更容易原諒我那一點。他說：啊！為什麼人們不再具有德行了？這是因為人們發展文學、科學與藝術的緣故。我說：正是如此。他說：如果人們曾經無禮、粗魯與無知，曾經是哥德人、匈奴人或汪達爾人，他們將值得盧梭先生的讚美。我說：為什麼不呢？上面所論及的哪一種人，會排除德行呢？他說：斥責人們，不感到厭煩嗎？我說：作為壞人，他們不感到厭煩嗎？他說：我們將總是相信，藉著告訴人們他們沒有德行，能使他們變得更有德性嗎？我說：我們將相信，藉著說服人們他們是夠好的，能使他們變得更好嗎？他

的希臘哲學家。他經常以論證的方式與同時其另一哲學學派，斯多噶學派進行辯論。

說：以淨化倫理風俗為藉口，推倒倫理風俗的支撐是被准許的嗎？我說：以啟發精神為藉口，必須要敗壞靈魂嗎？他說：噢！社會的兩個結！一個是真哲學家們的魅力，另一個是令人珍愛的德行。因為你們自己的魅力，使得你們能夠統治人心。你們帝國的建立，不在於「斯多噶哲學」的艱難，也不在於蠻族的喧譁，也不是傲慢的粗野所作出來的建議。

我首先注意到一件令人頗感有趣的事物，就是在所有我所攻擊的那些無利於德行的古代哲學家們的所有派別之中，高捷先生唯一留棄給我的，是斯多噶學派，而且他似乎也想將這學派歸於我這一邊。他有道理，我感到幾乎不能再更驕傲了。

但是，我們稍微來看是否我能夠以其他字眼，精確地顯示這段感嘆文字的意義。噢！受人珍愛的德行們！因為你們自己的魅力，使得你們能夠統治靈魂。你們絕不需要所有這些無知與粗野的偉大排場。你們知道經由比較簡單與比較自然的途徑走向人心。為了要獲得擁有你們的權利，只消知道修辭學、邏輯學、物理學、形上學，以及數學就足夠了。

有關高捷先生寫作風格的另一個例子。

他說：你知道人們使在大學裡的年輕哲學家忙碌科學中，包含邏輯學、形上學、道德學、物理學、基礎數學。我說：如果我以前知道這些科學，我已經忘記了，好像在變成通情達理後，我們大家都忘記所學過的科目了。他說：根據你所說，這些都是貧乏的思辨！我說：依照一般人的意見，它們是貧乏的；但依照我的想法，它們對於壞東西倒是很多產的。他說：大學很感謝你，對學生教導科學真理藏在井的最深處，是很難發掘出來。我說：我不相信這是我教導任何人的內容。這個句子絕非我的發明，因為這句話與哲學一樣古老。此外，我知道大學對我沒有任何感

謝。在執筆的同時，我不忽略我不能同時奉承人，而又對真理表達敬意。他說：在卓越程度上擁有科學真理的偉大哲學家們，當他們聽說他們什麼都不知道時，毫無疑問地會感到驚訝。我說：我相信，事實上這些在卓越程度上擁有所有這些偉大科學的哲學家們，當他們聽到他們什麼都不知道時，確實會感到驚訝。但是，我自己會感到更驚訝，假如這些知道這麼多東西的人，有一天知道他們什麼都不知道時。

我注意到，高捷先生到處以最有禮儀的方式對待我，卻從不省去任何一個可以視我為敵人的機會。在這個角度上，他延伸他的注意，從中學教師一直到至高無上的權力。高捷先生非常努力地為處世之道辯護，而我們也看到他對處世之道並不陌生。但是讓我們回到這篇〈反駁〉中。

整個寫作與論理方式，在我看來與高捷先生這麼有才智的人完全不相配，這讓我提出一個你認為大膽，而我卻相信合理的臆測。即他口是心非地責難我不被我所支持的看法勸服。但我卻有更多的理由懷疑，他在私下與我有共享的意見。只是他所佔據的地位和他所處的環境，卻將他置於必須反對我的那一邊。我們這個世代的社交禮節對很多事物是有益的，因此他將依照社交禮節的方式反駁我，但是他必須採取所有種類的預防措施，並且使用各種可能的技巧，以一種不能說服任何人的方式來反駁我。

就是在這種觀點中，他很不適當地開始宣稱他所辯護的利益是攸關議會的幸福，以及偉大國王之榮耀，因他是在議會前說話並且他在國王法律下有活著的趣味。他好像要說：「先生們，在受尊敬的保護者前你們不能忘恩負義，所以你們不能避免地認為我有理。更有甚者，今天我在你們面前辯護，乃是為你們自己的利益。因此，無論你們從哪一邊來考慮面對我的證明，我都有權

利指望，對於這些證明的穩固你們不會使自己苛求。」我則說，如此說的人多把他的注意力放在封住人們的嘴上，而很少想要說服他們。

如果你很注意地閱讀這篇反駁，你幾乎找不到任何一行文字，似乎不是為了等待與指示它的回應而寫的。一個例子就足以使你瞭解我的意思。

他說：雅典人在迎戰波斯人與斯巴達人所獲得的勝利中，顯示藝術可以與軍事能力結合。我問：這難道不剛巧是為了讓我們回想起我先前所說過的，即薩克色斯（Xerxès）[17]戰敗的事，以及讓我想起伯羅奔尼撒（Péloponnèse）[18]戰爭的結果。他說，他們的政府，在培里克利斯（Péricles）[19]統治下變成唯利是圖，呈現出新的面貌。享樂的喜好抑制他們的勇氣，就連最光榮的職權，

---

17 薩克色斯為485-465 B.C.統治波斯與埃及的波斯國王。

18 伯羅奔尼撒戰爭發生於431-404 B.C.，是一場古希臘時期介於雅典帝國與以斯巴達為首的伯羅奔尼撒聯盟之間的戰爭。歷史學家在傳統上將這一場戰爭分為三個時期：第一期稱為阿基達緬戰爭（the Archidamian War），主要是斯巴達對於雅典所在的阿提卡（Attica）半島的攻擊以及雅典強勢海軍在伯羅奔尼撒半島的反擊。第一期戰爭於421 B.C.以締結尼西亞斯和平條約（Peace of Nicias）結束。但是，415 B.C.因為雅典派遣部隊出征位於西西里島的希拉庫斯（Syracuse）引發第二期戰爭，結果是雅典於413 B.C.的全軍覆沒。這導致在波斯支持下的斯巴達，對雅典展開第三期的戰爭，稱為愛奧尼戰爭（the Ionian War）。在這期間，斯巴達鼓動雅典帝國的附屬國家叛變，並最終徹底擊敗雅典海軍。這場戰爭導致雅典帝國投降，也結束了這一場延續長達數十年的戰爭。

19 培里克利斯（495-429 B.C.）是雅典的政治家以及將軍，率領雅典軍隊歷經波斯戰爭與伯羅奔尼撒戰爭最初的兩年。他於461-429 B.C.治理雅典。在治理雅典期間，他大力提倡藝術與文學，並因而使得雅典成為古希臘的文化與教育中心。他也是宣導雅典民主制度的最主要代表。

也被輕視，不受處罰擴增壞公民，作戰所需的費用被用來供養疏懶怠惰與遊手好閒的人。但是，所有這些導致腐敗的原因與科學又有什麼關係呢？

高捷先生在這裡作什麼呢？如果不是令人想起，我在我的論文中整個第二部分都在為顯示這個關係而作努力嗎？你注意到，他以近乎藝術的手法告訴我們將腐敗的結果視之為腐敗的原因，目的是為了要使得所有通情達理的人，主動地回溯到這些所謂原因中的第一原因。你也注意到，為了讓讀者自我反省，他如何假裝忽視那些我們無法假設他事實上忽視的事物，以及如何假裝忽視所有歷史學家一致所說的事物，即雅典政府與倫理風俗的敗壞，是演說家的傑作所導致的結果。所以他確定，以這種方式攻擊我，就是很清楚地對我指示我應做的回答。

然而這僅是我不企圖保證的臆測，高捷先生或許會不同意，我以犧牲他的真誠來為他的學識辯護。但如果在反駁我的論文時他確實是很真誠地在論證的話，那麼高捷先生，這位歷史教授、數學教授、南希學院的院士，他如何不懷疑一點他自己擁有的所有頭銜嗎？

因此我不會回答高捷先生，這是篤定的一點。我永遠不能嚴肅地回答，並且一步又一步地跟隨他的反駁。你可以從其中看出理由，並且使用尖銳的嘲弄（*ridiculum acri*）、諷刺的語句以及苦澀的玩笑來回答，這可能是糟糕地確認高捷先生賦予我的讚美。我已經很擔心他有過多的藉口來抱怨這封信的語氣。至少當他在寫他的反駁時，他不是不知道他所攻擊的人，是一個對於禮儀不重視，也不想從禮儀學習如何遮掩他的情緒。

此外，我準備好要還給高捷先生，所有他應得的正面評價。他的作品令我覺得是一個具有豐富學識的風趣人之作品。別人或

許在他的作品上找到哲學,至於我,我卻在他的作品上找到很多的博學。

先生,我謹獻上我的誠心,以及所有其他的一切。

後記:我剛剛在10月22日的《郁特列特報》(*Gazette d'Utrecht*)中,讀到高捷先生作品富麗的闡述,並且這篇闡述好像是故意用來確定我的揣測。一位對於自己作品有一些信心的作者,讓別人費心來讚美它,而自己卻滿足於作一個好的摘要。這份〈反駁〉的摘要是如此巧妙地被撰寫,雖然它僅落在一些我僅能用來作為過渡的微小事物,但是在這些微小事物中沒有一個可使得一個有判斷力的讀者會與高捷先生有相同的意見。

根據他所寫的,歷史從人類的惡行中汲取它的主要趣味,並不真實。

我將論理的證明放在一旁,但為了讓高捷先生駕輕就熟,我向他引述一些權威。

在歷史中,國王少干預的人民是快樂的。

人們一旦變為智者,他們的歷史將變得無樂趣可言。

高捷先生有理地說,一個社會,哪怕是完全由正義的人所組成,這個社會將因沒有法律而無法存在。從這兒他結論說「如果沒有人與人之間的不正義,法學將無用處」的這種說法,不是真的。一個如此有學識的作者,怎麼會將法學與法律攪混在一起呢?

再一次,我將論理的證明放在一旁,但為了讓高捷先生駕輕就熟,我向他引述一些事實。

斯巴達人既沒有法律諮商也沒有律師,他們的法律甚至沒有書寫出來,但他們仍有法律。為了要知道是否法律在斯巴達比在其他充斥法律界人士的國家,更不受遵守,此問題我託付於高捷

先生的博學。

　　我完全不注意高捷先生文本上的所有細節，以及刊載於《郁特列特報》的一切，但是我卻以這段觀察作結束，並作為你檢證之用。

　　即使我們處處承認高捷先生有理，並將我的論文中被他攻擊的所有地方通通刪除，我的證明幾乎不會失去任何力量。但是若是我們在高捷先生作品中，拿掉所有未觸及問題實質的部分，他的這篇〈反駁〉將毫無所剩。

　　我最後的結論依然是應當對高捷先生不作任何回應。

　　在巴黎，1751 年 11 月 1 日

讓－雅克・盧梭，來自日內瓦
有關對他論文的回應之觀察 [1]

　　面對這位剛以一篇〈回應〉來榮耀我論文的匿名作者 [R1] 我應當表達謝意，而非反駁 [2]。但是我應當感謝的事物，並不會使我忘記我對於真理的義務，而且我也不會忘記每次攸關理性的問題時，人們回到自然權利之中，並重新取回他們原來的平等。

1　有關這一篇〈回應〉的英譯本，請參考 "Reply to the Discourse which was awarded the prize of the Academy of Dijon," in *Discourse on the Sciences and Arts And Polemics*, trans. by J. Bush, R. Masters & C. Kelly (Hanover, NH.: University Press of New England, 1992), pp. 28-36.

R1　波蘭國王的作品先是以匿名的方式出版以及不被作者認作自己的作品，使我必須保持他的隱藏身分；但是這位國王此後已經公開承認這份作品，免除我長時期因他對我所賦予的榮譽，而保持的緘默。

2　1751年9月所出版的《法國信使》中，有一篇對〈第一篇論文〉的匿名〈回應〉，而盧梭的這篇〈觀察〉則在10月出版於同一份刊物中。盧梭知道這位匿名者就是波蘭遜王史達尼斯拉斯一世列貞辛斯基（Stanislas I Leszinski, 1677-1766），他也是當時法國國王路易十五的岳父。盧梭對於能在出版〈第一篇論文〉後與遜位國王打筆戰一事，感到至為光榮，並在《懺悔錄》第八書中記錄此事（Gourevitch: 333）。

　　我需要反駁的論文是充滿了非常真實與精心證明的事物，對於它們，我沒有什麼要回應的。雖然我在這篇論文中被稱為「博學者」，但因此將我列在那些懂得回應一切的人之中，我可能非常生氣。

　　我的辯護將仍然是易懂的。我的辯護將限於比較我的看法與他人反對我的真理；如果我證明這些真理沒有攻擊到我的看法，那麼我相信，這將表示我已經夠好地捍衛我的看法。

　　我可以簡化所有我對手所建立的主張，成為兩個主要論點：一論點包含科學的讚美；另一論點處理對科學的濫用。我將要分開檢視它們。

　　依照〈回應〉的語調，他好像很高興聽到，我說很多科學的壞話比我實際所談科學的壞處還要更多。於此他假設我論文在一開始對於科學所作讚美的那部分，我應當費了不少的功夫。根據作者的講法，這是一個被真理所拔出來的供詞，而我後來毫不遲疑地將它收回。

　　倘若這個供詞是被真理所拔出來的讚美，那麼就應該相信我認為科學就像我所說的那麼好；作者自己所說的科學怎麼好，就因而與我對科學的看法沒有衝突。他說，這個供詞是被強迫拔出來的，那麼這對我的立場更好，因為這表示在我裡面真理比習性更強。但是憑什麼他可以判斷這個讚美是被強迫出來的呢？是因為這個讚美作得不好嗎？如果要在此新原則上判斷這個讚美是被強迫出來的，那麼它等於是對作者們的誠意提出一個可怕的訴訟案件。或者，是因為這個讚美作得太短嗎？我卻覺得我可以輕易地在更多的頁數中，敘述更少的東西。他說：「因為我收回了它。」可是我不知道我在哪兒，作過這個失誤？所有我可以回應的是，因為這個收回不是我的意思。

　　科學本身是好的，這是確定的；想要說與其相反的事物，就必須先放棄常識。一切東西的造物者是真理的來源；知道一切東西是神的特質之一。因此，獲得知識與擴大個人的學問，就是以某種方式參與最高智慧的表現。在這層意義之上，我讚揚了知識，而且也在相同的意義之上，我讚揚我的對手。他更對人們可從藝術與科學之中獲得不同的用途而長篇大論。如果這是屬於我的主題，我願意說更多關於人們可從藝術與科學之中獲得不同的用途。這一點上，我們因而完全同意。

　　但是其來源是如此純潔，其目的是如此值得稱讚的科學，如何可能會產生這麼多褻瀆、這麼多異教、這麼多錯誤、這麼多荒謬的系統、這麼多矛盾、這麼多蠢事、這麼多辛辣的譏諷、這麼多悲慘的故事、這麼多猥褻的詩篇、這麼多低級的書籍呢？以及在這麼多從事科學研究的人之中，如何可能會產生這麼多傲慢、這麼多貪婪、這麼多壞處、這麼多陰謀、這麼多嫉妒、這麼多謊言、這麼多惡毒、這麼多誹謗、這麼多懦弱與可恥的逢迎呢？我說：這是因為雖然科學是美麗與高尚的，但她完全不是為人而存在的。我說：人擁有太受限制的精神，以至於無法在科學中發展重要的進步，以及在人內心中有太多的激情，以致無法不對科學做出錯誤的使用。我說：人單是好好地學習他的義務就已經足夠了，且每個人都領到他所需要的智慧來學習他的義務。我的對手從他的觀點承認，當人們濫用科學時，科學就會變成有害的，而且事實上已經有好幾個人已經濫用科學了。於此，我相信我們並沒有說什麼太不一樣的東西。我補充說，真的，人們大肆濫用科學，並且總是濫用科學，以及我不覺得在這〈回應〉中，人們支持相反的事物。

　　我可以因此保證我們的原則、連帶的所有我們可以演繹的命

題並沒有什麼衝突，而這是我一直要證明的。然而當我們要作結論時，我們兩人的結論卻是相反的。我的結論是這樣的，既然科學對於倫理風俗所作的害處比科學對於社會所作的好處多，人們應當作的，是以較少的熱情致力於發展科學。我的對手的結論是這樣的，雖然科學產生很多壞處，但我們不應當拋棄科學的發展，因為科學產生好處。關於我們應當偏好兩種結論中的哪一種，我不託付大眾，但託付少數的真哲學家來決定。

　　還剩下一些我須做的輕微觀察，針對這篇〈回應〉中的幾個地方。這幾個地方使我覺得這篇〈回應〉有一點欠缺在其他地方令我欽佩的正確性，並且這幾個地方有時候導致作者所引出來結論的錯誤。

　　這篇〈回應〉作品從幾個知名人士開始，當他們觸及問題時，我才指出他們。作者在好幾個讚美中榮耀我，而這確實為我敞開一個美好的生涯。但是，在這些事物當中有太少的相稱：一個對於我們讚美的事物懷著崇敬的沉默，經常較之冒失的讚揚更為恰當 R2。

R2 所有的國王，無論好壞，只要他們有阿諛逢迎的弄臣與御用文人，永遠將會從這些人那兒獲得卑鄙的與無區別的讚美。至於成為偉人的國王，他們應當獲得比較含蓄與比較精選的讚美。阿諛之詞冒犯他們的德行，甚至讚美之詞亦可損害他們的榮耀。至少我熟知如果普林能（Pline）從未寫東西，塔鞅（Trajan）皇帝會在我眼中顯得更偉大。如果亞歷山大大帝真如他所裝顯的這個人，他根本沒想到他的肖像或是他的雕像，但是為了他的頌辭，他冒著得不到讚美的危險下，只准許一個斯巴達人來做這件事。配得一個國王的唯一讚美詞，不是來自一個御用演說家的嘴，而是來自一個自由民族的聲音。「為了能夠因為你們的讚美而感到高興，」朱連（Julien）皇帝對吹噓他正義的奉承臣子們說：「你們應該敢於說相反的話，如果你所說的是真的。」
譯註：塔鞅皇帝（53-117），於西元98-117年曾任羅馬帝國皇帝。在他的統治

　　他說，我的論文中有令人驚訝的地方，我感覺到這可能要求某些釐清R3。他對於它獲獎的事實感到更為驚訝；然而，看到平庸的作品被獎賞，並不是一件奇蹟。從所有其他意義而言，這個驚訝對於第戎學院是可尊敬的，正如同它對於一般學院的正直是侮辱的。不難看出，這一點將為我的理由爭取相當多的優勢。

　　他以非常討人喜歡地組織的語句，責難我的行為與我的主張之間的矛盾。他怪罪我，說我自己致力於我所譴責的研究R4。既然科學與德行之間並不相容，如同他認定我盡全力地想要證明這一點，於是他就以夠迫切的語調質問我，我如何膽敢利用其中一項，卻聲明支持另外一項。

　　把我本人牽連在問題之中的作法很機靈；這個知名人士無法不錯過地在我的回應中製造麻煩，或者更恰當地說，在我的諸多

　　下，羅馬帝國達到最廣闊的疆域。

　　朱連皇帝（331-363），於西元361-363年曾任羅馬帝國皇帝。他是羅馬帝國皈依基督教之前，最後一位非基督徒皇帝。他以哲學研究著稱，並在生前即蒙稱呼為「哲學家」。

R3 這個問題的本身就足以令人感到驚訝：如果這曾經是一個偉大與美好的問題，它不能緊接著馬上就再被提出。法蘭西學院才針對1752年雄辯獎，提出一個與這個非常類似的題目。它是有關於支持「文學的愛好啟發德行的愛好」。學院適當地認為不該將一個這樣的題目當成開放性的問題。這個明智的學院於是在這個時機，給予作者的時間，比以前即使是針對最困難的主題所給予作者的時間，多出兩倍。

R4 我無法像其他人一樣，對自己辯護，我們的教育完全不依賴我們自己，以及人們不諮詢我們就來荼毒我們。我是基於很好的意願將自身投入研究的事業中，但同時我更是以最好的心願放棄研究，因為我感覺到研究在我的靈魂中散佈困擾，卻未對我的理性有任何的益處。我不再想接受一種騙人的事業，在那兒人們相信為了智慧可以做很多事情，但其實這都是為了虛榮在做一切事情。

回應中製造麻煩，因為我不幸地有一個以上的回應要作。至少，我們盡力在回應中以精確來補充愉悅。

　　1. 關於科學文化敗壞一個國家的倫理風俗，這是我敢於支持的論點，也是我敢於相信已經證實的論點。但是我怎麼能說，在每一個人中科學與德行不相容呢？而我自己就曾經激勵國王們，應當召見那些真正的學者到他們的宮廷，並且對那些真正的學者給予他們的信任，目的就是為了最後要看到，當科學與德行結合對於人類幸福所能夠作的是什麼？我坦承，真正的學者是少數的，因為為了要好好地使用科學，必須結合偉大的才能與偉大的德行；然而這僅是我們對於幾個特殊的心靈才能期望這個偉大結合，但是我們對於整個民族，不能等待這個偉大結合。所以，人無法從我的原則結論說，一個人不可能同時是有學問的又有德行的。

　　2. 縱使這個所謂的矛盾可能真地存在，他也不該用它對我個人逼迫。我喜愛德行，我的心為我表明這個見證。我的心也對我說太多次關於從對德行的愛到成為有德的人之實踐，是有一段距離。此外，擁有科學，我是差得遠，裝有科學，我更是差得遠。我一直堅信，我在論文一開始所寫的那個坦率供詞會使我免受這個責難；現在我有點兒很害怕人責難我在我無知的事物上評論。明顯地，我不可能同時避開這兩個責難。若人最後不能結合德行和科學、若我不趕快譴責這種很少值得的結合，那我還知道些什麼？

　　3. 對於這個主題，我是能夠以教父針對俗世科學所說的來作報告。他們蔑視俗世科學，卻又同時用俗世科學來對抗異教的哲學家，他們所作的就如同被以色列人偷走的埃及器皿一樣。在最後的回應中，我要的問題是：如果有人過來殺我，而我有福氣可

以抓住他的武器，我在將這武器拋棄之前，不是應該用來防禦我自己，將這個人從我這兒驅離嗎？

　　如果人們對我所責難的矛盾並不存在，那麼我只是自得其樂地在說明一個無用的弔詭，這對於我而言同樣是沒必要的，因為我所使用的語調，無論多麼差，至少不是那種在才智對話中使用的語調。

　　現在是結束談論有關別人怎麼看我的時候──我們永遠不會在談論自我中贏得什麼。這是一個很難被群眾原諒的冒失，即使我是被強迫這麼做的。真理就是這麼地獨立，無關於攻擊它的人，也無關於防禦它的人，所以那些為它爭論不休的作者，應當忘懷彼此差別，這樣還會省下許多的紙張與墨水。但是這個對我而言自然可以實現的規則，在我對手那裡卻完全不是這麼一回事。然而，對於我的回答而言，這個差別並不會帶來優勢。

　　作者先是觀察我對於科學與藝術破壞了道德品性的攻擊，然後為了要回應我，作者在所有可能情況中計算科學與藝術的用處。這就好像是為了要證明一個被告，人們訴之於證明他穿得很好，他有許多技巧，或是他極為富裕。然而我的觀點本來就不否認科學和藝術的用處，指出她們將使人變得不誠實才是重點所在，這是她們與所有壞處又表現一致的地方。

　　作者更進一步佯稱，研究對於我們欣賞宇宙的美是有必要的，並且還說自然景觀之所以展現這整體於所有人的眼前，是為了要教導人簡樸的事物，觀察者為了能夠感覺自然為何，應對自己提出接受教導的要求。我坦言，這個陳述令我感到驚訝：它豈不是要讓所有的人都變成為哲學家，或是宣稱只有哲學家才相信上帝嗎？《聖經》在上千個地方勸導我們喜愛上帝在祂精美的創造中所顯現的偉大與仁慈，我不認為祂在任何地方要求我們研究

物理學，而這也不會因而使得造物者得到我比較少的愛。相較於那些從最大到最小的東西，從蒼蠅的吻管到大象的長鼻什麼都知道的人而言，我卻什麼都不知道。

　　當我們說科學應該作什麼時，我們說的卻經常是科學已經作了什麼，然而對我來說這兩者之間是非常不同的。我知道，人們自認對宇宙萬物的研究，將使得他們提升至造物者的地位，但研究其實只會造成人類的虛榮。哲學家，當他自詡能夠穿透神的祕密，勇於將它們佯稱的智慧與永恆的智慧結合在一起時，他贊同、他抱怨、他改正、他制訂自然的法則、限制神聖的特性；就在他們為這些無用系統忙碌的同時，他們又要費極大的心力來配合協調世界這部大機器。反觀每日看天是下雨或出太陽來滋潤大地的農夫，則尊崇、讚美、感恩；農夫從造物者獲得這麼多恩典，也不會干涉這些恩典傳達至他的方式。他絕不會因為不信神而尋求證成他的無知與他所造成的惡行，他從不指責神的創造，也絕不會攻擊祂以顯自己的偉大。亞峰斯十世（Alphonse X）[3] 褻瀆宗教的話語，絕不會來自一位普通人的心靈，而必然是一張為褻瀆神明的話所保留下來的學者之嘴。

　　作者繼續說：人的自然好奇心啟發他學習的慾望。我說：他因此必須努力工作來抑制這些慾望，就像對待他其他的自然性向。他說：他的需求讓他感覺到做這些事的必要性。我說：我非常確認知識是有用的，然而既然我們談的是野蠻人，就感覺不到

3　亞峰斯十世（1221-1285），西班牙國王（r. 1252-1284）。他以博學著稱，曾經召集基督教、猶太教與回教的學者，從事各種學識（如立法、天文、歷史、詩篇等）的編輯工作。此處所指，是他曾經說過類似，「如果神創造世界時，會諮詢他的意見時，這個世界會更好」這種話（Master: 210）。

這種必要性。他說：他們的職業為他們注入義務。我說：職業為他們所帶來的，應是讓他放棄研究，而先盡責任[R4]。他說：他的進步使得他體嚐歡喜的滋味。我說：這正是他應當為此感到懷疑的地方。他說：他的初步發現擴大他對於發現知識的貪婪。我說：這事實上只發生在極少數具有才能的人身上。他說：他知道的越多，他越感覺他應獲得更多的知識。我說：這表示所有他浪費掉的時間，只會刺激他蒙受更多時間的損失。只有極少數具有天才的人，能夠在學習中啟蒙他們的無知，而只有對他們而言，研究或許是有益處的。庸俗的人剛剛學習一些東西，他們就以為可以知道全部，而凡是指示他們不要這麼做或這麼說的信念，都不會是這種愚蠢的事。他說：當他獲得更多的知識，他就方便做得更好。我則說：在說這些的同時，人們發現作者諮商的對象，是他自己的心靈，而不是他所觀察的旁人。

　　他繼續說，認識惡行以求避開它們是好事。同時他還說，這也使得我們理解，只有在經過證明之後，我們才能夠確保一個人的德行。這些原理就其根本來說，都是相當令人懷疑並且需要討論的。為了要學習怎麼做好，我們必須先知道有多少種方式能夠先使人變壞嗎？我們內心自有一個導引，它比所有其他的書籍都不容易犯錯，並且在我們需要它的時候，也永遠不會放棄我們。如果我們願意一直聽從它，它足夠指導我們一直天真地過下去。如果德行的眾多操練之一，是教導我們如何避開惡行的話，人何來的能耐去檢驗他自己的力量以確保德行呢？

　　有智慧的人持續維持戒備，並對自己的能力保持懷疑。他為

R4 這對於一個社會等於是一個污點，也就是領導社會的人需要學這麼多的科學，如果這些人果如其所當為，他們根本就不必學習有關其所當學的事物。

需要，保持所有的勇氣，絕不冒不必要的危險。吹牛的人是那種喜歡不停誇耀自己無法做到的事，同時他在頂撞與侮辱所有人之後，一旦遭遇對手卻立即遭擊倒。我問這兩種形象之中，哪一種比較像一個與熱情搏鬥的哲學家！

　　人們責怪我偏愛在古人中找符合德行的例子，彷彿在說如果我能夠回溯至更早的時代，就能舉出更多例子。我也希望引用現代民族，但如果我只找到一種人堪足為例的話，這絕非我的過錯。人們更責怪我，刻意建構一種以負面對比為主的普遍原理。他們說我的引用缺乏熱情與公正，而以嫉妒來對抗我的同胞，以任性來反對我同時代的人。然而可能沒有哪一個人，比我更愛他的國家與他的同胞了。再者，我只能單一地這麼回答：我已經說過我的理由，而這些理由應當受公評的。至於有關我的動機，則應當將有關它們的判斷，只交付給那些歸屬於能做這個判斷的人。

　　我在此不必以沉默對待由某位哲學家針對我所著，一段重要的反對意見[R5]：「在不同的國家與不同的時代中，我們在道德習性上所注意的差異難道不能全部歸因於氣候、體質、缺乏機會、缺少對象、政府經濟、習慣、法律等，除了科學之外，所有其他的因素嗎？」

　　這個問題隱含重要的觀點，而且它要求超過這份作品所需的廣泛說明。此外，它還要求檢視介於政府本質與公民的天資、道德與知識之間那種非常隱晦，但也非常真實的關係。這將迫使我投入細緻的討論，帶領我到達非常高遠的境地。更有甚者，對我而言談論政府，卻沒有禮讓一些優勢給我的對手，一直都是困難

[R5]《百科全書》的〈序言〉。

的。在斟酌全局後，我認為若是能夠在日內瓦或其他地區做這些研究，會有更好的結果。

我現在要轉入一個比先前反對意見更為嚴重的責難。我摘錄他所寫的文字；因為將它真實地呈現在讀者眼前是重要的。

當一個基督徒越是檢視他所有訴求的真實性時，他越是能夠確認他所保有的信仰；當他越是研讀神的啟示，他越是能夠增強信念。在《聖經》中，他能發現原創與完美。在教父的博學著作中，他才能獲得歷經幾世紀交替的發展。在道德書籍與神聖年鑑中，他才能見證道德實例，並將之作己身的應用。

什麼！無知將會在宗教與德行之中除去這些有力的支持！一位日內瓦來的學者堅決地教導引起道德上混亂的無知！人們更感到驚訝，因為他們聽到一個這麼奇怪的矛盾，而不知一個系統的奇特，無論多麼危險，卻僅只是一個以特殊心靈作為準則的人所能夠提出的另一理由。

我膽敢請問作者，他如何能夠對於我所建構的原則做出如此的詮釋？他如何能夠責難我譴責對於宗教的研究？我譴責的是對於那無用科學的研究，因為它轉移我們在義務上應做的事情，除了他自己的宗教之外，什麼是基督徒義務裡該作的研究呢？

毫無疑問的，我必須公開譴責所有這些經院學界幼稚的狡猾，他們依靠這些假借名義宣稱對於宗教原則進行釐清，實際上他們作的卻是摧毀宗教精神，並以科學的傲慢取代基督教的謙卑。我必須以更多的力量，提升我自己以對抗這些冒失的服侍人員，他們膽敢率先抓住聖約櫃，想要用他們薄弱的知識，來支撐一個由神的手所創造的結構。對抗這些無用的人我豈能不感到氣憤，他們透過悲哀的小技巧，使得福音崇高的簡易性變得墮落，而且使得耶穌救世主的原則變成三段論證。只不過今天的重點在

於捍衛我的立場，不在於攻擊。

　　我明白這個爭論須用歷史與事實來終結。如果我能夠經由幾段文字，顯示從一開始科學與宗教就已經有共通的地方，這可能可以用來解決現在的問題。

　　神所揀選的人民從來不曾發展科學，祂也從未曾建議他們研究她。假使這項研究有什麼用處，他們將較之其他事物更需要她；但事情正好相反，他們的領導人經常努力地將他的子民盡可能分離在偶像崇拜與智者充斥的國家之外。這個預警措施其實在這一邊較另一邊更不必要，因為這個微弱的與粗野的民族，偏好被信奉神祇教士的謊言所吸引，更勝於受哲學家詭辯所影響。

　　在經常散居於埃及人與希臘人之中後，要科學在希伯來人的腦中萌芽依然是無比困難的。約瑟夫（Joseph）[4]與斐隆（Philon）[5]這兩位在與其他地方相較下僅能算是平凡學者的人，卻在他們之中堪足稱為奇蹟。以不信教著稱的古猶太撒都賽教派教徒（saducéens）[6]是耶路撒冷的哲學家，知名的偽君子，法利賽人（Pharisiens）[7]是那兒的學者[R6]。儘管後面這些人將他們的科學界

4　約瑟夫（Flavius Joseph, 37-95? A.D.），猶太歷史學家。

5　斐隆（Judaeus Philon, 20? B.C.-50? A.D.），希臘時期，來自亞歷山卓的猶太哲學家。

6　撒都賽教派教徒是古代猶太教的一種教派信徒，該教派否認復活、來世和靈魂不滅。

7　法利賽人是古代猶太教的一個派別成員，以嚴格遵守成文法律見稱，《新約聖經》中，稱他們是言行不一的偽善者。

R6　我們在學者與哲學家這兩者間，可以看到他們無時無刻不處在相互的仇恨與蔑視之中。這也就是說，在他們之中，一方費盡心思鑽營入他人的科學領域，而另一方則以擁有自己的科學而感沾沾自喜。讓你們來看看這些人的爭執，如在顯赫資產階級的音樂大師與舞蹈大師之間，如在考古學家與當代才

定為對法律的研究，但他們卻以最為虛榮與最滿足教條的方式來作這項研究。他們也嚴謹地遵守著所有宗教活動，但《福音》已經教導我們如何精確地達成這個精神，以及該付出多少心思。此外他們所擁有的，其實是很少的科學，而是很多的傲慢，然而他們與今天我們的學者們最大的差別不在於此。

在新律法建構的過程中，耶穌基督想要委託祂的原則與祂的聖職的對象，從來就不是學者。祂在所有的機會中，依照祂的偏好，將選擇顯示於最卑微與最簡樸的人。在祂教導祂門徒的道理中，我們從來就看不到任何一個與研究有關的字，也沒有與科學相關的，這是為了要表達祂對這些事物上所顯現的蔑視。

在耶穌基督過世之後，十二個漁夫與技匠展開教導與傳教的工作。他們的方法很簡單，傳播福音時並沒有技巧，但他們卻有一顆深信的心，而且在所有神為光耀他們信念的神蹟之中，最令人印象深刻的，是他們生命中的聖潔。他們的信徒跟隨他們的範例，發展出如奇蹟般的成就。警覺的異教神職人員馬上向國王報告，說因為祭獻物減少的緣故，國家已經汲汲不保。宗教迫害於焉展開，而迫害者僅導致他們想撲滅的宗教日漸壯大。所有的基督徒前仆後繼，為宗教殉難，所有的人民則爭相受洗。這最初時期的歷史，就像是一場持續的奇蹟。

在這段期間，崇拜偶像的神職人員不滿足壓迫基督徒，開始惡意中傷他們。哲學家們因為在一個宣揚謙卑的宗教裡找不到好

子之間的爭執，如在化學家與文學家之間、如在法學家與醫學家之間、如在幾何家與作詩者之間、如在神學家與哲學家之間；為了要在這些人之間做出正確的判斷，直接觀察他們本身即已足夠，並且仔細聽他們每一個人對你所說的，但不要聽他們不針對自己，而是針對別人所說的內容。

處，所以就加入了這些神職人員的行列。那些簡樸的人成為基督
徒，這是真的，但是那些學者卻嘲笑他們，我們都知道聖保羅本
身遭遇了多少雅典人的蔑視。來自各處的嘲笑與辱罵如雨水般落
在這個新興的教派上，這是應該提起筆自衛的時候了。聖傑士汀
殉道人（Saint Justin Martyr）[8] [R7]是第一個人為他的信仰而寫辯

8　聖傑士汀殉道人（100?-165? A.D.）是出生於撒瑪利亞（Samaria）的基督徒
　　辯護人，他的聖日是4月14日。

R7　若在今日，這第一批用血來密封見證的作家，會成為議論紛紛的作者；因為
　　他們支持與我一樣的意見。聖傑士汀在他與堤鋒（Triphon）的對話中檢閱各
　　種他曾經嘗試理解過的哲學學派，並且將它們形容得如此好笑，讓我們覺得
　　好像是在閱讀律仙（Lucian）的對話一般。人們同樣地在德圖連（Tertullien）
　　的辯護中看到，初代的基督徒對於他們被視為哲學家是如何感到被侵犯。
　　事實上這些不同派別的危險原理與褻瀆教條，對哲學來說是很損名譽的細
　　節。依比鳩魯派信徒否定所有天佑，學院派信徒懷疑所有神的存在，而斯多
　　噶派信徒則懷疑靈魂不滅。其他比較不出名的學派，也沒有比較好的意見。
　　這裡就有一段克蘭尼派兩大支派之一的領袖泰奧多爾（Théodore）的樣本，
　　是經由笛奧傑能·拉爾斯（Diogène Laërce）所說的：「他揚棄友誼，因為它
　　無論是對於無知的人或有學識的人都沒有好處……他說對於一個謹慎的人而
　　言，他有理由不為祖國犧牲，然而，這個謹慎確實也不能因為無知人的利
　　益，而遭到棄置。他認為，有智慧的人只要有機會就可以偷竊與做通姦與褻
　　瀆的事。這些事中沒有哪一件在自然中是羞恥的，他們應該不受到那些愚昧
　　與無知的平民意見之約束……有智慧的人可以公開，毫不感到羞恥的，而且
　　不受譴責地去嫖妓。」
　　我知道這些意見都是特殊的；但是在這些學派中，有沒有哪一個不曾陷入某
　　些危險的錯誤之中？所有哲學家都如此貪婪地抱持的兩種原則之間的區別。
　　哲學家私下所教導的，是與他們所公開教導相反的意見；這我們又如何說
　　呢？畢達哥拉斯（Pythagore）就是第一個使用內在原則的，但他在長時期的
　　求證以及加上最大的神秘之後，才將他的發現傳授予學生；在私下他給學生
　　們無神的課程，卻公開地獻祭給朱庇特（Jupiter）。哲學家們很滿意於這一種
　　方法，而這方法也快速地在希臘境內流傳，然後又從那兒傳到羅馬；正如同

護。人們接著攻擊異教徒，攻擊他們，就是挫敗他們。初步的獲勝，鼓勵了其他作家的出現。於是，在彰顯異教卑劣行為的藉口之下，人們自己反而陷入神話與博學之中[R8]。人們想要展現科學與才華，書籍於是成堆地出現，而道德卻也開始鬆動了。

很快的，基督徒不再對於《福音》與使徒信仰所顯現的簡樸感到滿意，而認為應當較先驅者擁有更多的心靈。他們深究所有的教條，每個人都支持自己的意見，沒有人退讓。想要擔任教派領袖的野心昭然若揭，異教思想反而在各處大量繁殖。

激情與暴力毫不遲疑地加入爭論。這些溫和的基督徒，他們原先只會將喉嚨架在刀口上，現在變成比偶像崇拜者還要兇狠的壓迫者。這些都捲入極端之中，而真理的這一方同錯誤的這一方一樣不再適當地被支持。

另外一個更為危險的壞處也從同一個來源所誕生，即引古代哲學入基督教教義之中。仗恃著很多希臘哲學的研究，人們相信它與基督教教義有所關連，他們因而膽敢相信，若是披上哲學權

我們在西塞羅書中所看見的，他與他的朋友嘲弄那不朽的神祇，然而他又高談闊論地在法庭上慎重其事地證明了神祇的不朽。

這個內在原則並沒有從歐洲傳到中國，但那兒內在原則也與哲學一同生成。中國人也受惠於內在原則而有這一群無神論者或哲學家在他們之中。這個經由一個有知識與認真的人所作的致命原則的歷史，是一個對於古代與現代哲學可怕的打擊。但是哲學卻持續無視於理性、真理，甚至時間，因為哲學的起源來自於人的傲慢，它比這些事物都強烈。

R8 人們對於亞歷山卓的克雷蒙（Clément d'Alexandrie）的責難是公正的，因為他在作品中展現一種俗世的博學，並不適合於一個基督徒所應做的事。雖然當時他因為要自我辯護而須瞭解一些學說，似乎可以被原諒的；但是今天有誰看到我們的學者獻身於釐清神話中的幻想所付出的心力，而不感覺好笑嗎？

威的外衣，基督教會變得比以前更受尊敬。這是那一段想要成為正統基督徒之前提必須先成為柏拉圖學派信徒的時期，而且很少人反對在祭台的位置上，先讓柏拉圖，然後亞里斯多德，供奉在耶穌基督的旁邊。

教會不止一次地奮身起來對抗這些劣行，它最顯赫的捍衛者用最有力量的文辭經常悲嘆這些劣行，他們經常嘗試將世俗的科學完全阻絕在外，因為它糟蹋教會的純淨。其中一位最為顯赫的教宗甚至熱情到如此的境地，認為將神的諭示受於文法規則的限制，是一件羞恥的事。

但是，儘管他們大聲疾呼也沒有用。被洪流牽引，他們被迫認同他們自己所譴責的事情，因為在他們之中，大多數人用太有學識的方式來反對科學的進步。

在經歷過長期動盪之後，事物終於在最後回復到穩定。在10世紀時，科學的火炬不再照亮大地。神職人員沉浸在我不願意辯護的無知之中，因為神職人員不知應當知道的東西也不知對他們無用的東西，但至少在無知裡，教會贏得一些直到現在尚未獲得的喘息。

自從文藝復興以來，各種分裂毫不遲疑地以前所未有的恐怖程度重新開始。智者激發爭吵，其他智者支持爭吵，而最有能力的智者，經常是最為頑固的。為不同學科的學者所召開會議是枉然的，因為沒有任何一方帶著和解的愛心來與會，或許也沒有為真理的心；所有人帶著的，僅是顯露身手，讓對手付出代價的態度。每個人都想獲勝，沒有人想學習，最強的人只想讓最弱的人閉嘴，爭論經常以侮辱他人收場，而且迫害經常是這一切最後的結果。只有神知道，這一切惡行什麼時候才會結束。

今天科學發達、文學與藝術在我們之中照亮了一切；然而宗

教在其中能得到什麼好處呢？讓我們拿這個問題問一問各種哲學家們，他們自炫不得到任何好處。我們的圖書館中裝滿了神學的書，而宗教決疑者充斥於我們之間；我們曾擁有聖人，而非決疑論者。在科學的延伸下，信仰卻被摧毀了。每一個人都想教導如何把事情做好，卻沒有哪一個人願意學習如何把事情做好。我們都變成學者，但我們都不再是基督徒了。

　　不，完全不是因為這些藝術與矯飾，因而使得《福音》得以傳遍天下，以及使得迷人的美得以穿透人心。這本神聖的書，它是一個基督徒唯一的必需品。甚至也適於任何非基督徒，只要他思考如何在靈魂深處中獲得他的創造者的愛，與願意完成祂的訓誡。德行從未使用過這麼輕柔的語言，最深邃的智慧從未以如此多的精力與簡樸作表達。人在閱讀它後，感覺自己相對於從前，是一個比較好的人。你們這些對我宣導律法的使者啊，請為你們自己省點麻煩，別再教導我這些無用的東西了，將這些知識的書棄置在那兒吧，它們既無法說服我，也不會感動我。你們俯伏在慈悲之神的腳下，祂是你們負責教導我認識與敬愛的對象，向祂祈求你們必須對我傳佈的謙卑，完全別在我眼前吹噓這個傲慢的科學，也別擺出這不敬的展示，它侮辱你們，也冒犯了我。如果你們希望我被感動，讓你們自己先被感動，尤其是用你們的行為，對我展現你們對於教導我的律法之實踐，你們不必知道這律法，更不必教導我，而你作使者任務即已經達成了。這完全不是一個與文學或哲學有關的問題，因而這比較適合用跟隨與傳佈福音的方式，而這也因而使得第一批捍衛者在各國獲勝，正如教父們說：「不是用亞里斯多德的方式，而是漁夫的方式。」[R9]

R9　蒙田說：我們的信仰並非我們所獲得的物品，它是他者佈施下純淨的禮物。

　　我感覺我變得有些冗長，但是我無法免除在此關鍵點上作些延伸。此外沒有耐性的讀者得知道，批判相對於辯答而言是比較容易，因為當我們以一個字來攻擊時，就應當以數頁的篇幅來捍衛。

　　我現在要來到回應的第二部分，這我會作得比較短，縱使我並非有較少的觀察要作。

　　作者對我說：在所有時刻導致怠惰與奢華的，並不是科學，而是財富。我也從未說過，奢華生自科學，但它們是共生的，而如果沒有另一個，這一個就不會出現。這就是我如何整理這個系譜學。壞的第一個源頭就是不平等，從不平等那兒又來了財富。這個「貧窮」的字與那個「富裕」的字，兩者之間有一個相對關係，而且無論何處，只要是人與人之間處於平等的關係，就沒有貧窮與富裕。從財富那兒又生成出奢華與遊手好閒；從奢華那兒，來了藝術；而從遊手好閒那兒，來了科學。他說：財富從來就不是學者所特有的。我說：正是因為如此，才使得財富這個惡顯得這麼嚴重。富人與學者之間之間只能相互腐化，如果富人越有學識，或是學者越有財富，那麼後者不會是可恥的諂媚者，而前者也不少喜愛低格調的諂媚。如此一來雙方都變得越來越好，只是這種情況僅在一小群幸運到同時擁有財富與學識的人身上才

我們並非依靠對話或個人的理解來接受我們的宗教，而是因為權威與外來的戒律。我們判斷力不完美，但微弱的那一部分，比有力量的另一部分更能幫助我們，而我們的盲目，更是超過我們的明目。我們成為學者的原因，只是透過撮合各種無知的結果。如果我們透過自然的或俗世的方法，皆不能獲得超越自然的與天上的知識，這不是怪事。拿出我們自己所僅有的，那就是服從與順應。因為就如經文上所寫的，我將會摧毀智者的智慧，以及砍斷謹慎人的謹慎。

看得到。他說：相對於一個生活在富足中的柏拉圖，或一個受到宮廷信賴的亞里斯蒂普（Aristippe）[9]，有多少哲學家生活在簡易遮蔽物下，淪為乞丐，在他們的德行中被包裹，在他們的孤獨中被忽視呢？我並不否認，極度貧窮的哲學家的人數非常多，雖然他們肯定都對如此處境感到生氣。我也不懷疑他們之中的絕大部分，不只是因為貧窮的緣故，而使得他們擁有哲學；但是假設他們都有德行的情況下，難道不就是在人民完全看不到的道德上，他們應該學習去改造自己嗎？他說：學者們既沒有品味，也沒有樂趣蒐集大量財富。我寧願相信他們是沒有樂趣蒐集大量財富。他說：他們喜愛研究。我說：凡是不喜愛自己工作的人，不是瘋狂的人，就是可憐的人。他說：他們生活在平庸之中。我說：唯有在極度討好他們的情況中，才能夠把這個當成是他們的優點。他說：一個勤奮與節制的生命，處於退隱的寧靜之中，完全為閱讀與工作所佔據，絕對不會是一個淫樂與犯罪的生命。我說：由人眼所見是如此，但一切取決於人的內心。一個人可能因為受限被迫而發展出這樣的生命，但依然擁有一個深受腐化的靈魂。此外，如果他的工作促成遊手好閒與腐化國民的精神的話，無論他本身是多麼具有德行與虛心不都是枉然的嗎？他說：雖然生命中的舒適，經常是藝術的成果，但卻不會成為藝術家分得的東西。我說，他們不大是拒絕舒適的人，尤其是那些將心思完全耗費在無用的，或是牟利的事物上的人，因為他們完全處於滿足慾望的

9　亞里斯蒂普（c.435-c.355 B.C.）是蘇格拉底的跟隨者，在蘇格拉底過世之後，他建立薩瑞內克學派（the Cyrenaic school）。他的主要興趣集中在應用倫理學，強調快樂與痛苦兩種概念，並以此區分意識所導致的身體行動。他認為快樂是幸福的主要組成部分，歸因內在價值於德行，並強調研究與運動作為自我控制方法的重要性。

境地之中。他說：他們僅為富人工作。我說：照此說法說，我不
會訝異有一天富人會為他們工作。他說：是遊手好閒的富人們，
既沾利，又濫用了他們的工作成果。我再說一次：我完全看不出
來我們的藝術家是簡單、有節制的人。奢華以各種修正過的理由
溜進所有人心中，在各處使人神魂顛倒，並非只在某些公民的心
中才佔據著統治的地位。

　　奢華腐化一切；富人享受它，而窮人覬覦它。我們不能說佩
戴光亮手鐲，穿上一件繡過花的外套，或提著一個裝飾過的皮包
本身是罪惡；問題是對這些細緻品味附加的價值，才是極大的罪
惡，尤其是認為擁有這些物件的人，必然是快樂的，並且為了它
們，值得貢獻出所有人都應該為其他各種高貴事物所付出的時間
與努力，以將自己提升至能夠獲得這些物件的地位。為了知道如
何評論，我不須知道忙碌這些追求的人的職業。

　　我不談他為學者所作的正面形象，雖然我原本相信這個好意
能讓他對我更為仁慈。然而我的對手卻不是這麼寬容，他不但在
能夠拒絕我的地方上，完全不提出任何東西，卻在我認為我們的
虛榮與虛偽禮儀所生成的錯誤上責難我，還反而願意原諒偽善。
他問我，願不願意看到邪惡公開自我顯現呢？我當然願意，信心
與崇敬重生於好人中，人們在其中學習不信任壞人，而社會則成
為比較安全的。我寧願我的敵人以公開的武力攻擊我，也不願意
受到他對我從後面所施的攻擊。所以，什麼！必須把犯罪醜聞公
開嗎？我不知道，但我希望人們在犯罪那兒別摻入欺瞞。對於壞
人而言，我們長期有關醜聞所詳述的格準是方便他們的東西。如
果一個人嚴格地遵守這些避免醜聞的格準，就無能懲罰任何人，
反而是無辜地任人掠奪、反叛、殺戮，因一個歹徒而遭受車輪
刑，是太讓眾人議論紛紛的。但是偽善是邪惡對德行表達尊重的

方式嗎？一點也沒錯，就像暗殺凱撒的那些人，他們俯伏在他的腳前，為的是要就近殺死他。這種思想具有一個響亮的名聲，它具有這個名聲因為它來自於一個作家的名聲[R10]，但它並不因此是正確的。我們說一個扒手穿上一個房子中僕人的制服，為的是偷竊上的方便，這表示他對於即將被行竊的屋主行禮致敬嗎？不！用偽善的危險外衣包裝他的邪惡，這完全不是榮耀德行的作法；這是侮辱，同時是糟蹋德行的標誌；這是在所有的惡行中加上卑劣與詭計；這是自我斷送，再也回不到正直。高貴的個性即使在罪行之中，依然帶有我不知為何，但確實是值得驕傲的高貴特質，這使我們在其中看到啟動善良靈魂的天火所留下來的火花。但是，偽善的低賤與阿諛奉承的靈魂早已經如同死屍一般，於其中我們再也找不到生命的火、熱與源泉。我呼籲從經驗來看，我們曾見過大惡人回到他們自己，聖潔地完成他們的生涯，並且死時靈魂獲救；但是，從來沒有人見過一個偽善的人變成一個好人。人們會有理由去感化卡圖胥（Cartouche），但從來沒有一個聰明人會對克倫威爾（Cromwell）[10]做同樣的事。

　　我們態度之中盛行的優雅與禮儀，歸因於文學與藝術的重建。回應的作者卻與我爭執這點，令我感到驚訝。既然他如此重視禮儀，也如此重視科學，但我無法察覺，他為了區分這兩者光榮地連帶產生的過程，會產生什麼益處？我們若是看看他的證明，會發現它們彼此消除成這樣的結果：我們看不到學者比其他

R10 這個作者就是侯熙傅古德公爵（Le duc de La Rochefoucauld, 1613-1680）。
　　譯註：他於1678年所著作的《格準》（*Maxims*）中第218條，即為盧梭在此
　　處所指的內容（Gourevitch: 335）。

10 卡圖胥（1693-1721）是一個知名的盜匪。克倫威爾（1599-1658）則在盧梭
　　的筆下，一直是一個偽善者的代表（Masters: 211）。

人更守禮儀；正好相反，經常他們是比較缺乏禮儀的；所以，我們的禮儀並不是科學的結果。

　　首先，我將註明，在此我們所談的倒不是科學，而比較是文學、美術、品味等學科。我們那不太具有學者氣息的才子，是那麼注重禮節、如此普遍、如此明亮、如此紈褲子弟，以至於他們很難承認，他們具有〈回應〉作者所說的那種陰鬱以及學究式的氛圍。但且讓我們先避開這個前置條件不談，如果有必要，讓我們先同意學者們、詩人們和才子們都是一樣荒謬好笑的；那些文學院的院士們、科學院的院士們、法蘭西學院的院士們都是粗魯的人，既不知道應有的舉止談吐，也不知道人情世故，被他們的地位完全排除在有好伙伴之外。作者在此依然只能贏得極少他想要的東西，也不會因為否定說我們的禮儀與禮貌是好品味的結果，而顯得有理。這品味最先發展於古代人，然後透過在各處出版的愉悅書籍，擴散於歐洲所有的人民之中 R11。就像是最好的舞蹈老師，不必然都是舞跳得最好的人，人們一樣可以很成功地教授禮儀，但本身卻不必然需要或能夠表現得很有禮儀。我們聽說這些呆板的評論人，除了優雅與精緻之外，知道古人那兒的一

_____

R11 當問題的對象是一個民族的道德習性與言行舉止這麼普遍的題目時，應當注意看問題的觀點，而不是窄化到幾個特例之中，後者是導致永遠無法察覺問題本源的方式。為了知道我將禮儀的發展歸因於文學文化是否為一種正確作法時，不應當問某一個學者，或另一個學者是不是有禮儀的人；而應當檢視在文學與禮儀之間會出現什麼樣的關係，然後再看看是在哪些人的身上，這些東西是聚合一起，或是分離開來。我已經提出了奢華、自由，以及許多其他影響一個國家道德習性方面的東西，在它們之上，我每天更進一步構思值得接受的理由：所有的檢驗都必須從小處與個人方面作起，絕非哲學家的作法，這種作法會耽誤太多時間與反思，因為我們可以深刻地認識彼赫或雅克，卻在人類知識上獲得極少的進展。

切事物，卻以他們不管受到多少蔑視卻仍然有用的著作，教導我們去感覺那些他們自己完全無法感受的美。這也是一樣，人們用這交際的愉悅以及風俗的優美，取代風俗的純淨。風俗的優美顯現在所有榮耀文學的人民身上，例如在雅典、羅馬、中國；在各處我們都可以看到，伴隨強調用語與態度的禮儀而至的，往往不是學者與藝術家，而是科學與美術。

作者然後就針對我對無知所賦予的稱讚展開攻擊。在指責我所用的口吻是演說家的而非哲學家的同時，他更是費勁地將無知換成他自己認為的意思，人們可以猜到他的轉換絕不是對無知裝飾以更美的色澤。我不認為他完全沒有理由，但我也並不因此認為我有錯誤，我們之間的歧見只需要一個非常公正與真實的區別就可以化解。

有一種無知是兇惡 R12 且粗暴的，來自壞心以及虛假的精神，這種罪惡的無知，闊展至人類的義務，它廣為行惡，使理性退化，使靈魂墮落，也使得人與動物相似；此種無知，正是作者所攻擊的那種，他於其中塑造出令人極為憎恨與極為逼真的形象。另外有一種有理的無知，它因人自然有限的理解能力而限制好奇心，這是一種謙虛的無知，來自於喜愛德行的愛心，無視於那些完全不值得填充人心的東西，這些東西不會使得人們變得更好。這是一種柔軟與珍貴的無知，是對於純潔靈魂與自我滿足的

R12 如果讀了我的批判卻沒有人欣賞我對於無知與有德的人所作的讚美，而趁此不與沾污大地的盜匪部隊之名單相提並論，我將感到非常驚訝，而且對於一般人而言，這些盜匪都不是什麼有學問的人。我在此先勸告他們，除非他們估計這對於展現博學有什麼必要性的話，否則放棄作這項研究。如果我曾經說，為了要具有德性，擁有無知就足夠了，那麼這也就無須回答我。我相信以相同的理由，我也無須回答那些與我抱持相反意見的人。

寶藏，將所有的幸福集中於充實自己，成為展現單純的證明，也不需要在以他人意見作為明燈指引的情況下，找尋那虛假的與無用的幸福。這就是我所指的無知，也是我向上天祈求這無知，作為我引起飽學之士公憤的懲罰，因我公開蔑視他們的人文科學。

作者說：我們拿無知及野蠻時代，與科學四處擴張秩序與正義的幸福世紀相比較。我說：這些幸福世紀將很困難找到的，但我們將更容易找到這些世紀中，由於科學，秩序與正義僅成為無用的名稱，用來灌輸在人民心中，成為竭力保存的表面，事實上反被用來摧毀秩序與正義而不受任何制裁。他說：在今日，我們看到戰爭變得比較少，而且也更為正義。我說：這是指哪一段日子啊，戰爭中怎麼會有一方變得比較正義的同時，不會對另一方比較不正義呢？我不能理解這些！他說：行為變得比較不令人詫異，而且也更英勇。我說：肯定沒有任何人可以向我的對手爭論有關於他對英雄主義所作的判斷，但他有沒有想過，那些對於他不感到詫異的事物，是否對於我們也一樣呢？他說：勝利變得比較不血腥，而是更光榮的；征服變得比較不那麼快速，而是更確定的；戰士變得比較不殘暴，而是更可怕的；知道戰勝需要適中，對待被征服者需要人性；榮譽是他們的指引，榮耀是他們的報酬。我說：我不否認作者的說法，認為我們之中也有偉大的人物，提出證據證明這一點也是非常容易的。但是，這卻不能否認人民被過度污染；此外，這些事情是這麼的含糊，使我們幾乎可以說，它們發生於所有的時代之中；同時這也是沒有可能做出回應的，因為若要這麼作，就必須遍查圖書館，製作對開本書，才能夠建立出贊成或是反對的證明。

當蘇格拉底以排斥的態度面對科學時，對我而言他還不曉得斯多噶學者的傲慢、伊比鳩魯學者的疏懶，以及在皮浪懷疑論學

者（Pyrrohoniens）的荒唐語言，因為在他的時代，所有這些學者都還不存在。不過這個輕微的時空倒錯對於我的對手而言，卻沒有絲毫不恰當的地方。其實他該好好利用自己的生命，更甚於查證詳細日期。他也無須記牢笛奧傑能・拉爾斯（Diogène Laërce）[11]，正如同我無須看見在戰場上所發生的事。

　　我因而認為蘇格拉底只是想揭發他時代哲學家的惡行，但我無法斷言，除了那時惡行同哲學家一樣盛行，因為這個緣故，當作者對我說，原因來自於哲學濫用時，我卻不能否認我沒這麼說。作者又對我說：什麼！應該壓制所有被濫用的東西嗎？我不遲疑地回答：對。當然，所有那些無用的東西，所有那些經過濫用後生成更多壞處，多於經過使用後生成好處的東西。

　　我們暫停有關這個後果的討論，並且讓我們注意不要得出如下結論：應當燒毀所有的圖書館，並摧毀所有的大學與學院；這樣只會使得歐洲重新陷入野蠻，而品行在那兒不會得到任何結果[R13]。當我即將宣稱偉大與致命的真理時，我的內心感到悲哀，學識與無知之間只有一步之差，而且兩者在許多國家交替的例子經常發生。但我們從來不曾見過一個一旦受到腐化的人民，能重新回到德行中來。你企圖摧毀了壞的源頭，是無用的；你企圖拿走了虛榮、遊手好閒與奢華的養分，是無用的；甚至將人帶

---

11 笛奧傑能・拉爾斯是一位活在西元 3 世紀的傳記作者，主要是以希臘文為哲學家作傳。

R13 一位我引過的哲學家曾說：「惡行伴隨我們時，我們的無知會加深。」在這位作者對於這偉大題目所寫的最少行句中，我們可以看到他將目光轉向這個方向，而且非常遠大。

　　譯註：這位哲學家是達蘭貝，這裡所引的作品是他於 1751 年為《百科全書》所作的〈初始論文〉（Gourevitch: 336）。

領回原初平等，在其中保有天真與所有的德行來源時，也是無用的。他們的心一旦變質，將永遠如此、無法彌補，除非是激烈到令人害怕的極大轉變才能達到治療效果，然而想要倚賴這種轉變奇蹟是應受到指責的，也是無法想像的。

我們因此讓科學與藝術以某些方式來軟化已為它們腐化的人之粗暴習性；我們尋找一些有智慧的消遣來做，並嘗試蒙蔽他們的激情，我們為這些老虎們提供食物，避免它們吃了我們的孩子。壞人的知識，還不若它粗暴的愚蠢，那麼令人害怕，至少這知識使他對所能做出的惡，可能自食後果而比較審慎。

我曾讚揚學院與它們卓越的奠基者，我將重複這讚美。當壞處已經是無可救藥時，醫生則應採用和緩的醫療方式，醫療方式少針對病情需要，而多依照補救病情的方向依比例施加病人身上，這是聰明的立法人應當學習醫生審慎的地方。同時若不能對生病的人民賦予最好的治理，那必須像所羅（Solon）[12]一樣，給予他們所能夠容忍範圍中最好的治理。

在歐洲有一個偉大國王[13]，尤有甚者，也是一個有德行的公民，在他寄居的國家與在展露幸福之處，成立許多支持文藝的學院，他做了一件與他的智慧和德行最為相配的事。當牽涉政治組織的時候，時間與地點決定一切。為了他們的利益，國王們一直支持科學與藝術，而理由我已經說過了，在事物的目前狀態中，

12　所羅（639-559 B.C.）是雅典法律的改革者。布魯達克曾說，當所羅被問到，他是否盡可能給予雅典人最好的法律時，他回答說：「他們能夠容忍範圍中最好的法律。」（Gourevitch: 336）

13　這個國王指的就是波蘭遜王，也就是本〈觀察〉文的回應對象。史達尼斯拉斯曾在1751年，也就是與盧梭辯論的這一年，在南希（Nancy）成立了「皇家科學與文藝學院」（Gourevitch: 336）。

今日國王們更應該為了人民的利益來支持這些科學與藝術。如果
在我們之中，還有一些君王閉鎖到想法與作法皆與此不同的話，
他們的子民將脫離不了貧困與無知，而且也絕不會少了邪惡。我
的對手忽略找出一個這麼引人注意與明顯對他有利的例子，這或
許他是唯一，或是不曾想到這種例子的人。當我們提醒他的時
候，希望他能承受被告知的感覺，讓他無法拒絕那些應當獲得讚
美的偉大事物，也讓他像我們一樣更欽佩這些偉大事物，而不再
自我加強來攻擊真理。

讓－雅克・盧梭（來自日內瓦）的最後回應[1]

> 讓我們不因為羞愧，而因為審慎，在表面上保持沉默。
>
> ——*Cyprian. contra Demet*[2]

以一種毫無意願的心情，我用我的爭論愉悅那些不在意真理

1　這一篇〈最後回應〉所針對的論文，是由里昂學院院士伯德（M. Bordes）所作，題目為：〈論科學與藝術的好處〉（"Discourse on the Advantages of Sciences and Arts" in *Discourse on the Sciences and Arts And Polemics*, trans. by J. Bush, R. Masters & C. Kelly (Hanover, NH.: University Press of New England, 1992), pp. 93-109.），寫於1751年6月，於同年12月在《法國信史》出版。盧梭原先想要以此〈回應〉，結束一切有關〈第一篇論文〉的捍衛與回應，故稱為〈最後回應〉，但卻依然繼續回應，甚至針對伯德還寫了一封〈第二封回應信序言〉（見下文）。有關署名「來自日內瓦」方面，則足以證明〈最後回應〉的重要性，因為盧梭曾在《新愛洛依絲》第二版序言（1761年）中說，凡其作品足以增添榮耀予日內瓦者，均署名「日內瓦公民」。然而，當日內瓦於1762年譴責盧梭作品時，他在整理出版《政治作品》同時，不但刪除此處之「來自日內瓦」，也一併刪除原先〈第一篇論文〉中之「日內瓦公民」。

2　聖西彼廉（St. Cyprian, 210-258）是迦太基的主教，並因為反對當時羅馬帝國負責統領非洲的地方總督Demetrianus所進行之宗教迫害而殉道。

為何的閒暇讀者，但是人們對真理發動攻擊所採行的態度，逼迫我再一次捍衛它的立場，目的是為了不使我的沉默在大眾的眼中成為默認，在哲學家的眼中成為漠視。

　　我應當再說一次，我感覺得出來公眾將不會原諒我，但智者將會說，這個人無須一直不停地找尋新理由，因為這就是理由相互關連的證明 R1。

　　那些攻擊我的人，從來不曾遺漏任何將問題誤導的機會，也一併取消我所作的關鍵區別，為了要再引領他們到那兒，我必須總是重新開始。這是我所支持的陳述綱要，而且我將一直支持它，就像僅參考真理而不參考其他利益的態度一樣久遠。

　　科學是天才與理性的傑作。模仿的精神生成美術，而且經驗使其完美。因為這些技巧藝術，我們才能夠擁有許多增進生命歡樂與舒適的有用發明，這是在我內心之中，感到非常確定的真理。但是，現在讓我們從與品行的關係來思考這些知識 R2。

R1 有些非常確切的真理在第一眼時，顯得很荒謬，而且對於大多數人而言，它們經常是這樣的。你對社會大眾的一個人說，太陽離我們在冬季比在夏季時近，或是說太陽在我們依然看到它時，其實已經下山了，他反而會嘲笑你。我所支持的意見也是這樣，越是膚淺的人，越是那種很快選邊來攻擊我的人，真正的哲學家則不會這麼快作判斷。如果我能夠說服某些人改變立場，那一定是後者中的人。在我進行解釋前，我已經長期而且深入地思考我的主題，而且也從各種不同的面向進行考量 我懷疑我的對手中有哪一位敢這麼說。至少在他們的作品中，我不能察覺閃亮的真理，雖然它們無論在明示上，或是在新奇上，都令我感到一樣震驚，足以說明它們是充足思考的成果與證明。我敢說他們從未對我的證明作出我不曾預期，並且有理的反對，而且我早已經預先回答這有理的反對，這就是為什麼我一再地說出相同的東西。

R2 知識使得人變溫柔，是這位著名的哲學家（案：普魯塔克〔Plutarque〕）說的，他的作品一直都是深入、甚至有時是超越的，於其中到處都透露出人性

　　如果以上天智慧來孕育科學，這只會產生好的結果。我談了
這麼多偉大的人物，說明他們所作的一切都是為了要引導他人。
有智慧與德行的蘇格拉底曾是人性的光榮，但庸人的惡行卻對最
神聖的知識施以毒手，並使它們有害於國家。壞人從知識中做出
許多有害的事，而好人從其中獲利甚少。如果只有蘇格拉底一個
人，而沒有其他人，在雅典自炫哲學，那麼一個義人的血無法呼
喊報復，來反抗科學與藝術的祖國 R3。

　　這是一個應該受到檢視的問題，即假設他們稱為科學的東西
值得這個名，那麼擁有科學對人而言是有利的嗎？如果認為哲學
的幻想，哲學家所作的錯誤與謊言，永遠對任何東西都不是無用

關愛的氣息。在這麼少的幾個字中，而更加希罕的是、他毫不誇張地寫出有
利於文學，是人們無法作出更為有力的表達。真的，知識使人變得溫柔。但
是，作為德行中最令人喜愛的溫柔，有時是靈魂的軟弱。德行並不一定都是
柔弱的，因為它知道在適當時機武裝自己，變得嚴屬，對抗惡行，或因憤怒
而點燃自己，以對抗罪行。

在對待壞人時，義人不能寬恕。

這是斯巴達國王針對有些人稱讚他同仁夏西勞斯（Charillus）非常仁慈時，
所作的一句具有智慧的回答。國王對他們說，如果他不知道對壞人兇狠，他
怎能算是好人（*Quod malos boni oderint, bonos oportet esse.*）？布魯圖斯
（Brutus）絕不是一個溫柔的人，但有誰有理由說他不是一個有德行的人呢？
相反的，有的靈魂是懶散與膽小的，它既無火氣，也無熱情，而且因為無視
於好歹，所以顯得客氣。這就是啟發大眾文藝品味的溫柔。

R3 為了說出與我所說一模一樣的這些話，曾導致蘇格拉底犧牲了他的生命。在
他被審判的過程中，一個控訴他的人為藝術家作辯護，另一個控訴他的人為
演說家作辯護，第三個控訴他的人為詩人作辯護。他們都以眾神為理由，對
他作出控訴。詩人、藝術家、狂熱份子、修辭專家獲勝，而蘇格拉底卻遇
害。如果我說，蘇格拉底在今天沒有必要喝下毒藥之時，我很擔心我是不是
對於我的時代賦予過多榮譽。

的，這豈不是很瘋狂嗎？難道我們一直受文字所欺騙嗎？難道我們從來不瞭解，研究、知識、學問以及哲學只是因人傲慢所提出的無用幻影，而且也非常不值得它們被給予的浮誇名聲呢？

當這些笨拙幼稚行為的品味延伸至整個國家時，國家即失去了堅強德行的品味。自從人們不再想作一個好人，而只消成為一個賞心悅目的人之後，喋喋不休的廢話，比善良道德更易使人出眾揚名。

當內部越是受到腐化，在外部的裝飾也就越多 R4，因而文藝培養在不知不覺中生成禮儀；品味也是由同一源頭所生成。公眾稱讚也是文學工作所獲得的第一個獎勵，並且很自然地成為從事這些工作的人反思取悅的方法。這些反思長期下來形成風格、淨化品味、並在四處延展了優雅與禮貌。如果我們願意，所有的這些東西將能成為對德行的補充，但它們卻絕不可能成為德行，也極少與德行相結合。這個差別將一直存在，即有一種人以成為有用而為他人工作，而另一種人以成為可愛而為自己工作。例如：拍馬逢迎者毫不保留地取悅他人，卻只產生惡。

生成科學的虛榮與遊手好閒，也一樣生成了奢華。奢華的品

R4 我從來不在莫里哀（Molière）的喜劇中，不讚美觀眾的細緻。說一個比較任意的字，說一句粗俗但尚不至於猥褻的話，對於他們純淨的耳朵而言都是侵害。而且我從來不懷疑，最受污染的事物，就是最為可恥的事物。同時，如果我們將莫里哀時代的道德品性與我們當代的作一個比較的話，誰相信這比較的結果對於我們會比較有利嗎？當想像力被玷污時，所有它的對象都變成是可恥的事物。當我們除了外表之外沒有什麼其他好東西時，我們會花兩倍的力量去保存它。

譯註：莫里哀（本名Jean-Baptiste Poquelin, 1622-1673）是法國劇作家，被認為是西方文學史上，最重要的喜劇作家之一。

味一直都是伴隨文藝品味而至，而文藝的品味經常與奢華品味同至 R5。這些事物形成忠心相隨的伴侶，因為它們是同一種惡的作品。

如果經驗與這些展示的陳述不相符合，應當針對這些衝突找尋特定的理由，但是這些陳述中的第一觀念本身即生成於一個針對經驗所作的長期思考，若要理解在哪一點上，經驗證實了這些陳述，只需打開世界年鑑即可。

原始的人曾是非常無知，但我們如何能夠在所有腐敗原因尚未開啟以前，就說他們曾受污染呢？

綜觀古時代的灰暗以及古代人的粗野，人們在他們之中可以察覺到非常偉大的德行，尤其是道德上的嚴謹，形成一個不會出錯的標示，維持他們的純淨、善良信念、待客之道以及正義感，尤其重要的是對於荒淫這種萬惡之母所賦予的恐懼 R6。德行因而

R5 在某些地方，人們以亞洲的奢華反對我，並以這種論證的態度，如同以無知人的惡行反對我。但這其實是我對手的不幸，使得他們甚至在完全無法證明用來反對我的事實中犯錯。我知道東方國家的人民比我們沒更少無知，但這並不會阻止他們同樣表現傲慢與出版許多書籍。土耳其人是東方國家中最不致力於推動文藝的，但是在上個世紀中葉，他們就已經擁有五百八十名傳統詩人。

R6 我完全沒有企圖來討好女士，我同意她們以學究的稱號來榮耀我，然而所有風流的哲學家很懼怕這稱號。我原則上是粗魯的、沉悶的與無禮的，但是我並不需要鼓吹者，所以我可以隨我意地說出真理。

男人與女人天生就應當互愛與結合，但是在這一層合法關係之外，所有在他們之間的相戀關係，就成為肇使社會與品行不安的起源。確定的是，在我們當中，憑女性就能夠恢復光榮與誠實，但她們卻不想從德行的手中，而想依靠她們魅力來建立一個帝國。因此她們僅做出壞事，卻也經常因為她們的偏好，而受到懲罰。我們很難想像，為何一個如此純淨的宗教之中，貞節卻會變成一個低俗與僧侶式的德行，還可以用來嘲弄所有的男人，我會說這也包

並不是與無知完全不相容的。

　　無知也不必然與德行一直相隨，因為有許多非常無知的人民也非常壞。無知本身對好或壞都不必然是障礙；它只是人的一種自然狀態[R7]。

　　對於科學，就無法說同樣的話了，所有有知識的人民都已經被污染了，而這已經是一個反對她的可怕成見。但由於在人民與人民之間作比較是非常不容易的，其中必須考慮許多對象，而且這些比較一直在某種角度上缺乏精確性，因此最確定的方式是跟隨某個特定人民的歷史，並同時比較他們知識的進步與他們道德

含幾乎所有以此自詡的女人。反觀同樣的德行，在異教徒中卻普遍地受到尊重，被視如偉人所專有，在他們著名的英雄中所景仰。我列舉三人，他們不輸給任何人，而且他們在宗教無須涉入的情況之下，都曾為禁慾提供無可磨滅的例證：居魯士、亞歷山大與小希皮翁（le jeune Scipion）。最後的那一位，在那些王所珍藏的東西中，我僅檢視他受西班牙人民贈銀盾以及銘文紀念其德行之勝利：這就是羅馬人的功績，他們降服各地人民所依靠的，是風俗道德的尊敬與武力的征服。這些也因而導致法利斯克人（Falisques）終被征服，以及使得皮魯斯（Pyrrhus）雖然獲勝，但卻被逐出義大利。

我想起在某處所閱讀的一段介於詩人笛敦（Dryden）與一位年輕英國紳士之間的精彩對答。這位紳士抱怨，在他一個悲劇之中，克利歐麥能（Cléomène）樂於與愛人對話，而不想一些值得他愛的事業。這位年輕的紳士說：當我在一位美人的身旁時，我比較知道應該如何利用時間。笛敦回答他道：我相信，但也請你坦承，你不是一個英雄。

R7 看到不知多少的知名學者，用批判來榮耀我，並經常以各種無知人民的惡行來反駁我，還將之視為問題核心的時候，我就忍不住地想發笑。從科學必然會導致惡行，然後他們接著推論出無知必然會導致德行嗎？這種論證態度，可能對於一個雄辯家而言，或是對於小孩而言──從前在我國人們以仍是小孩為由拒絕我──，或許是好的，然而哲學家們應當以另一種論證態度來思考。

上的變化。然而，這種比較的結果都是：好的時光，也就是饒富德性的時光，一直都是無知的那段時光。一旦發展成為有學識的、藝術的，及哲學的時候，他將失去德行與正直，也在這個時候開始沉淪，並變成侮辱人性的無知與邪惡國家中的一員。如果我們堅持要在它們當中找出差別的話，我認識一個差別，就是這個：所有野蠻人民，即使是那些缺乏德行的，都榮耀德行，而那些狀似快速進步國家中的有知識的人民與哲學家，卻轉過來嘲笑與蔑視德行。當一個國家在這個階段時，我們可以說是腐敗的最高點，而且也不能指望有所彌補了。

　　這就是我所提倡的東西的大綱，由其中我相信我已經給了證明。現在讓我們看看他們對我反對的學說大綱：

　　「人自然就是壞的，他們在社會形成之前就是如此。任何地方，如果科學沒有揭舉火炬，那兒的人啊，將被棄置於原始本能之中，將過著與獅熊等同的純動物生命，並且活在野蠻與悲慘之場所中。」

　　「希臘在古代是唯一透過心靈思考所有事物，以期待能夠將一個民族顯現成為值得讚揚的人民。哲學家形成他們的道德，也給予其律法。」

　　「斯巴達的確曾經因其組織與選擇的結果，而顯得既貧窮又無知。並且它的律法中含有重要缺點，它的公民有放任被污染的傾向，它的榮耀不夠堅實，使得它很快地就失去它的組織、它的律法以及它的道德。」

　　「雅典與羅馬最後也衰敗了。一個讓步給馬其頓的發跡，另一個衰敗於自己的偉大，因為一個小城市的律法並不足以用來治理世界。有時候偉大帝國的榮耀無法與文藝成果一同維持長久，當文藝在帝國發展時，帝國的榮耀已是最高點了，但是有關人的

事物之特性就在於，它在相同的狀態中不會維持太久。所以，在同意律法與道德的轉變影響這些大事的時候，我們不應強迫認定，科學與藝術導致這些大事的發生。正好相反，我們可以觀察，文藝的進步與退步經常都是與帝國的發跡與衰敗成正比的。」

「這個真理可以由最近的經驗獲得證實。我們在一個廣大與有為的王朝中，看到一個國家的繁榮、科學與藝術的提倡，以及英勇的德行同時交雜在一起，共同形成帝國的榮耀與偉大。」

「我們的道德是我們所能獲得中最好的道德。幾項罪惡在我們之中被禁止，所留給我們的都是歸屬於人性，科學在此什麼角色也沒有。」

「奢華與科學沒有共同之處，所以奢華所引起的混亂不需要歸於科學。此外，奢華在大國中是必須的，因為它於其中產生的好多過壞：它讓無所事事的公民忙碌，以及供應窮人麵包。」

「禮儀應當被列入德行之中，而非列入惡行之中。它阻擋人們展現本性，而這是一個要求人們彼此相互包含的必要措施。」

「科學極少獲得它所企圖追求的目標，但至少她們對準這個目標。人們以緩慢的步伐逐漸踏入真理的認識之中，但這並不是說，人們在其中沒有做出一些進步。」

「最後，就算科學與藝術軟化了勇氣的說法是真的，她們為我們所帶來的無盡好處，難道不比這導致人類發抖的野蠻的與粗暴的性格好嗎？」

我跳過這些好處的無用與浮誇回顧。由最後一點開始，為防止冗言，我只此一次宣佈，如果有任何事物可以彌補道德上的傷害，我隨時接受科學締造的好處多於壞處這個說法。現在，我們來看其他各點。

在不必冒太多危險的情況下，我即可假設上述這些，都是已經被我證明過的，因為雖然提出這麼多堅決的肯定言辭，卻極少觸及問題核心，且只有更少能夠在違反我感覺下，提出有效結論，如果我的理由需要它們，多數就也可以為我的立場提供新的論證。

的確，1. 如果人們本性是惡的，那麼或許我們可以結論出，科學在他們手中確實能夠產生好處。但是，很確定的，她們將在他們手中產生更多的壞處：對於瘋狂的人，不應該再給他們武器。

2. 如果科學很少達成目標，這表示浪費的時間將一直多於善用的時間。若說這或許是真的能找到最好的方法，則我們工作中的大部分都將會是很荒謬的，正如同一個人，他一直緊密地沿著垂直線，想要開一個直接通往地球中心的井。

3. 我們完全不用害怕過著如動物般的生命，也不必把它想成代表我們生命墮落的惡劣狀態，因為相似於一隻羊的情況，好過於相似一個墮落的天使。

4. 希臘曾因哲學家與立法者而獲得他們的道德與法律。這我承認，而且我已經說了上百次，只要人民不加入哲學家的行列，有哲學家是好事。

5. 不敢說斯巴達沒有好的法律，他們只好說斯巴達的法律有重大缺失。以至於為了反駁我加諸於有學問人民身上經常受到污染的責難，他們責難無知的人民未達到完美。

6. 文藝的進步一直是與帝國的宏偉成正比的；那就是吧！我看到人們一直不斷地告訴我有關成功與宏偉的事，而我所談的卻是道德與德行。

7. 我們的道德是像我們這種壞人至多所能夠擁有的，這是有

可能的。我們已禁止一些壞處，我不否認。我不責難這個時代人擁有全部壞事，因為他們只有鬆散的靈魂。他們僅是騙子與無賴。我相信他們做不出那些預設勇氣與堅定的壞事。

8. 給窮人麵包，奢華可以是必然的。但是如果沒有奢華，就不會有窮人 [R8]。因為奢華使得無所事事的人忙碌？然而，為什麼會有無所事事的人呢？若農業受到推崇，就不會有悲慘與無所事事，惡行也會變得比較少。

9. 我理解，人們對於奢華作為一個議題，強烈放在內心中，只好假裝願意將它和科學與藝術的議題分開處理。我因而承認有些人們對奢華有絕對的需要，奢華為支持國家而服務，就像那些女神雕像支撐她們所裝飾的皇宮。或更正確地說，就像那些樑柱支撐的腐爛建築物一般，到後來經常反被覆蓋在下。有智慧與謹慎的人們，你們應該離開所有被那些東西支撐的房子。

這些可以顯示，對我而言，將他們對我所作的反對轉換成為支持我立場的事物是多麼地容易。但坦白說，我並不認為這些反對我立場的事物被足夠的證明，以至於佔優勢。

他們說原初的人是壞的，從這兒緊跟著提出人很自然就是壞

R8 在我們的城市之中，奢華可以養活上百窮人，卻也能在鄉下，讓十萬窮人死亡。在富人與文藝人士手中所流傳的金錢，提供了他們所需的虛浮，卻消逝在求生存的勞工手中。勞工無衣蔽體的原因，正在於他們為別人提供了衣服上的裝飾。僅是人們食物上所浪費的物資，就足夠顯示奢華對於人性而言，是多麼可憎惡的東西。我的對手很幸運，因為我們語言中那種有罪的精緻性，使我無法深入細節地敘述那些使我對手因膽敢防衛它們而會臉紅的理由。如果說在我們的餐食中應當酌加醬汁，那麼就解釋了為什麼這麼多的病人缺少湯；如果說我們餐桌上需要美酒，那麼就解釋了為什麼這麼多農人只有水喝；如果說我們的假髮上需要粉末，那麼就解釋了為什麼這麼多窮人沒有麵包。

的R9。這絕非一個不重要的確立，對我而言它需要費些功夫來證明。所有他們可以引證的各個民族年鑑，對於相反的假設顯得非常有力，而且需要很多件證據能迫使我相信一個荒謬。在這些諸如「你的」或「我的」這種可怕的字眼發明之前；在這種被稱為「主人」的殘酷與粗暴人類，與另一種被稱為「奴隸」的無賴與說謊人類出現之前；在那些相當可憎的人，他們在別人餓死之際依然擁有多餘食物出現之前；在相互依靠的人彼此被迫欺騙、嫉妒與背叛之前，我寧願他們向我解釋這些壞行，這些我們如此誇張地責難的罪行，來自於哪裡？他們向我保證，他們長期以來覺醒於黃金年代的怪異想法，我們是不是應該加一句，他們更需要長期以來覺醒於德行的怪異想法呢？

　　我曾說過：最初的希臘人在被科學污染之前，是有德行之人。我不願意收回這一點，雖然在近距離觀察他們時，我們不得不懷疑這個如此喋喋不休的民族會有多麼堅實的德行，也不得不懷疑他們那麼不遺餘力地喜愛對自己所作讚美的正當性，而且我在他處也找不到證明這些讚美為真的證據。他們在這些事物上反對我什麼呢？他們說：我讚美古希臘人的德行，而他們有德行是因為曾經擁有哲學家，來形成他們的道德與制訂律法，因而是啟蒙與有知識的。但是，如果依照這種思維方式，有誰能阻止我說

R9　這個註腳是為哲學家所設立的，因此我建議其他人可以跳過它。

　　如果人本性就是壞的，那麼，很明顯的，科學只會顯得使人更壞。因此，單從這個假設，科學就失去存在的原因。但是，應該注意，雖然人自然是好的，正如我一直所相信的，也正如同我有幸能感覺到的，但這並不表示可以接著說，科學對人是有益的。因為在所有情況中，只要有人在其中發展科學，那麼這就必然等於宣告科學導致的墮落會發展得更為快速。所以政體的壞，能夠做出自然所作的所有的壞，而壞的偏見取代壞的傾向。

相同情況也發生在其他民族呢？波斯人難道不曾擁有他們自己的
祆教僧侶嗎？亞述人不是也曾擁有迦勒底人嗎？印度人不也曾擁
有裸體修行者嗎？賽爾特人不也曾擁有德洛伊教祭司嗎[3]？奧修
斯（Ochus）不是在腓尼基人（Phoenician）中，亞特拉斯
（Atlas）在利比亞人（Libyens）中，查拉圖斯（Zoroastre）在波
斯人中，薩摩克西斯（Zamolxis）在特拉斯人（Thraces）中，不
都是閃亮過嗎[4]？他們不也曾經宣稱哲學生成自野蠻人中嗎？從
這個觀點而言，所有這些民族不就是博學者嗎？反駁我的人說，
在諸如密西亞德（Miltiade）與諸如德密斯多可（Thémistocle）
的人旁邊，有諸如亞里斯提德（Aristides）與諸如蘇格拉底的
人[5]。如果你要，你可以接受「在某人旁邊」這種講法，但它們和

3　這裡所指的是古老民族的宗教創始人。波斯人的祆教僧侶是mages，於西元前
　　550年左右，居住於現今伊朗西北部，負責波斯宗教與喪葬事務，後來納入查
　　拉圖斯特拉（Zarathustra）思想，改信祆教。亞述人有迦勒底人（Chaldéens）
　　是亞述人的一支，以研究天文著名。印度人有裸體修行者（Gymnosophistes），
　　這是追求禁慾主義的印度修行者的希臘名稱。賽爾特人有德洛伊教祭司
　　（druides），指古代賽爾提克社會中的祭司階層，在基督教傳入前，其主要分
　　佈地區為現今英國與愛爾蘭。

4　此處所指均為宗教的創始人，其中奧修斯就是波斯國王阿塔澤爾西茲三世
　　（Artaxerxes III）；亞特拉斯是神話傳說中茅利塔尼亞（非今日位於非洲的茅
　　利塔尼亞）國王，精通數學、哲學與天文學，並相傳是第一個製作天文球體
　　的人。薩摩克西斯是一個希臘傳說中的社會與宗教改革者，也因而被視為真
　　正唯一的神，代表不朽。

5　密西亞德（Miltiade the younger, 550-489 B.C.）於西元前490年在馬拉松戰
　　役，率領雅典大軍戰勝波斯人。德密斯多河（523-459 B.C.），是雅典海軍的
　　建造人，並於西元前480年在撒拉米斯戰役，率領雅典軍隊戰勝波斯人。亞
　　里斯提德（530-468 B.C.）是雅典將軍，曾經參與前面所記兩場與波斯人的戰
　　爭，於西元前479年率領雅典大軍，獲得關鍵勝利，打敗波斯人，並於兩年

我所說的又有什麼關係？此其中密西亞德、德密斯多可、亞里斯提德都曾是生活在一個時代中的英雄，而柏拉圖與蘇格拉底則是生活在另一個時代中的哲學家。可是，當人們開始創建哲學的公共學校時，那個可恥與衰敗的希臘已經放棄她的德行與出賣了她的自由。

他說：驕傲的亞洲見證它無數的軍隊被他們所面對一小群因哲學引向榮耀的人擊垮。我說：這是真的，因為精神的哲學引領向真正的榮耀，但精神的哲學不是從書本中所學來的。他說：這就是精神的知識不會出錯的結果。我祈求讀者注意這段結論。他說：道德與法律是真正的英雄主義的唯一泉源。我說：那麼科學在其中什麼也沒作嘍。他說：一言以蔽之，希臘發展歸因於科學，而全世界發展歸因於希臘。我說：那麼希臘、或全世界的發展，完全不歸因於道德與法律嘍。我因而向我的對手要求原諒，因為我無法跳過他們的這些詭辯。

我們現在再來檢視一下，這個人們刻意賦予希臘勝過其他民族的偏好，他們好像把它作為一個重點。他說：如果你願意，我欽佩那些一生戎馬與生活在野林中的人民，他們睡在地上，吃粗菜度日。我說：這個欽佩事實上更配得一個真正的哲學家。只有受到蒙蔽與愚昧的人，才會欽佩那些生存目的不在於防衛自由，而在於為了滿足享樂與野心，因而相互地竊取與背叛。同時，他們竟然用上百萬不幸大眾血汗所聚集的工作成果，滋潤它們的懶散。他說：難道，我們要在這些粗魯的人當中，尋找幸福嗎？我說，人們更有理由在他們之中找尋幸福，比在其他人當中，找尋德行。他說：如果人類完全由工人、士兵、獵人與牧人所組的

後，獲選為雅典海上盟軍的統帥，立下堪稱模範的法規。

話，這將為我們提供什麼樣的場景呢？我說：肯定是一場比那些由廚師、詩人、印刷工人、金銀技匠、畫家與樂師所組成的人類能夠提供的場景要美好得多。在第一幅畫中，只有士兵這個字應該被拿掉。戰爭有時是義務，完全不應該當成一種職業，所有的人為了防衛他的自由，都應當作一個士兵，卻不能在任何其他的情況下，侵犯他人的自由。而且為祖國犧牲是一件多麼美好的事情，絕不能交給傭兵來作。他說：所以，為了名符其實地活得像一個人，是不是就應該像獅與熊一樣呢？我說：如果我能如此幸運地發現一個公正無私的讀者，他也是一位愛好真理朋友的話，就請他對真實的社會看一眼，看一看哪些人活得更像獅與熊，像老虎與鱷魚。他說：人們那些求滋長、延續與防衛的原始本能，是不是都應該美化成為德行呢？我說：當它們被理性與適當的智慧所引導時，是德行，別懷疑，尤其是當這些德行被用來支援我們同伴時。他說：我只看到那種動物式的能力，與我們人類的尊嚴並不相配。如此，身體確實在不停止地鍛鍊，但是受奴役的靈魂則只會爬行與萎靡。我說：在瀏覽完所有我們院士所作的無用研究之餘，我寧願說我在那些作品中只看到了巧妙的精細，「與我們人類的尊嚴並不相配」。如此，精神確實在不停止地鍛鍊，但是受奴役的靈魂則只會爬行與萎靡。他在其他地方向我說：你們在世界中去除了藝術，那還剩什麼？只剩肉體的活動與情緒。我說：我祈求你，你看看，理性與德行是如何一直被遺忘！他說：藝術提供心靈的享樂，這是我們唯一值得的工作。我說：它們取代了其他能作美好事物的東西，而能作美好事物的東西更配得上我們。當人們跟隨這些精神至此，就如同我對手多數所採行的思緒一般，他們沒看到一種熱情，它突顯於理解的妙用之上嗎？反觀這另一項能力，無限崇高，能夠提升以及使靈魂高貴，

卻總是一文不值，而這就是發展文藝文化所能確保的結果。我非常確定，現在沒有一個有學問的人，不會將西塞羅的演說置於他的熱情之上，以及，不會偏愛他作了《卡第林納演說稿》（*Catilinaires*）更勝於他救了自己的國家[6]。

　　每次必須提到斯巴達的時候，都可以看到我對手感到尷尬的樣子。只要這個死斯巴達從不曾存在過，他們有什麼不給予呢？那些認為偉大行為只好到被慶祝的人，他們希望那種偉大的行為從來不曾在斯巴達出現過！這是一件很可怕的事情，在著名希臘當中，人們說它的德行完全歸因於哲學，然而德行最為純正與最為持久的城邦，卻正好是那些沒有哲學家的城邦。斯巴達人的品行曾經常在整個希臘被建議為範例。當整個希臘都受到污染時，斯巴達依然保有德行；當整個希臘都被奴役的時後，唯獨斯巴達依然是自由的。這是令我的對手感到悲痛的地方。但是，最後斯巴達依然失去了它的德行與自由，就像已經失去這些的有學問雅典，斯巴達最終結束了。我對這又能回答什麼呢？

　　對於斯巴達再作兩點觀察，然後我再談其他東西。這是第一個，他說：在歷經幾次的勝利邊緣，雅典被征服了。雖然這是事實，但令人感到驚訝的，是她沒有更早一些被征服，因為雅典所在的亞提卡，是一個完全開放的區域，而且她僅以成功的優勢來防衛自己。我說：雅典有許多獲勝的原因。她比斯巴達大，而且她的人口也比斯巴達多許多。她擁有許多大收入，而且有許多民

6　卡第林納（108-62 B.C.）是一位羅馬政治家，以所謂的「卡第林納陰謀」著名。在這場陰謀中，卡第林納企圖推翻羅馬共和，尤其是終結參議院的權力。這個陰謀遭到西塞羅的竭力反對，並將這個陰謀的一切惡行寫成《卡第林納演說稿》（*Catiline Orations*）。

族向她進貢，這些斯巴達都沒有。尤其是因為位置的關係，使雅典獲得斯巴達無法獲得的優勢。這優勢使她曾多次攻陷整個波羅庇尼斯地區，並且足以在希臘建立帝國。她本身就是一個寬廣與適當的港口，擁有強大的海軍，這都受惠於甚至不懂得吹笛子的提米斯托克（Thémistocle）[7]粗野人之先見之明。所以人們應當為雅典感到驚訝，因為雖然她擁有如此多的優勢，後來仍不免屈服。縱使摧毀希臘的波羅庇尼斯戰爭，並沒有為哪個城邦增添任何榮譽，尤其是斯巴達人那方，因為波羅庇尼斯戰爭還曾經是違反他們有智慧的立法人所立的原則。長期以來，我們對於真實勇氣超過茂盛財源的事例不應該感到驚訝，也無須訝異於斯巴達的聲譽給予它許多有利於勝利的資源。事實上，我羞恥於知道這些東西，但卻被迫將它們說出來。

　　另一個觀察也很重要。這兒就是他的文本，我相信有必要完整地呈現在讀者眼前。

　　我假設所有組成希臘的城邦都隨著斯巴達，擁有相同的法律，則這個如此出名的地區我們又能遺留下什麼東西？她的名會幾乎不曾延續在我們周遭，希臘會不屑產生歷史學家來記錄她的榮耀以傳往後代，則它的勇猛德行便不會為我們所知，甚至連他們是否存在過，都無關痛癢。那些窮盡所有我們理念結合而成的哲學系統，即使它們沒有延伸所有我們在心靈上的限制，至少教導我們在什麼地方，這些限制被固定下來；那些在演講與詩篇上的傑作，為我們心靈指引出所有的方向；那些有用與美好的藝術，保存並美化了生命；最後還有那些偉人思想與行動所累積而

7　提米斯托克（528-462 B.C.）來自雅典的小商人家庭，後來成為雅典的執政人員，並在對抗波斯人的勝利戰爭中，取得關鍵的位置。

成的傳統，他們為旁人增添榮耀與幸福。假使所有這些精神上的珍貴財富將永遠遺失，永不復存，那麼世紀的不斷累積，人將只是如動物般地不斷交替，對後代沒有任何成果，只會留下他們曾經存在過的模糊記憶。如此，世界會逐漸老去，而人們卻居住在永遠不變的孩提時代中。

現在換我們來假設有一位斯巴達人被這些有力的理由說服，因此想要對他的同胞陳述這些理由，並且讓我們盡力來假想他有機會在斯巴達公共廣場發言，並說出如下這些話：

同胞們，張開你們的眼睛，脫離那盲目的黑暗。我帶著痛苦看著你們僅是為了獲得德行而工作，僅是為了運用你們的勇氣與維持你們的自由。但是，在此同時，你們卻忘了要取悅未來休閒人所應負的義務。告訴我，如果不是為了在人群中博得盛名，德行對什麼有好處呢？如果沒有人談論你，那麼為何要作一個好人呢？如果你們沒有像雅典人那樣，留下哲學系統、詩篇、戲劇與雕像，你們在德莫庇樂斯（Thermopyles）[8]為拯救雅典人而慷慨犧牲的行為，對於未來世紀，又怎樣呢[R10]？所以趕快放棄那些除了使你們快樂之外，沒有其他用處的法律。你們只需要想那些在你們不存在之後，人們依然會不斷談論你們的事，而且永遠不要忘記，如果人們不稱頌偉人，那麼作偉人就沒用處了。

8　德莫庇樂斯就是希羅多德在《歷史》中所記錄的「溫泉關隘口」。西元前480年，當波斯大軍入侵，斯巴達國王里奧尼德斯（Leonidas）發現他遭到背叛，於是擺脫其他聯合部隊，單獨率領三百人，在溫泉關隘口擊退敵人，最後戰死。

R10　培里克萊斯（Pericles）擁有大才能、好的口才、高貴與品味。他以完美的雕像、奢華的建築，及各種藝術中的傑作來裝飾雅典。上帝也知道他如何受到

　　我想如果監察官（ephores）[9]准許他完成的話，這些差不多就是他會說出來的內容。

　　他們不只在此處警告我們說，德行的好處就在於人們日後對他自己的談論。此外他們更對我們吹噓哲學家的思想，說他們是不朽的，並在幾世紀中都是受到尊敬的。然後他又說，至於其他人，當他們理念剛誕生的時候，就眼見這些理念隨日子情況而消逝，在四分之三的人之中，明天即將抹拭掉昨天，不會留下任何一點痕跡。我說，啊！至少在善良心腸的證詞之中；在我們對於不幸的人們紓解中；在我們所作的善行之中；在我們所默默服事的全能之神的回憶中，總算還會留下一點痕跡。善良的蘇格拉底曾說，無論生死，眾神不會忘卻好人的。人們可能會這麼回答，這不是他們所想要談論的思想，但我卻說，除此之外其他都不值得我們的談論。

　　沿著這個脈絡，我們很容易想像，不重視斯巴達之後，古羅馬人也不會獲得比較多的尊敬。他說：雖然他們只做了一些小事，但是我們相信古羅馬人是偉大的人。我承認在很長的一段時

　　一群作家的吹噓！但是培里克萊斯依然需要被檢視是否可以成為一位好的首長：因為在國家治理的層面上，關鍵並不在於是否豎立了雕像，而在於是否將人民管理得好。我不願在此為了知道摧毀共和國的波羅庇尼斯戰爭的祕密原因，來浪費我的時間。我並不擬在此討論阿西比亞德（Alcibiades）的建議究竟有沒有道理，或是培里克萊斯所被控訴的貪污究竟是真或假，我只問，在他的治理之下，雅典人變得是否比較好？我懇請有人為我舉名，在公民之中，在奴隸之中，甚至於在他自己的孩子之中，他所關注的是成為好人。對我而言，這是首長或國王的首要工作。要以最簡單且最確定的方法讓人們快樂，並不是裝飾他們的城市，而是讓他們成為一群好人。

9　監察官是古代斯巴達的官員，每年選五名，每月宣誓一次以表示遵守兩位國王的治理；國王本身遵守法律。

期裡，人們都只做大事。人們責難他們的節制與勇氣並非真正的德行，而是被迫展現出來的特質 R11，但是幾頁之後，人們承認法布里修斯蔑視皮若（Pyrrus）[10]的金子，以及在羅馬歷史中不能忽視的眾多例子，這些行政首長與可敬戰士，他們有機會使自己致富，但卻執著他們的貧窮 R12。至於勇氣，難道人們不知道懦弱聽不懂理性在說什麼嗎？一個懦夫，即使知道在逃亡過程中會被殺，他依然要逃走。他說：想要讓大國變回成充滿德行的小共和國，正如同像強制一個強壯與粗魯的人在搖籃中喃喃學語一般。我說：這在任何宮廷中都不是新鮮的表達方式。這正是配得

R11 我看到在與我同時代的許多人運用他們才智，使得美麗的與慷慨的古代行為變得模糊，並對它們提出一些惡意詮釋，致力為它們套上一些徒然的情況與原因。多麼精巧啊！給我一個最好與純正的行為，我將可以輕易地為它編出五十個惡毒的動機，因為無論是誰，只要想要就可以延伸它們，上帝知道我們的內在心意可以容許多少種不同印象。他們不是如此壞的，而是笨拙粗魯地在誹謗中作這些巧妙，所有這些詆毀偉人名聲的努力與資格，我欣然將之用在提升他們的名聲！這些稀少的人，他們經由智者的同意，選出來作為世界的典範，我將在我設想所允許的範圍中，以及在建構的與有利的環境之中，毫不遲疑地盡我的能力來增加他們的榮耀。還有所有我們設想的努力是遠在他們所帶來的益處之下。一個好人的工作，就是以最為美麗的方式來呈現德行。同時如果熱情會帶領我們來支持這些聖人，這不會是不好的。這些並不是盧梭說的，而是蒙田說的。

10 皮若（318-722 B.C.）是在「希臘化時期」中最著名的希臘將軍之一。他曾任許多希臘部族的國王，也是抵禦早期羅馬人，最為強悍的對抗。

R12 庫率斯（Curius）在拒絕賽耐慈（Samnites）的禮物時說，他寧可命令一個有金子的人，更勝於他自己擁有金子。庫率斯是對的，因為一個愛財的人，天生注定就是要服事別人的，而一個蔑視財富的人，則是一個天生下命令的人。並不是金子的力量促使窮人臣服於富人，而是因為窮人希望能因為臣服而致富，否則他們必然作主人。

上提貝流斯（Tiberius）[11] 與麥地奇的凱薩琳（Catherine de Médicis）[12]，而且我完全不懷疑兩者經常使用類似的話。

　　透過測量工具來評估道德是不能想像的，但我們也不能說國家的格局與人民的道德習性無關。很肯定的是：這些事物之間一定有些比例關係，我不知這個比例關係是不是相反的[R13]。這是一個非常值得思考的問題，而且我相信這個問題目前為止，仍舊應該被當成是一個尚未被決定的問題，即使他們對此問題以輕視而非哲學的口氣，簡單定案。

　　他繼續說：那個瘋狂卡托，他繼承家族中的特質與偏見，一生都在攻擊，無論是在作戰時或是到最後的死亡之時，都沒有為祖國做任何一件有用的事。我說：我不知道卡托是不是真的沒為

11　提貝流斯（42 B.C.-37 A.D.）是羅馬帝國的第二任皇帝。他原先是羅馬帝國的一位名將，征服了北方的領土。他事實上對於任皇帝的慾望並不強烈，尤其是在西元23年，當其兒子德魯述斯（Drusus）過世後，他的治理江河日下，甚至陷入恐怖統治。西元26年，提貝流斯自我放逐，離開羅馬，直到過世為止。

12　麥地奇的凱薩琳（1519-1589）出生於義大利的佛羅倫斯麥地奇家族。她因為婚姻的關係，嫁給法國國王法蘭西斯一世（Francis I）的次子亨利（後於1547年，繼位為國王，即亨利二世〔Henri II〕）。她的三個兒子，分別在她的影響力下，擔任法王法蘭西斯二世（Francis II）、查理九世（Charles IX）以及亨利三世（Henri III）。這三個國王治理期間，不但賦予凱薩琳極大的權力，還讓法國捲入不停止的宗教戰爭。為了停止宗教戰爭，凱薩琳起初與後來稱為修格諾（Huguenots）的新教徒議和，但後來反悔，還因為在1572年8月24日發動處決成千上萬新教徒的「聖巴托羅繆日大屠殺」（le massacre de la Saint-Barthélemy）而背負歷史罪名。

R13 如果我繼續與他們爭論下去，我那聲調升高的對手在最後恐怕會令我抓狂。他們居然相信他們對於小國家的輕視，會使我敬服：難道他們不怕我問：大國的存在是好事嗎？

他祖國做任何事，但是我知道他為人類做了很多事，並為他們提供了從未存在過的德行豪景與楷模。他曾教導那些誠懇愛真正榮譽的人，亦即對抗他們那個時代的惡行，厭惡那些追求時尚人的生活準則——像其他人一樣做吧！如果他們不幸地入了卡度歇幫（Cartouchiens）的話[13]，這種生活準則當然將會把他們帶到很遠的地方去。總有一天我們的後代將會學到，在這個充滿智者與哲學家的時代裡，最有德性的人被嘲弄為一個瘋子，只因為他不願以高貴靈魂配合他當代人的罪行，為了不願與凱撒及其他強盜同流合污。

這是我們的哲學家看卡托的態度，現在讓我們來看看，古代哲學家是怎麼看他的。他們說：「看！一個值得神眷顧他的事業。看！一個值得神或一個屹立不搖的人，在面對邪惡的命運時的奮鬥。我宣稱，在地上我沒有見過更美的景觀可讓朱比特（Jupiter）來觀看，如果他願意來看的話，那就是卡托在他的黨派遭遇重複的落敗之後，他仍然文風不動地站在國家的廢墟之中。」

這裡是我們被告訴在其他地方第一批羅馬人的情形。

他說：我讚揚諸如布魯圖斯（Brutus）、諸如德修斯（Decius）、諸如呂克亥絲（Lucrèce）、諸如維吉尼斯（Virginius）、諸如席弗拉（Scevola）的人[14]。我說：這在我們的世紀也會發生的事

---

13 卡度歇幫是以卡度歇（Louis Dominique Cartouche, 1693-1721）為首的幫派，在其領導下，該幫派曾經於18世紀初，威脅巴黎與郊區治安，並長期抗拒警方的緝捕。

14 此處所列舉之人，前三者皆為西元前6世紀時，當羅馬王國被布魯圖斯推翻（革命的起源是因為，呂克亥絲不甘受王子強暴，因而自殺以號召羅馬人抗暴），建立羅馬共和時期的人。維吉尼斯（A.D. 15-97），應指羅馬在西元1世紀時的軍人與愛國者，曾三度任執政官。席維拉是 Gaius Mucius Scaevola，

情。他說：但我更讚揚那強大而且治理得當的國家。我說：一個強大而治理得當的國家？那我也讚揚她，是真的。他說：在這個國家中，人民將不再被迫使過嚴苛的德行生活。我說：我瞭解，生活在一個不必做好人的制度中是比較舒適的。但是如果這個我們讚揚的國家之人民，因為某種不幸的原因，而必須放棄德行或者實現嚴苛的德行時，而他們又有能力來實現他們的義務的話，這將是一個少讚揚他們的理由嗎？

以一個對這世紀而言最具叛逆性的例子來說，讓我們檢視布魯圖斯的行為，作為最高行政首長，在國家最危急，任何事物都可傾倒它的時刻，他將陰謀造反的孩子們判處死刑。可以確定的是，如果布魯圖斯憐憫他們，則他的同僚也必然拯救所有其他共謀者，而共和國的命運勢必亦將不保。他將對我說這又有什麼關係呢？既然都沒有什麼不同，我們就假設共和國存活下來了，布魯圖斯也判定一些壞人死刑，被定有罪的人將會如此問他：「執政官，為什麼你一定要殺我？我有做出比背叛祖國更壞的事嗎？難道我不是你的孩子嗎？」我倒願意看我的對手花點時間來告訴我，布魯圖斯會怎麼回答。

他又將告訴我說：布魯圖斯應當辭退執政官的地位，而非處死自己的孩子們。然而我卻說，每個執政官，如果在同樣危險的情況中，放棄為祖國盡忠的義務，並且辭退了執政官的地位的話，都是該被判死刑的叛徒。

這問題是沒有中間地帶的。布魯圖斯不是成為一個惡名昭彰的人，就是發號施令，讓侍奉官用手中的斧頭把提圖斯（Titus）

於 510 B.C.，當羅馬為敵人所包圍時，曾企圖潛入敵營，刺殺敵人國王的愛國者。後來雖然計畫失敗，在遭逮捕後，仍無懼死亡。

與提伯瑞奴斯（Tiberinus）的頭砍下來。我並不是說，因為這個緣故，許多人會做出跟他一樣的選擇。

雖然人們沒有公開讚美晚期的羅馬人，但是我們可以感覺到他們所受到的偏愛比早期羅馬人多。要他們從羅馬早期的儉樸生活看出偉人的困難，與要我本人從羅馬晚期的豪華排場看出正直人一樣困難。人們把提圖斯和法布里修斯相提並論，卻忽略這個差別，在皮若的時代裡，所有的羅馬人都像法布里修斯這樣，然而在提圖斯的治理下，只有他一個人是好人 R14。即便我可以嘗試忽略早期羅馬人的英雄事蹟，以及晚期羅馬人的罪惡行為，但我絕不能忘記前者對德行的發揚，與後者對於德行的貶抑。當時連在馬戲團中，都會對獲勝的人授予桂冠，然而對那救生命的人，卻得不到任何嘉許。但願人們不要相信這只發生在羅馬，曾經有一段時間，雅典共和國富裕到花大筆錢來排戲，以及付大筆錢給作者、演員，甚至觀眾，但這卻導致雅典在面對菲利普進攻的非常時期沒有錢來防禦自己。

最後將討論轉回到現代人身上，在這個部分我得注意不要只談與這個主題相關的有理論證。畢竟如果論證的優勢不在於拒絕對手的理由，而在於抑制對手論證的可能性，這不會是特別光榮的。

我不打算跟隨我的對手花費心思所作的所有反思，反思的對象有奢華、禮儀、孩子們所受的尊貴教育 R15、增進知識最好的

R14 如果提圖斯不是皇帝，我們將不會聽到有人談論他，因為他會像其他人一樣活著。只有在他停止模仿他時代的範例，並自發地給予更好的範例時，他才會變成一個好人。就個人而言，他從未逃離人民尖銳的批判和恨意，即使在他父親統治的時期也是如此，但是他的聲望從壞變好，並因而獲得讚譽（當他確定成為一位好的領導人）。

方法、科學的用處與藝術的快樂，以及其他，它們之中的一些點是與我無關，有些是自我矛盾的，剩下的一些是已經被迴拒的。我只隨機挑選出其中我認為需要作釐清的幾個段落。我只限於字句，因為我無法捉住論證的條理。

　　我的對手假稱：無知的國家能夠擁有光榮與德行的理念都是一些特別的例子，並不足以形成反對科學的偏見。我說：好極了，但所有這些有知識的國家，在他們的榮耀和德行的美麗理念中，都已失去了對它們的愛好與實踐，而這是沒有例外的。現在讓我們來看證明。他說：為了要說服我們，且讓我們看看非洲那廣闊的大陸，那無知的大陸使人難有足夠的勇氣去拜訪，也很難有足夠的幸運可以在不受害的情況下企圖進入。我說：既然人們不能夠進入非洲大陸，所以對於其中的事情也理當一無所知的時候，他卻對我們結論道：那兒的人充滿了罪行。這其實是在說一個唯有是我們自己將我們的罪行帶至那裡才可能得出的結論。如果我是尼日（Nigritie）[15]某個部落的領袖的話，我會宣佈在邊界

R15 無須問是否老師與家長想盡一切辦法將我危險的著作，排除在孩子與學生的視線之外。的確，如果這些受到良好教養的孩子，將來輕視這些美好的事物，並且偏好德行更甚於對知識的喜愛，這將會是一個多麼可怕的混亂啊！而這又會引發多麼粗鄙的結果呢？這讓我想起來，從前一位斯巴達教師，當他被問到將教導他的學生什麼東西時，他說：「我要教他愛正直的東西。」如果在我們之中我能夠看到這樣的人，我會在他耳朵旁邊輕聲地說：說這樣的話要小心，因為這麼一說，你永遠不會有學生。你應該說你要教他們如何愉悅地演說，則我可以為你的成功作保障。

15 所指即為今日位居於西非的尼日，該國因為尼日河而得名。

R16 人們或許會問我，一個離開國家不再回國的國民，對於這個國家會構成什麼壞處呢？他所造成的壞處，在於他對於其他人所提供的壞例，而他因自己將追求的罪行而深受其害。無論如何，這些都應當是法律該防範的事情，與其

懸掛一支高竿，絕無妥協地吊死第一個膽敢進入的歐洲人，以及第一個想要離開的國民 R16。他說：美洲對於人性也沒有呈現比較不令人羞愧的場景。我說：尤其是自從歐洲人在那兒開始居住起。他說：人們可以計算，要在無知地區找到一個有德行的民族，就可以發現一百個野蠻或原始民族。我說：就算是吧，至少還發現了一個。但是人們從未見過一種人民，他們既有德性，又發展科學。他說：缺乏耕耘的被棄之地，完全沒有休閒的可能，那兒生產毒藥，滋潤怪獸。我說：這正是那些地方，無用技藝的品味迫使放棄對農業的品味要開始做的事。他的意思或許也可以這麼說，當德行離棄靈魂時，靈魂不是休閒的，因為它生產故事、小說、諷刺文、詩篇等；它滋潤罪行。

他說：如果野蠻人曾經征服過其他的人，那必然是透過他們很不義行為而達成的。我說：請你說說，當我們做出征服美洲這一件非常被稱讚的事時，我們又是什麼？在那時可是擁有大砲、地圖與羅盤這些方法的人，才能夠做出不義之事！難道說人們將告訴我所發生的事件可以證成征服者的價值嗎？所有它證成的只是他們的狡猾與技巧。所有它證成的，只是一個機巧的人在他事業上所期待能夠獲得的成功，正如同一個膽大的人單單從他的英勇上所期待一般。對此，我們必須公正無私地這麼說，在這兩者之間，我們應當判斷誰最有勇氣呢？是那個用火藥、欺騙，與背叛迫使墨西哥臣服且令人憎惡的科得茲（Cortez）？還是不幸的瓜地摩藏（Guatimozin）16，當他被那些貪圖他財富的高貴歐洲人

讓他使壞，將他吊死還比較好。

16　科得茲於1519-1521年率領西班牙軍隊征服墨西哥。阿茲特克族（Aztec）的領袖瓜地摩藏雖因戰敗處死，卻無懼死亡的故事，廣為流傳。

綁在炙熱炭火上時，訓斥一個受到同樣對待而不禁抱怨的下屬時，他驕傲地說：「而我，我是躺在玫瑰花上嗎？」

他說：說科學來自安逸，明顯是對這個字的侮辱。她來自閒暇，但是她卻避免安逸，以至於一個在大路旁向行人行竊的人，可以說，他利用閒暇來避免安逸嗎？我無法理解他在此針對安逸與閒暇所作的進一步區別，但我很清楚地知道，沒有一個正直的人會在知道他還有其他的好事該做，該對祖國奉獻，該對許多不幸的人施予援助時，會吹噓他擁有閒暇。依照我的原則，我挑戰任何人能夠對我顯示閒暇這個字有誠實的意義。他說：那些與犁為伍的公民，並不會比幾何學家或解剖學家更為忙碌。我說：確實不會比那些玩紙牌城堡的小孩更忙碌，但是卻比他們有用。他說：假借說麵包如何必要，難道說要所有的人都得在田地裡工作不成嗎？我說：為何不呢？如果有需要，就讓他們放牧。我寧願看到人們在田野中吃草，也不願看到他們在城市中互食。說真的，如果他們像我所要求的那樣，則他們與動物很相似，果然如此，那麼他們就很像人。

他說：無知的狀態，就是一個害怕與需求的狀態。對我們的軟弱而言，一切都是危險的。死亡在我們的頭頂上發出隆隆的雷聲，她也躲藏在我們用腳踩過的草地之中。當我們對什麼都害怕，對什麼都需求的時候，什麼是比認識所有東西更為理性的處置呢？我說：一個人只要想到醫生與解剖師對於他們生命與健康經常保有的憂慮，就可以決定知識在有關我們平日所面對的危險上，是否真能夠有幫助。因為知識常只是發現危險，多過對抗危險的方法，若她總是為我們帶來更多憂慮，使我們更為膽怯，這非怪事。動物經歷一樣的條件卻能保有高度安全，而且也不會覺得更多的壞處。小牛不需要研究植物學，一樣知道如何挑選乾

草，而且當狼吃牠的獵物時，也不曾思考過消化不良的問題。想要回答這些問題，誰敢選擇本能那一邊以對抗理性？這正是我要問的問題。

他告訴我們說：我們似乎有太多的農人，擔心缺乏哲學家。換我來問：我們是不是擔心，牟利事業將會缺人來經營？這是低估貪婪的帝國。我們自幼即被每一件事推入實用的工作中，要克服多少偏見，或是需要多少勇氣，來說服人們敢作像笛卡兒、牛頓以及洛克這樣的人嗎？

我說：萊布尼茲與牛頓在過世的時候，被福利與榮耀覆蓋，但他們值得更多的福利與榮耀。我們能說他們是因為節制的緣故，所以沒有接觸耕地的犁嗎？我對貪婪的帝國瞭解足以讓我知道，每一事物都在引導我們從事營利事業，這也是為什麼我說每一事物都在引導我們離開有用的事業。一個像艾柏（Hébert）、拉夫那耶（Lafrenaye）、度拉克（Dulac）、馬丁（Martin）[17]的人在一天之內所能賺到的錢，多過一省所有勞工一個月所能賺的錢。讓我在這段我此時所關注的文字上提出一個特別的問題，如果刪除掉前兩行，並以離開全文的方式來閱讀它們時，我們再來猜猜看，這是從我的還是從我對手的作品中所節錄出來的。

他說：好書是脆弱心靈的唯一保護，這也就是指四分之三的人，能夠因而對抗惡例的感染。我說：首先，有學問的人永遠無法寫出和他們所締造的惡例相同數量的好書。其次，壞書總是比好書多。第三，正直人所能夠獲得的最佳指導是來自理性與良

17　根據Gourevitch，這些人物都是指一些富有的人，其中艾柏是向王室提供珠寶的商人；拉夫那耶是一個畫家；度拉克則不可考；馬丁是一個知名的家具製造商（Gourevitch: 343）。

心；一個好人不太需要知識。若是對那些心靈不佳，良心變硬的人，閱讀也沒辦法帶給他們任何好處。最後，無論是任何人，他所需要的書，僅僅是那我不曾譴責的有關宗教之書。

　　他向我們宣稱：對於波斯人的教育感到遺憾。我說：你必須注意，這是柏拉圖所宣稱的。我原本以為我可以引用這位哲學家的權威，為我建立一個防禦的盾牌，但我看到沒有任何方法能夠保護我免於對手強大的憎恨。無論他是一個特洛依人或是一個盧圖人都一樣[18]。他們相互刺殺的偏好，勝於分給我最少的份量，而且他們彼此之間的相加害，更勝於對我的加害[R17]。他說：這個教育是建立在野蠻的原則上，因為他們為每一種德行的發展提供了一個大師，雖然德行是不可分離的。因為它是啟發德行，不是教授德行；是使其喜愛德行的實踐，而不是證明德行的理論。我說，有多少東西我不需要回應嗎？但是我實在也不必用鉅細靡遺的方式來侮辱讀者。我願意在此提出兩點：第一，一個養小孩的人，不會在一開始，就對這個孩子說，你要實踐德行，因為孩子還聽不懂。他應該首先教孩子作一個真誠的人，然後是一個節制的人，再然後是有勇氣的人，最後他再教導孩子說這一切的總合叫做德行。第二，是我們自己對於證明理論感到滿意，但波斯人所教導的，是實踐。請參閱，我論文的第二部分註腳R9。

　　他說：我們對哲學提出的所有責難，均是對於人類心靈的一

18　盧圖人（Rutulians），指傳說中的義大利民族，最後也在西元前6世紀併入羅馬共和之中。

R17　我的腦海中閃過一個新的辯護方案，但我還不確定我是不是有嗜好，來實現這個方案。這個辯護將完全由哲學家的論證中摘要出來，若他們的論證是壞的，因此表示哲學家就像我一貫宣稱的，都是閒聊的人；或者他們的論證是好的，那表示我贏了這場辯護。

種攻擊。我說：我同意。他接著說：亦不如說是針對自然的創造者，因為祂讓我們成為人類。我說：如果祂已經為我們造了哲學家，那為什麼我們還必須千方百計地面對困難，以求成為哲學家呢？他說：哲學家也是人，所以他們也會犯錯，這又有什麼好驚訝的呢？我說：我應該感到驚訝的，反而是當他們將不再犯錯了。他說：讓我們同情他們之餘，也能夠從他們所犯的錯誤中，糾正我們自己。我說：是的，糾正我們，但不要再作哲學家了。他說：雖然上千條路都會帶引我們走向錯誤，但是只有一條路會引向真理。我說：這不正是我所說過的嗎？他說：我們應該因為經常犯錯，或是這麼晚才發現真理，而對我們自己感到驚訝嗎？我說：啊！我們終於找到真理了！

　　他反對我們說：蘇格拉底不針對學者而針對辯士論述，不針對科學家而針對科學的濫用論述。我說：從這個人認為所有的科學只不過是濫用所能的結果，所有我們的學者都只不過是傲慢的辯士來看，我們還能向他多要求什麼呢？他說：蘇格拉底只不過是一個學派的領袖，他教導我們如何懷疑。我說：如果我曾相信，蘇格拉底會有這種愚蠢的虛榮成為一個學派領袖的話，那麼我對於他的尊敬將會大大地減低。他說：他以正義來指責那些假裝什麼都知道的人之傲慢。我說：這是在說所有學者的傲慢。他說：真正的科學卻與這種做作相去甚遠。我說：這是真的，但我所講的是我們自己的科學。他說：蘇格拉底在此是反對他自己的證人。我說：我有困難理解這話的意思。他說：希臘中最有學問的人，不會對於他無知的地方感到害羞。我說：透過他的坦承，希臘最有學問的人什麼都不知道，那麼可以為其他人下這個結論了。他說：所以科學絕非源自於我們的惡行。我說：所以我們的科學源自於我們的惡行。他說：科學並非完全生成於人的傲慢。

我說：先前我已經針對這一點說過我的意見。他說：*徒然的表達技巧，只會迷惑已經接受類似觀點的心靈*。我說：我完全不知道該如何回答這句話。

當我們談到對於奢華設限的問題時，他宣稱不應當以理性的態度面對從古到今的發展。他說：*當人們依然赤裸著身體走時，第一個懂得穿著木鞋的人，是被認為是一個享樂的人。1世紀又1世紀之後，我們對過往的情況不停地對墮落喊叫，卻不懂我們想說的*。

我說：真的。直到現在，雖然奢華風潮經常流行，至少一直被視為人類各式無止境罪行的有害來源。這使得美隆先生（Melon）最先出版了一本毒化人心的教條，它的新奇程度為作者博得更多的學派信徒，而非其論理的堅實性[19]。我絕對無畏於在我的時代中，一人獨自對抗這些有害的教條，因為它們僅企圖去破壞以及降低我們的德行，產生富人與窮人，也就是壞人。

人們以為若硬是要求我說出奢華應當如何設限的話，必然使我感到極為難堪。我的意見是我們完全沒有需要奢華的必要，在物理必然性之外的一切需求，都是惡行的來源。自然已經給了我們太多的需求，但在沒有必須性的情況之下，多方向發展這些需求，甚至將靈魂培養成一種極為嚴重的依賴狀態，均可以被視為一種非常不謹慎的行為。這說明為什麼當蘇格拉底在注視一家商店的陳列品時，自我慶幸不曾與他所見之物有任何關係。除非是因為腳痛的關係，否則在那個時代裡，第一個穿木鞋的人絕對該被處分。至於我們呢，則是太過於需要鞋

---

[19] 美隆（Melon, Jean-François, 1680-1738）是《商業政治論文》（再版出現於1734年）與《奢華的辯護》的作者。他也是一位基於經濟理由支持奴隸制度者。

子，以至於不需要德行。

在其他的地方，我曾說過，我並無意顛覆這個社會，燒毀圖書館以及所有的書，破壞學術與學院。在此我必須另外加上說，我並無意將人約制於僅滿足基本要求的事物上。我非常明白，我們不應該提出那種讓人變得高尚的奇怪計畫，但我一直相信我有義務毫不掩飾地說出人們向我質詢的真理。我見到了惡行，而且我想把原因找出來。其他更強的人，或是更傻的人，可以找解決之道。

我漸漸厭煩，並停下筆來，以至於能夠不再繼續這個過長的爭論。我知道還有許多作者仍致力於拒絕我[R18]，我不能一一回應他們，令我感到非常抱歉，但我相信我已經在我所選擇的作者們中顯示出[R19]，並非害怕使我不能面對其他作者們。

我賦予自己一個任務，豎立一座紀念碑，它的力量與堅實並非來自於藝術。唯有真理，而我也要把這座紀念碑獻給真理，有權利使它不可撼動。如果我再次排除他人對它的撼動，這頂多因為捍衛真理而榮耀我自己，並非給予它根本就不需要的支持。

允許我在結束的同時聲明，對於人性與德行的唯一真愛使我

R18 甚至在取悅年輕人的批判小折頁裡，都能夠使我被旁人記得，因而加榮耀於我身上。我沒有讀過它們，我也確定將來我也不會去讀它們，但沒有任何事物能夠阻擋我對於它們所應得的注意，而且我也絲毫不懷疑它們是非常有趣的。

R19 我被告知高捷先生很榮耀我而寫了一篇反駁，雖然我並沒有直接回答高捷先生，我甚至說明不回答的理由。明顯地，高捷先生對於這些理由似乎並不滿意，因為他花工夫去拒絕它們。我明白必須禮讓高捷先生，而我也誠心地針對沒有向他回答而認錯。那麼，我們就達成共識了。我遺憾的是，未能改正我的錯誤，因為不幸太遲了，而且也沒有人理解我想說什麼。

打破沉默。我對親眼所見的惡行提出抨擊,而生成苦澀是來自於它們引起我的痛苦,也來自於我願意看到人更為快樂的強烈慾望,尤其配得如此存在。

給黑納院長先生的信
《法國信使》的作者[1]

先生，我向那些人致謝意，因為你好意轉給我他們的評論，我將會致力於從其中獲益。然而我得向你坦承我發覺那些評論人對於我行文的邏輯顯得有點嚴厲，而且我覺得如果我採用的是他們的觀點，那麼他們就不會這麼審慎。這讓我至少感覺若他們對自己就像對我一樣嚴厲、要求精確，我就不需要求他們再作釐清了。

他們說：作者好像偏好科學復興之前歐洲的情況，因為被虛假知識與難懂術語統治比無知狀態更糟。對我而言，這個評論的作者似乎在使我說，虛假的知識或難懂的術語比科學還好，而我

1　黑納原名為 Guillaume-Thomas-François Raynal（1713-1796）是《在兩印度地區的歐洲制度與商業的哲學與政治歷史》（1770年出版）的作者。他曾是一位耶穌會神父，但於1740年代後期離開修會。他於1750年成為《法國信使》的編輯，並在此時他已經成為盧梭朋友。在1751年6月所刊載的《信使》中，同時刊出黑納針對盧梭〈第一篇論文〉的批判性觀察，與盧梭針對這些批判所作的這一篇回應信（Gourevitch: 332）。

本人卻說她比無知更糟糕。但是他對情況這個字，所理解的是什麼呢？他將這字應用在知識上呢？還是在品行上？或是他把這兩個我用極多心力來區分的事物攪和在一起了？此外，因為這是根本問題，所以要我單單假裝選擇立場，對我而言是一件非常不習慣的事情。

他們還說：作者偏好粗野更勝於禮儀。

這是真的，作者偏好粗野更勝於我們時代中那種既傲慢又虛偽的禮儀，同時他也說明了理由。他們又說：他拿走所有學者與所有藝術家。好吧！既然想要這樣，我同意，將所有我所作的區分一起刪除了。

他們還說：他應該說明，他是在哪一點上指明這是墮落的時代。我作的遠比這多。我使我的命題普遍：我在所有國家文藝發展的起初，即指出品行淪喪的開始階段，而且我也發現這兩者發展一直成比例關係。他們說：回到這個起初時期的同時，作者應該作一些那個時代與我們這時代在品行上的比較。我說：這是我願意在一本四開大的書中，細細說明的東西。

他們說：沒有這一點，我們完全不知道應該回溯到哪一個時代，除非要回溯到耶穌使徒的時代。我說：如果事實真是如此，我本人不明白這會帶來什麼不便之處。但是我向審查人要求公平：難不成他願意我說，最無知的時代，就是使徒們所在的時代嗎？

他們更說：有關奢華方面，好的政策是小國家確實應該禁止奢華，然而大國家像法國，情況則完全不同。理由是很明顯的。我說：在這裡我不是還有一些主題來抱怨呢？他們所提的這些理由正是我一直致力要回應。無論好壞，我已經回答了。現在一個人所能給一個作者的最大蔑視，莫過於用一個他已經拒絕的論證

來回應他。我應說出他們現在該去解決的難題嗎？就是這個難題：當為了致富可以不計任何代價時，德行會變成什麼？這是我曾對他們提出的問題，而我現在依然問相同的問題。

關於下面兩段評論，其中第一個一開始是這麼寫的：最終，其實要反對的是，另外一個是以此為開頭：但是，這是與它最相關的是。我請求讀者省了我抄錄這些細節的麻煩。學院問我的問題是，科學與藝術的重建是否有助於道德習行的淨化，這是我在論文中致力於回答的問題，然而現在人們指責我的卻是因我沒有解決另外一個問題，這的確是一種相當特別的批判。然而我幾乎要向引起這期待的讀者致歉，因為若僅閱讀我論文最後五、六頁的話，確實會有這種想法。

此外如果評論人士頑固地堅持我要有實際結論的話，我在第一份回應之中，答應給他們所要的清潔說明。

有關「限制奢侈法」無助於將已經存在的奢華連根拔除一事，他們說：在此議題上作者並非無知於要說的。真的，我不是不知道它。我不會不知道，當某人已逝世後，再找醫生來也沒用。

他們說：不應強調與一般品味有所衝突的真理，而重要的是，應該去除那些無理取鬧的事情。我說：我完全不能同意這點，我並且認為這種騙人的小玩意應該留給小孩。

他說：對於很多讀者而言，相較於學術論文的包裝儀式，他們比較能從一個完整的風格中，去欣賞這些作品。我說：我與這些讀者的品味完全相同。所以這就成了我與我的評論人意見相符合的一點，因為我從今天開始就這麼做。

在〈後記〉中，我不知道對手是誰，將對我提出威脅。無論是誰，我無法在還沒閱讀一份作品之前，就對它提出回應，也無

法在被攻擊之前，就認為被擊敗了。

　　再者，或是我回應所有對我的批判，或是我滿足於出版這份人們向我不斷要求的擴充作品，我提醒我的評論人，在回應中，他們可能無法找到他們所期待的修正。我可預見當它涉及捍衛我立場時，我將毫不猶豫跟隨我的原則所產生的所有後果。

　　我能夠預見人們將用什麼樣的偉大字詞來攻擊我，啟蒙、知識、法律、道德、理性、禮貌、尊重、溫和、客氣、禮儀、教育等等。對於所有這些字眼，我只能以兩個字詞作回答，它們在我的耳朵中，顯得更為嘹亮——德行與真理！我將不停止地大聲說出它們來——真理！德行！如果某人在這裡除了字詞，什麼也感覺不到的話，我對他就無可奉告了。

來自日內瓦的讓－雅克・盧梭的信
有關他的〈論文〉再次被一位第戎學院
院士反駁

　　先生，我方才看到一本小冊子，題目是《1750年獲得第戎學院首獎的論文附加一位沒有投贊成票的院士對這篇論文所作的迴拒》[1]，在隨之閱讀這份迴拒的同時，我想與其屈就編輯我的論文，這位沒有投贊成票的院士真應該出版他所投下不同意票的論文，這才是拒絕我這篇論文的好辦法。

　　這位不會不屑成為我對手的是我論文的其中一位評審，他對於同事授予我首獎之事感到不滿。我必須坦承，對於這獲獎之

1　這封信所針對的那份〈迴拒〉，誠如盧梭在信中一開始所言，於1751年末，同〈第一篇論文〉的再印版一起出版。在這份出版品中，每一頁中間有一條直線，分為兩部分，左邊刊載盧梭論文，右邊則為針對論文內容所作的批判。盧梭原先以為作者是第戎學院沒有投票給他論文的院士，但在該學院於1752年8月的《法國信史》宣稱該〈迴拒〉作者非其院士時，盧昂的外科醫生萊卡（Claude-Nicolas Lecat）承認〈迴拒〉是他的作品（Gourevitch: 343）。

事，我也一樣感到震驚，因為我雖然致力於值得這獎，但對於獲獎我並沒有做什麼。此外，我知道這些學院不採取它們所授予榮耀的作者之意見，我也知道這個獎所授予的對象，並非如同一般人相信的，是對最佳事業的支持者，而是很會說話的人。在此情況假設下，我也絕不會對任何學院有這種公正無私的期待，因為就算有這個原則，但當牽涉利益的時候，學者們也未必會遵守它。

但在我對評審人的公正感到驚訝同時，我也不會因此對我對手的魯莽比較不驚訝，他們怎麼膽敢如此公開地表明對於我獲得這份殊榮所產生的惡感？他們為何完全不能感覺到，他們於此所做的這一切無法彌補的錯誤有害於他們自己的利益？他們千萬別自以為是，認為所有的人都會因為他們憂慮的原因而上當，他們惱火的理由並不是一篇寫得不好的論文獲獎，因為一樣差的論文每天都在得獎，他們卻什麼也沒說，而並不難看出，這是基於另外一個攸關他們職業的理由。我非常清楚科學污染了道德品性，使人既不公正又易嫉妒，並讓他們為了利益與傲慢的榮耀去犧牲一切。但是我相信，這些都是在端莊與技巧之下所作的，我看到文人一直談論公平、溫和與德行，即是在這些美麗字詞的神聖保護之下，他們才放縱情慾與惡行而不會受譴責，但我從來不相信，他們會厚顏到批判自己同事的公正無私。無論在哪兒，所有評審人的榮耀都是依照公正，而非依照私利來評審，僅有科學才會使得發展她的人，把一個有關公正的原則，塑造成這樣的罪惡，這就是她所具有的一項美麗特權。

我敢說第戎學院在授我以許多榮耀的同時，也為它自己增添了許多的榮耀。然而如果有一天我的對手從中得利，證明學者所構成的文化，也能與公正無私相連結，則堅持真理的成員將會對他們說：看，這似乎是一個反對我們想法的特例，但也請你們想

想這醜聞——這個判斷在當時與在學者群中所導致的醜聞，以及他們在抱怨這醜聞時所持的態度——，並請從這醜聞那兒，你們引出對於學者們的行事原則的合適結論。

對我而言，責怪學院以「問題」的方式出徵文題目是非常不審慎。在今天主導這一切的普遍熱情之下，任何一個有勇氣自願放棄獎賞，並同時採取否定態度來答題的人，不太有可能性，因此我放在一旁。然而我不知道這些哲學家如何膽敢認為提供討論空間是不好的——熱愛真理的人，竟在人們檢視贊成與反對的兩種意見之中撼動！在哲學的研究中，使一意見可疑的最好方式，莫過於排除相反的想法。無論是誰採取這種方式，都極可能是一個沒品的人，他甚至懷疑自己事業的好處。全法國都在等待今年將會是哪一篇文章獲得法蘭西學院的大獎[2]，它不僅會毫無困難地遮蔽我的論文，而且我們也毫不懷疑所選出來的論文，將會是一篇佳作，但這篇論文對問題的解答是什麼呢？我說，什麼也沒有，因為每一個人閱讀此文之後，都會說：這篇論文好極了；但是如果作者有自由採取反對的意見，它有可能會更好。

我看了這篇新的迴拒，因它又是一篇題名為「迴拒」的作品，我也不知道是什麼必然性，使我的對手在題目中以這麼明確的「迴拒」標題來顯現對我的拒絕，然而我總是最差地被迴拒。我於是瀏覽了這篇迴拒，並對於我所採取不擬回應任何人的立場的決定，絲毫不感到後悔。我自滿於只消節錄一段話，並請讀者於這段話之上，判斷我是否有理；如下所示：

我同意人們可以成為誠實卻沒有才能的人，但難道人們參與

2　法蘭西學院於 1752 年論文競賽之題目為：「熱愛文學啟發熱愛德行」。
　　（Gourevitch: 344）

社會，為的僅是變成誠實的人嗎？而且什麼是一個既沒有才能，又無知的誠實人？這是一個無用的負擔，甚至對大地等等而言，也是一個如此的負擔。毫無疑問的，我對於一位以這種態度寫作的人，沒有任何回應，但我相信他會因此而對我致謝。

除非想要像作者所作的那麼分散，否則就沒有辦法回應這些廣泛的內容，其中包括：拉丁文件，拉封丹（La Fontaine）、布瓦洛（Boileau）、莫里哀、瓦蒂爾（Voiture）、黑聶德（Regnard）、格賽特（Gresset）等人的詩篇[3]，也無法回應那姆若（Nemrod），以及庇卡德（Picard）農人的歷史[4]。我們對一個哲學家還能說什麼呢？他對我們保證從壞處來看無知的人，因為他在庇卡德的農人，除了不像一個學者外，據實地付他，卻未付足應繳交給他的地租。作者如此積極地談論他的土地，甚至還談到了我的土地。我的土地！讓－雅克·盧梭的土地！我真誠地建議他以更技巧的方式來毀謗我吧[R1]！

如果我需要對我論文迴拒的某些部分提出回應時，那麼應是這批判充斥知名人士，但是正因為這些人與問題本身無關，所以

3　Jean de La Fontaine（1621-1695）、Nicola Boileau（1636-1711）、Molière（1622-1673）、Vincent Voiture（1598-1648）、Jean François Regnard（1655-1709）、Jean Baptist Louis Gresset（1709-1777）都是萊卡在〈迴拒〉當中所提到，存在於17、8世紀的法國文學家。

4　那姆若是《聖經》〈創世紀〉第十章所記錄的一位美索布達米亞國王，也是一位暴君。庇卡德（Picard）農人的歷史是說三十個庇卡德（Picard）農人聚在一起跳舞所引發的混亂更勝於五百人的宴會。還說在這種地區擁有一塊地，根本別指望能有任何利益（Gourevitch: 344）。

R1 如果該作者要以迴拒這封信的方式來榮耀我，無庸置疑地他必能在一個由極強威權的支持，和很好且博學的證明中，論證擁有土地不是罪。事實上，對於別人而言這可能不是罪，但對我而言這是一種罪。

我偏離一貫的原則，即我限制自己必須遵循所處理的主題，而不混入任何與個人相關的事物。我們對於大眾的真實尊敬，不是為他們省下那令人感傷卻對他們有用的真理，而是為他們省去所有作者發揮爭議性文章中的怒火 R2，這些怒火僅能令一個可恥的仇恨獲得滿足。他們聲稱我以克雷納德（Clénard）R3 的文體，用了

R2 人們可以在〈里昂論文〉中（案：指前盧梭〈最後回應〉之對象，伯德那篇批判文章），看到一個非常好的模式，哲學家應是不訴諸知名人士與謾罵來攻擊戰鬥。我讚美自己，在排印中的這個回應，人可以找到一個模式例子，即它以人所具備的力量，來捍衛人所相信的真理，並且它也沒有激怒那些侵犯的人。

R3 如果我說，一個如此特異的引文，必然來自於某人，他熟悉於克雷納德的希臘方法，更勝於熟悉於西塞羅在《關於責任》中所使用的方法，並且他因而也就在沒有什麼理由的情況下捍衛文學；如果我接著說，有些職業，例如手術醫師，他們使用非常多衍生自希臘文的字眼，這使得使用這些字眼的人，都因而必須要有使用這一語言的基本概念；這將如同採用對手的語調，並以他這個立場取代我的立場來作回應。我回應說，當我本人試圖用「調查」（Investigation）這個字時，我願意為語言提供一項服務，就是引進一個比較溫柔與和諧的字，而它的意思已經是眾所皆知的，但它在法文中沒有同義字。我相信，這就是賦予健康自由所要求的條件。

為什麼我應該被剝奪掉這特權呢？

如果它能夠達到一些小小的利益；卡托與艾尼努斯（Ennius）的演講能夠增潤祖國的語言。

我尤其想清楚地表達我的理念。真的，我知道所有我們作家在寫作時的第一個原則，為的就是正確地寫作，同時正如同他們所說的，正確地說法文。這是他們自命不凡，為的是要被視為是正確的與優美的。我是一個完全不因為我的風格而感到憂慮的人，所以我寫作的第一個原則，就是讓別人能夠瞭解我。每次藉著十次語法上所犯的錯誤，能幫助我表達得更為有力，更為清楚的話，我從不遲疑。只要哲學家們在理解我的作品上沒有問題，我任由純文字主義者追逐字詞。

西塞羅的字眼[5]。就算是吧，我恰巧犯了語法的錯誤，非常好，無論我多麼地輕視文學與音樂，我曾學習過它們。我承認當我到了一個比較大的年齡時，要對我在年輕時所追尋的娛樂付出代價。但最後這一切對於大眾，以及對於科學的起因，又有什麼重要性呢？盧梭說的法文可能不好，但這個事實並不因而使得文法比德行更有用。讓－雅克或許有不好的行為，但這個事實並不因而使得學者的行為必然就更好。這就是我將作的全部回應，而且我也相信，這也是我針對新迴拒所做出的全部回應。

　　我以給我對手一個建議的方式，來結束這長期圍繞在一個辯論題目的信，我的對手當然會對這個建議持以蔑視態度，然而它卻可能對他們所捍衛的部分，有意想不到的益處。不要這麼樣地聽從他們的熱情，因而忽視去參考他們的力量；別忘了「肩膀所能夠承受的負擔」。毫無疑問他們將會對我說，我應該為自己留著這個建議，而且這或許是真的。但在我們兩造之間，至少有這一個區別：我在我這一方中是獨自一人，而對方卻是一個團體，後來的人可能免除將自己歸入他人行列之中，或被迫要做得比別人好。

　　擔心這個觀點顯得魯莽與自大，我在此附加一段我對手論證的樣本，讓人們透過這個論證，來判斷他們所作的批判中所產生的公正與力量。我曾經說：「幾個世紀前，住在歐洲的人民生活在一種比無知還糟的狀態之中。我不知道有哪個科學用語以知識

5　克雷納德（Nicola Clénard, 1495-1542）是一位任教於魯汶大學，以會話作為主要教學方式的拉丁學教授。萊卡認為，當盧梭在〈第一篇論文〉中使用 investigation 這個字，其實是來自於克雷納德的一段拉丁文著作時，盧梭正確地指出，這個拉丁字 *investigatio*，其實早在西塞羅的文章中已經出現過。

之名義自稱，實在比無知更令人輕視，而對於轉回無知，形成一道幾乎無法克服的障礙，為了要將人們帶回到常識，需要一場革命。」人們喪失常識，並不是因為他們無知的緣故，而是因為他們仰仗亞里斯多德的宏偉名辭與雷蒙呂勒（Raymond Lulle）[6]的一些不相關的學說，就非常愚蠢地自以為知道一些事物。所以我說，應當以一個革命來教導他們其實一無所知，並且為了學習同一真理，我們很需要另外一個革命。接下來就是我對手有關這一點的論證：這個革命歸因於眾文學，正如同作者自己所承認的，她們已經帶回常識了。但是同樣的，根據作者，她們污衊了品行，因此一個民族應當放棄常識以求有品行。接著三個作者重複這個漂亮論證，我現在問他們，他們喜愛我責難他們的哪一項：是他們那無法理解在字面上意義極為明顯的心靈呢？還是他們那堅持不願理解它的信念呢？他們是文人，所以我們不必懷疑他們的選擇。但是，我們對於後面這位針對卷首插畫的人物賦以滑稽的詮釋的對手應該說什麼？我相信將一個意義這麼明顯的比喻做出這樣詮釋，無異於像當成孩童一般地在傷害我的讀者。這個比喻在說，普羅米修斯手中的火炬，就是那為了啟發天才的科學，然而那半人半獸的森林之神，在第一次看到火的時候，跑向它、想要抱它，代表的是一般的庸俗大眾，被文學的光輝所吸引，因而魯莽地投向研究。那個呼喊的普羅米修斯，警告大家危險的人，就是日內瓦的公民。這個比喻是公正的、美麗的，我相信，它甚至是超凡的。對於這一位思考過這個比喻，卻未能理解它的

6　雷蒙呂勒（1235-1315）是現今西班牙地區迦特蘭地區的博學家，曾經因形式化區分所有存有物與知識，宣稱發明一種獲得真理的方法（Gourevitch：344）。

作家，人們該如何想他呢？人們可以相信，這個人在他的朋友，那些埃及人中，不是一個「偉大的學者」。

我自動向我的對手，尤其是最後那位，建議一位哲學家在另外一個主題上所說的智慧課程[7]：你要知道沒有任何反對意見比壞的回應更能造成對你立場的傷害；你要知道若你沒有什麼有價值的東西可以說，人們將輕視你的理由，甚至對你施以榮耀，讓你相信沒有什麼更好的東西可說。

我依然是如此，等等。

7　這個哲學家指的是盧梭本人（Gourevitch: 344）。

序言
對伯德的第二封信[1]

　　新的攻擊打斷了我在這場冗長辯論中，對自己保持的緘默，迫使我毫不遲疑地再提起曾一度放下的筆。如果在智人的衡量下，我能夠再次向我所建立的那些重要原則增添一些新光彩的話，我將不在意大眾對於這一場已經進行這麼冗長的辯論感到厭煩。縱使錯不在攻擊者，我就是不願意將捍衛真理的熱情，轉為維持我聲望而犧牲的代價，而且我也不能理解，既然我無懼於不取悅讀者，為什麼我還會這麼怕厭煩他們。

　　我相信發現了偉大的事物，而且我冒風險以坦白方式陳述它們，卻完全不計較這樣會獲得任何嘉許。因我的獨立導致我的一

1　伯德對於盧梭的〈最後回應〉感到不滿，因而企圖再針對〈第一篇論文〉寫一個批判。在聽到這個消息之後，盧梭於1753年5月寫一封予摯友的信中說，因為伯德是唯一他以嚴肅態度對待的批判者的緣故，所以他也有可能再次回應伯德的批判。不過當閱讀伯德的第二份批判後，盧梭覺得它遠不如第一篇批判寫得好，所以也只寫了這篇〈序言〉。此外從1753年11月起，盧梭均致力於寫作〈論人類不平等的起源與基礎〉，使得無暇顧及這篇回應，應當也是它僅以一個〈序言〉的方式存在之原因。

切勇氣，而長時期的思考也取代了原生的才華。一個享受獨居的人自然獲得反思的品味，以及一個熱心於他人的幸福卻不求回報的人，在他必須告訴其他人有用事物的同時，不用顧及他們對於精緻事物所擁有的錯誤感覺。這種情況愈是很少，我愈是有幸能處於其中，我因而自認我有義務用來裨益真理，並且當真理關係到與人們的天真或幸福時，我毫不遲疑地將它說出來。如果我曾因為沉默而犯下不當錯誤，則我不應該因為堅持不運用文字的原則，而作出另一個更大的錯誤。為了能夠一貫符合我的原則，我要快速地在感覺出錯誤的那刻，就能夠立即地揚棄它們。

我因此重拾我的思路，並繼續寫出我一直作的東西。我就像是一個孤獨的人，無求也無懼於任何人，向他人說話是為了他們，而非為了自己。我就像是這麼一個人，他對他的弟兄們珍惜到不得不憎惡他們的惡行，只求他們有一天能夠自己看清自己的壞處，至少為的是讓他們可以成為好人。

我非常清楚我所作的努力是無用的，而且在我所作的勸告中，我也沒有期待人會有所改變的奇怪願望。我知道他們因為我愛他們而嘲笑我這個人，並且他們也因為我的準則對他們是好的而嘲笑它們。縱使我的勸告說服他們，告訴他們榮耀與金錢是萬惡的淵藪，而且他們會因為其中之一項而變壞，因另一項而成為不幸的人，也無法減低人們對於榮耀與金錢的渴望之心。我非常確定，他們會認為我將他們所欽佩的與實作的事物視為敝屣的想法是荒謬的，但是我寧願承受他們的嘲笑，也不願與他們負擔共同的錯誤。同時無論他們在此之中應盡的義務為何，我對他們的責任就是說出真理、或我認定的真理，一個更為有力的聲音將使他們喜愛真理。

我曾安詳地忍受一群作者的責罵，然而我除了勸導他們作好

人之外，什麼壞事也沒做。他們以消遣我的方式安逸地在一旁自我娛樂。他們盡可能地對我縱情嘲笑。他們大發雷霆地公開攻擊我的作品，甚至攻擊我個人，而除了藉著我的行為外，我對他們的侮辱不曾反擊過。如果這些侮辱都是我應得的，那麼所有我能作的報復，就是以同樣侮辱回應他們，如此這場可惡的口語之戰，不但遠不能令我獲得快樂，還每次都令我在找到真理並想說出它的時候，我內心更加悲傷。如果這些侮辱都不是我應得的，那麼他們是在侮辱自己。或許他們的仇恨在社會大眾的心目之中，很難有他們所追求的，及我根本不在乎的那種效果。極端的熱情經常是笨拙的，警告人要當心。或許人們會在他們的作品中，作出高過我本人的判斷，當人們看到在所有我的對手以無比的慾望抹黑我，或在譴責我的行為中，所能找到的最大罪行，就是讓一位知名的藝術家為我畫肖像。

　　我絲毫無法擁有同樣的冷血特質，將我個人排除在外，然後以某種巧妙手法，攻擊我所建立的真理。無論它怎麼使我謙卑，這個令人憂傷與偉大的系統，它認真探討人性，以及人類的能力與未來的成果，仍是我所珍惜的，因為我可以感覺到，不讓傲慢誤導我們偏離我們應當作的真實偉大，是一件多麼重要的事，以及努力超越我們自己的本質後，又摔回我們本質之下的感覺，是一件多麼令人害怕的事。總而言之，對於人而言，如果不認識真理，至少避免錯誤，是有用的。另外，最危險的情況就是怕錯誤，而比較不怕無知，或是在強制的選擇之中，比較偏好邪惡與悲慘，卻不偏好貧窮與粗野。

　　正如同我所預見的那般，我的意見已經被一群不同作家熱烈攻擊。到目前為止，我已經針對那些我認為值得回應的那些人作了回答，而且我決心在未來也以相同的態度來回答，但不是為了

我個人的聲譽，因為我絕非是為了捍衛讓－雅克‧盧梭。他也一樣經常出錯，每次他遇到這種情況，我都會毫不遲疑且無傷感地放棄他，只要牽涉的是他個人，縱使他是對的也不例外。因此凡是人們因為我出版的這份作品中有知識不足導致的推理有誤、語言表達出錯、歷史認識有謬誤、寫作不佳或引發壞情緒等等而責難我時，我不會對這些責難感到過於生氣，也不感到驚訝，並也絕不會回答它們。但是，如果他們所責難的，是我支持的系統時，我將會以所有的力量來捍衛它，因為我認為它是代表真理與德行的系統。絕大多數的人不適當地遺棄了這個系統，使得他們從原初的善良開始墮落，掉入使他們瞎眼的錯誤以及壓迫他們的悲慘之中。

　　有這麼多利益要反對；有這麼多的偏見要說服；又有這麼多困難的事物要宣告，使我相信為了讀者的利益，必須以某種方式來處理他們的怯懦，並且也要讓他們一直察覺到，我必須對他們述說的事物。如果說單單是第戎學院這一篇論文就引發如此竊竊私語並導致非議，那麼若是我在一開始就發展出一個真實但令人苦惱的系統，而且本論文所欲處理的內容僅是這一個系統推理的結果的話，那麼又會發生什麼呢？我，一個宣示與邪惡力量為敵的人，將至少被視作一個公共寂靜的敵人。同時如果敵對團體的狂熱者為了哲學的更大榮耀，很仁慈不來摧毀我的話，他們會在一個無名小卒的頭上做這件事，毫無疑問地他們至少會輕易地讓作者與作品同時顯得荒謬。他們在取笑我系統的同時，他們所使用的這個受到許多經驗肯定的方法，能使他們免除檢驗我的證明所招致的麻煩。

　　在開始時，一些預先的警告是必要的，我並無意說出一切使得每件事得到聽眾。我僅是漸漸地為了那少數讀者，所以發展了

我的理念。我所作的，完全不是為了我自己，而是為了真理，也是為了要使它能夠更確定地被接受與顯得更有用。通常我非常努力地想將自己一連串冗長的思考的結果濃縮成一句話、一行字甚至一個偶然出現的詞。大多數的讀者會認為我的論文時常結構紊亂，甚至幾乎完全不連貫，因有時我所展示的僅為思想的枝葉，以至於讀者看不到主幹。但是這些對於那些能夠理解我的人而言，是足夠的，而且我也從不想為其他人多說些什麼。

　　這個方法置我經常要回應我的對手的位置上，或是為了解決反對意見、或是為了延伸或釐清那些有必要這麼作的理念、或是為了要充分發展我系統之中的所有部分，只要這個系統符合智者對我的認可，確保公眾的關注。我相信透過我先前的回應，至少對於我所能夠想到的讀者而言，我已經充分地回應了所有事物。但是看到里昂學院院士的再次的論文迴拒，他仍然沒有理解我，與其說他不懷好意，我寧願說我自己表達不清。我將把我自己解說得更為清楚些，而且因為現在已經到了非把話說清楚不可的時候，我終將說服我自己的厭惡，再次為人民提筆寫作。

　　我在此建議檢視的這份著作裡，充滿令人愉快的巧妙。這些巧妙，華麗甚於細緻，透過一種花俏的風格，以及一種聰明的邏輯而非常吸引人，對於大眾而言，這些將具有雙重危險。我將採用與這作品所用的不同方法，然後在此討論之中，盡可能精確並一步步地跟隨作者的理由，而單單使用真理與人類之友的簡易與熱情，而這真理與人類之友將他所有的榮耀獻予真理，並將他所有有用的幸福獻予人類。

讓－雅克·盧梭：
論人類不平等的起源與基礎（第二篇論文）以及相關論戰

他回到同伴之中；參見〈第二篇論文〉頁331，盧梭註R16。

論人類不平等的起源與基礎
讓－雅克・盧梭
日內瓦公民[1]

什麼是自然的，不應調查來自已經墮落的事物，而應調查那些因自然而美好的事物。

——亞里斯多德，《政治學》第二書[2]

---

[1] 不同於〈第一篇論文〉，此處盧梭不但刊出其大名，也顯示他的國籍。此時（1754年）的盧梭，已經是一位大名鼎鼎的人物，而且他的日內瓦公民權，也已經恢復了。

[2] 引文其實來自亞里斯多德《政治學》第一書，第五章（1254a, 36-38）。根據Gourevitch所說，盧梭在該論文扉頁中宣稱，該文出自《政治學》第二書的講法，應為筆誤，並在1782年的再版中修正。

讓－雅克·盧梭
論人類不平等的起源與基礎

獻給日內瓦共和國[3]

偉大與極為榮耀的執政者們[4]：

深信只有具備德行的公民才有資格向他的祖國致上它能承認的榮耀，為了這個資格，我已經努力了三十年，期待能夠向您們獻上公開的榮耀。如今這個幸運的機會可謂是部分彌補了我的努力無法做到的。我確信在這個機會中，允許我聽從鼓舞我熱情的支配，甚於我被授予的權利。我有幸出生於你們周遭，當我思索有關自然在人們身上所賦予的平等，與人們自己所制訂的不平等時，又怎麼沒想到這個深邃的智慧呢？藉著這個深邃的智慧，自然在人們身上所賦予的平等，與人們自己所制訂的不平等，如此幸福地結合在這個國家中，以最接近自然法則與對社會最為有利的態度，促進公共秩序的維持與個人的幸福。在研究制訂政府制度方面，透過良知可指示的最佳準則的同時，所有在您們政府中所運作的一切都令我非常驚訝，即使不是出生在您們的城牆內，

3　可以想像，將一本書獻給一個國家是件多麼不尋常的事情。盧梭與當時的日內瓦共和國都知道這一點（Gourevitch: 351）。日內瓦共和國當時的主要執政單位「小議會」（Petit Conseil）於1755年六月正式接受這份〈獻辭〉。盧梭這麼做的原因，有鑑於日內瓦共和國的平民階級與貴族階級在18世紀發生了近五十年的內戰，盧梭的〈獻辭〉有意呼籲祖國和諧，化解紛爭。

4　這是對於在日內瓦共和國中，包含大小議會的全體議會中，行使執政權力的公民全體所作的正式稱呼；參見註8。

我相信我仍舊無法避免向這個人民推薦這個人間社會圖像，因我感覺到這個人民擁有人間社會的最多益處，又最能夠防範人間社會的濫權。

如果我能夠選擇出生的地方，我會選擇一個國家，它的大小是以人的能力所及範圍為限，也就是說，由能被好好治理的可能性為限。在那個國家中，每個人勝任其職，沒有人需要把自己所負責的事物委託給他人。在那個國家中，因為所有的人民彼此相識，所以無論是隱晦的罪行，或是樸實的德行，都將無所藏於人民大眾的注視與判斷。在那兒，人民習慣性溫柔地相看與相識，就成為對祖國的愛。這是一種對人民的愛，而非對土地的愛。

我願出生在一個國家，在那兒執政者與人民同享唯一的共同利益，目的在讓國家機器只為了共同的幸福而運作，除非人民與執政者結合為一體，否則這個目的無法達成。只有如此我才願出生在一個民主政府中，而且是一個有智慧的與溫和的政府。

我願意生死都是自由的。這也就是說，人人獻身於法律之前，不只是我，任何人都不能擺脫受限於法律這個光榮的束縛，這個既有益又溫和的束縛，即使是放在最驕傲的頭頂上，也都比任何不應該擔負的束縛更為溫和。

因此我希望在一個國家中，沒有任何人可以自稱位居法律之上，也希望沒有外國人強加國家被迫承認的事物，因為這就是一個政府憲法所應該具備的。如果有一個人不服從法律，其他人都必然會聽這人擺佈(R1)5。如果有一個本國領袖，又有一個外國領

5　如同〈第一篇論文〉，在這一篇論文中，盧梭也增加了十九個註腳。但是不同於前一篇論文，在這一篇論文中，盧梭建議讀者，為求閱讀上的順暢，這些註腳可以分開來看。有鑑於此，我們將盧梭在這篇論文所增添的註腳全部

袖[6]，他們兩人分享政治權威的話，那麼期望他們會被人好好服從、國家被好好治理無異於緣木求魚。

我完全無意居住在一個新制度的共和國中，無論她擁有多麼好的法律，因為我害怕這一個新制憲的政府，在創建時並不符合當時環境，或許它對於新公民而言是不適當的，又或許舊公民們不適應新政府，以致幾乎打從一開始，就注定了這個國家動搖與被摧毀的命運。這是件與自由相關的事，正如同大量的美味食物或豐富的酒，如果它們成為飲食習慣的一部分，則可以滋養與強壯體格，但如果身體完全不適應時，它們將壓迫、破壞、酒醉並產生微弱與纖細的體質。這種情況一旦發展成習慣，就無法脫離這種狀態，如同那些長期受制於主人管轄的人民。當他們想要擺脫這些枷鎖時，卻反而和自由離得更為遙遠，因為為了擺脫管轄，他們訴求的往往是無任何限度而非自由，因此得到的往往也只是與期待相反的結果，所有他們作的革命，幾乎都只是會為他們帶來更重枷鎖的引誘。即使是所有自由人民典範的羅馬人，最初在脫離塔爾干（Tarquins）王統治的時候，也幾乎沒有自治能力[7]，在統治者奴役與屈辱的貶抑下，使得他們在起初時是一群唯有宏偉智慧才有辦法治理的愚昧大眾。為了要讓人民一點一點地習慣呼吸自由的健康空氣；讓因為暴君統治所造成軟弱、甚至是遲鈍的靈魂，能夠漸漸獲得道德的樸實與勇氣的自豪；並使得他們最終成為所有人民裡最受尊重的人民，因此我嘗試為我的祖國

　　放到論文最後，並沿襲前一篇論文的範例，以（RX）後接阿拉伯數字為記。後面的十九個註腳也以一樣標記。

6　此處所指的是教皇權。

7　在西元前508年，塔爾干被推翻，建立了第一個羅馬共和國。

尋找幸福與安靜的共和體制。她的舊事流逝在時光之黑夜中。她所遭受到的侵害剛好展現與鞏固了居民們對祖國的勇氣與愛。經過長期適應於有智慧的獨立，這個共和國的公民不單是自由的，而且是值得自由的。

我願意為自己選擇一個祖國，她因為幸運的無能，而改變原先一般對於征服他國所抱持的那種貪婪的愛好，並且她有一種更為幸運的保證，即她不必害怕被其他國家征服。她是個介於許多國家中間的自由城市，在這些國家中，沒有哪一個國家會侵犯她，而且每一個國家都防止其他國家侵犯她，簡單用一個名稱來說，這就是日內瓦共和國。她不會引起鄰國的野心，需要時也能夠理性地核計出她向鄰國所索求的安全保障，在這麼一個幸福的地位中，她除了自己之外，什麼也不用害怕。如果人民使用了武器，這也只是戰鬥熱情與為了堅實勇氣所作的消遣，即使這麼作是必要的，但目的是為了合於自由以及助其愛好，而不是為了國防。

我尋找一個國家，於其中，每個公民都可以享有立法的權利。因為誰能夠比他們更清楚地知道，共處在同一個社會中，什麼條件對他們是最合適的呢？但是我也不贊同像古羅馬所採用的那種平民會議表決方式，在那個制度中，國家的領導人與最關心國家的人，反而被排除在對一個國家安全來說最為重要的思考過程之外。或者在其中，透過荒謬的輕率決定，執政官員們被剝奪了平民都能夠享受的權利。

正好相反，為了制止那些只有噱頭但考慮欠周的計畫，以及那些導致雅典人消失的冒險創新，人民不該有用他的遐想去制訂新法律的權力，立法是執政官們才擁有的權力，同時，他們在使用這權力時，也應該是非常深思熟慮的。這導致人民依照其立場，對於同意這些法律時的態度，是那麼地保留；在法律頒佈

時，是那麼的莊重；在憲法修正之前，人民將會擁有足夠的時間來說服自己，確信因為法律的偉大傳統，使得這些法律也成為神聖的與可敬的；這又使得人民蔑視那些朝令夕改的事物，在改進的藉口下，使得人們習慣蔑視那些舊習俗，導致很少的改善，卻提出重大的惡果的事例。

另一方面，對於另一種必然受到很壞的統治的共和國，也是我亟欲逃離的，這種共和國的人民相信，執政官是沒有必要的，或僅提供他們不穩的權力，還自己隨意地掌握民事的行政與法律的執行。這就是剛離開自然狀態的早期政府之粗糙組織。這就是當年導致雅典共和國消失的惡果之一。

我會選擇這樣的共和國，於其中，人民滿足於批准法律以及在透過行政長官的建議，集體地決定最重要的公共事務，建立受尊敬的法院，仔細地區分各個部門，年年挑選出那些最有能力與操守也是最正直的人，擔任治理國家與維持法治的工作。這樣，執政官的德行，也帶有人民智慧的證明，他們彼此之間也因而相互榮耀。所以，即使發生了那種困擾公共約定的悲哀誤解，在這段盲目與錯誤的時光中，共和國依然顯現沉著的證明，相互尊敬，維持對法律的共同尊重。這就是誠摯與永恆協調的徵兆與擔保。

偉大的與極為榮耀的執政者們！這些就是我在我所選擇的祖國中所能夠找到的優點。若神眷顧，再增加吸引人的位置、舒適的氣候、肥沃的土地、天下最美麗的景點，為了成全我的幸福，我將在這個快樂國度裡享受這些美好事物，我與其他國民安詳地生活在一個溫和的社會中，並對他們以及以他們為例履行人道、友誼以及所有德行。在我身後，則會留下一個善良人士的光榮回憶，以及一個誠實的與有德的愛國者。

如果因為比較不幸或太慢聰明的緣故，我讓自己在另外的環

境中，以一個衰弱的與頹廢的生涯結束一生，然後再後悔那因為不慎年少所失去的休閒與安寧是沒有用的。但至少，在靈魂中，我滋潤了這種我無法在我的國家中所享有的情緒，對我遠方的國民，滿懷一種溫柔與無私的情感。我願以最深的情意，對他們提出如下的文辭。

我的國民們，或說我的弟兄們，因為血緣與法律幾乎將我們結合在一起的緣故，所以令我感覺甜美的，正是我一想到你們的時候，就想到我付出代價所失去的所有利益，但你們享受所有利益，卻不能與我體驗它們的價值相比。越想到你們的政治與公民事物，我越無法想像會有人在人類事物中比你們表現得更好。在其他的政體中，當牽涉確保國家利益的問題出現時，經常自限於理念規劃，或至多只是提出簡單的對策。你們這一群已經締造幸福的人，只需享受這幸福，只需滿足於現狀，而無須追求更完美的快樂。你們以武力去獲得和恢復的主權，在過去兩世紀中，仗恃勇敢與智慧得以保持，終於贏得明確與普遍的承認。榮耀的條約保障了你們的疆界，確立你們的權利並鞏固你們的安適。你們的憲法是完美的，因它出於卓越的理性，並經由友善的與莊重的強權保護。你們的國家是安寧的，無須為戰爭或征服感到害怕。你們除了自己所制訂的智慧法律，並交由你們所選的正直執政官來執行之外，沒有任何其他的主宰。你們並沒有富裕到會讓奢侈逸樂造成軟弱無力，並因而在傲慢的精緻享受之中，喪失欣賞真正幸福與堅強德行的品味，卻也沒有貧窮到需要外國的援助，因自己的工業可供應所需。這種在大國必須以無度的稅收來維持的珍貴自由，在這兒，卻幾乎不花錢地被保留著。

如此一個由智慧與幸福所組成的共和國才能夠謀人民的幸福以及為其他人民作示範，但願它永遠長存。這是你們唯一要有的

願望，也是你們唯一要有的關懷。從現在起，你們的祖先已經為了你們解決了創造幸福的麻煩，你們不再是為創造幸福，而是如何在共和國中運用智慧，維持長久的幸福。你們的生存依附於你們永久的結合、你們對於法律的遵守，以及你們對於執政官員的尊重。如果你們之中尚存有一些憤懣與懷疑，這是致命的根源，必須趕快加以摧毀，因為它們遲早會造成你們的不幸與國家的滅亡。我祈求你們回到心靈的深處，聆聽你們良知的奧秘之音。你們可有人知道，在普天之下，還有什麼人比你們的執政團體更為正直、更為明智，以及更受尊重的嗎？執政團體的所有成員不都為你們示範了節制、儉樸的習性、尊重法律，以及最誠摯的協調精神嗎？所以，你們應當毫不保留地對他們獻出信心，這崇高信心是來自理性對德行的遵從。你們要隨時想到這是你們的選擇，由他們來確證你們的選擇，因此他們所享有位置裡的榮耀，必然落在你們自己身上。你們之中沒有任何人會因為蒙昧而無知於如下事實：一旦法律與捍衛她的權威消失時，任何人的安全與自由都不受保障。因而，除了你們需要發自良心以及真誠去作，並且根據真實利益，根據責任，以及為了理性，還有什麼要考慮呢？在維持憲法上，永遠不讓那個有罪的與致命的漠視態度，使你們在必要時，忽視你們之中最聰明與最熱情的人所提出睿智觀點。但願公正、節制與最受尊重的剛毅，不斷地支配你們的步伐，使你們在所有人前展示一個既自信又節制人民的實例，既熱愛榮耀又熱愛自由。你們請注意，這將是我最後的忠告：絕不聽信那些惡毒的解釋與激化的言論，因為它們的祕密動機，經常比行動的目標更為危險。全屋子的人都因為那最早發出的吠聲而醒過來並提高警覺，這是因為那又好又忠心的守護犬，只有在竊盜接近的時候才大聲吠叫。然而，有時我們卻怨恨這些吠聲的糾纏不休，

認為它們不停止地破壞大眾的休閒，反而使得在必要的時候，即使到處都是不斷提出的警告，卻不能傳入人民的耳朵中。

偉大的與極為榮耀的行政者們[8]，您們成為值得受自由人民尊崇的長官，請准許我特別為你們獻出我的讚美與我的尊敬。如果在世界中有一地位能夠適當地榮耀佔此地位的人們，毫無疑問地是才能與德行所給予的地位，這是您們配得這個地位，也是您們的公民願意將您們提升到的這個地位。他們的功績在你們的功績之上再添光芒，並經由能夠治理其他人的人的選舉，讓您們來治理他們自己。這也使得我認為您們高於其他官員，正如同一個自由人民，尤其是您們有榮幸來領導的這群人民，他們因為智慧與理性而超越其他國家的人民。

准許我舉一個例子，它必然是最佳的印象，也是會長存於我心中的例子。我以最溫柔的情感，回想到一個充滿德行的公民。從他那兒，我得到生命的開展，並在我的童年中，他經常告訴我，對於你們應當付出的尊重。我至今仍可以看見他靠著他親手的工作而活，以最超然的真理滋潤了他的靈魂。我看見在他面前，塔西陀（Tacite）[9]、普魯塔克（Plutarque）[10]與格勞秀斯

8　此處，盧梭指的是「行政官」（magistrates），其所作的尊稱也以「行政者」（seigneurs）表示，而不再是「執政者」（souverains seigneurs）。「行政官」是執行「執政官」意志的行政官員。我們基於本〈獻辭〉前後呼應的脈絡，維持稱呼議會代表人民主權的公民體為「執政者」，而此處執行意志的行政官為「行政者」。

9　塔西陀（55-120 A.D.）是羅馬的歷史學家。最有名的著作是《歷史》（les Histories）與《年鑑》（les Annales）。參見前一篇論文中有關塔西陀的註釋（頁106）。

10　普魯塔克（46-125 A.D.）是生在羅馬時代的希臘人。著作以《比較列傳》（Parallel Lives）（常稱為《希臘羅馬名人傳》，因為該書的名人傳記寫作方

（Grotius）[11]與他職業的工具，混在一起。在他那邊，我看到一個孩子，他只能從最好父親所給的最好指示當中，獲得過少的成果。但是，如果是因為年少無知誤入歧途的緣故，使我有一段時光忘卻這知性課程，我終將有幸體會到，一個人即使擁有向惡的本性，融合心靈的教育將很難永遠處於被遺忘的狀態中。

　　偉大的與極為榮耀的行政者們，這些就是您們所治理的公民，甚至在您們國家中所出生的居民[12]。這些受過教育與通曉事理的人，卻在其他的國家中，頂著工人與平民大眾的名稱，被視為低下與虛假。我非常地樂於承認，我父親在他的同胞中並不突出。他只不過與其他人一樣，就是如此，但沒有哪一個地方人們不親近他，與他結交，甚至最誠實的人與他來往，也都獲得成果。我並不合適，感謝老天或許我根本沒有必要，向你們談論像有我父親那種特質的人應受您們的尊重，因為在教育上，在自然權利上，在出生上，他是與您們平等的人；您們的屬下，必然是因為他們的意願，或是因為他們那種仰仗或同意於您們優點的偏

式，均以比較一位希臘人與一位羅馬人的方式進行）一書留名後世。這份作品對於盧梭的影響極為深遠，其中最主要的原因，是因為本著作在進行希臘人與羅馬人的比較上，均以列舉人物的德行為主。

11　格勞秀斯（Grotius, 1583-1645）是荷蘭的法學家，也是重要的自然法學家，並將該法學理念應用在國際法以及在殖民時代用來解決國際爭端。他於1625年所出版的《戰爭與和平法》，是這個成就的具體貢獻，其中有關自然法的觀念也影響了盧梭對於相關問題的看法。

12　日內瓦共和國在18世紀的政治組織是由所有公民（les citoyens）與資產階級（les bourgeoisies）共同組成代表主權的「全體議會」（le Conseil Général）。這個議會中，再選出兩百人組成「大議會」（Grand Conseil）。然後，「大議會」中在選出二十五人終身職組成「小議會」（le Petit Conseil）。居民（les habitants），指的是擁有居住權的外國人。

好，而這個偏好反過來讓您們對他們加以感激。我很滿意地學習到，您們以溫柔與和藹的方式，減弱了執行法律者的嚴厲性。您們如何對人民大眾在應盡的服從與尊重之中，回饋以尊重與關懷。您們那充滿了正義與智慧的治理，讓人民逐漸遠離那些應當永遠不復記憶的不幸事件之回憶。您們那兼顧法理的治理，使得這些正義與慷慨的人民對於盡義務感到愉快，使他們自然地喜愛榮耀你們，使得那些最熱心於支持自己權利的人，就是那些最為尊重您們權利的人。

我們無須因為一個公民社會中的領袖喜愛榮耀與幸福而感到驚訝，但對於人的安息，那些自視為主人的人，或是那些自視為神聖與超凡主人的人，卻對於滋潤他們的世俗國家也一樣獻出愛心，就太過了。這個事實令我感到溫柔，為我們的好，作出一個這麼難得的例外，並且把這些擁有熱情，並且成為法律所認可的神聖教條代理人，列入我們最好的公民之中。這些令人崇敬的牧師，他們關照靈魂外，並以生動與溫柔的口才，使得那些他們自己在一開始即身體力行的福音律令，深入內心中。所有人都知道，在日內瓦的佈道工作，已經發展到多麼成功的地步，但很多人習慣上的情況卻是說一回事，做又是另一回事。只有很少的人知道，基督教義的精神、道德習性的神聖性、自我的要求以及對他人的溫柔，在我們那些牧師們的心中，扮演什麼樣的主導地位。日內瓦或許是唯一的城市，顯示了一個可資借鏡的範例，即在社會中，神學家與文學家結合成為一個完美的聯盟。這有很大的一部分是因為他們公認的智慧與節制，也就是他們為國家繁榮所表達的熱情；這些成為我對國家永久平靜的期望。我還在融合驚訝與尊敬的喜悅中注意到，他們厭惡這些既神聖又野蠻的人之可怕準則，歷史已經提供過許多個例子，指出他們經常假裝說是

為了神的權利，其實是為了自己的利益。他們對於流他人的血，絲毫不感到吝惜，但卻不斷自我誇耀，說他們自己的血應當受到尊敬。

共和國珍貴的另外一半的人，她們為另外一半的人提供了幸福，並以溫柔與智慧，為共和國維持了和平與善良習性，所以我能忘了她們嗎？可愛的與善良的女性公民們，妳們的那種性別將一直治理我們這種性別。多麼幸福啊！我們可以因為妳們貞潔的權力，運用在夫妻生活的過程中，感受到國家的榮耀與公共的快樂。這是為何婦女在斯巴達中發號施令，而妳們也應當在日內瓦發號施令。哪一個粗野的男人，能夠抗拒來自配偶嘴中那既光榮又具理性的聲音。當看到妳們那簡單的與節制的裝扮，這服飾的明亮來自妳們，似乎最有利於美的時候，他怎會不蔑視那虛偽的奢華呢？妳們一直透過那可愛與真純的權力，透過那善誘的精神，維持在國家中對法律的愛與公民之間的協議。透過幸福婚姻來聯合所有分離的家庭，尤其是透過妳們教導的溫柔說服力以及對答的節制優雅，來改正我們年輕人在其他國家中所學得的怪異行為。他們在那些地區不在有用的事物中獲益，卻在放蕩的婦女那兒，學會童稚的口氣與搞笑的姿態，帶回那種我不知所謂榮華富貴的讚美，這榮華富貴是被人奴役後所獲得的無用回饋，永遠無法在任何藉口下，與那莊嚴的自由相提並論。永遠保持妳們這樣吧！妳們這貞潔的守護者維持和平的溫柔連結，繼續在所有時刻裡，突顯來自內心與自然的權利而有益於義務與德行。

當我將公民共同幸福的希望與共和國的榮耀奠基於我如此期待的保障時，我慶幸真實發生的事件並沒有違背我所說的內容。我宣稱，以這些優勢，共和國的榮耀將不同於令人目眩神迷、藏著危險致命品味的閃光，這種品味是幸福與自由最可怕的敵人。

讓放蕩少年在他處找尋低等的快樂與長年的悔恨吧！讓那些所謂有品味的人，在其他地方讚賞宏偉的宮殿、精美的車輛、高級的家具、豪華的劇場以及精緻的慵懶和奢華。在日內瓦我們只會找到一群人，但這樣的景象很有它的價值，想看這樣景象的人無遜於對其他事物欽佩的人。

偉大的與極為榮耀的執政者們，請好意地接受所有的這一切我關懷您們共同繁榮所作的恭敬證辭。如果我不幸在呈現我內心的興奮過程中犯了錯誤的話，我請求您們原諒一個真正愛國者所流露出的情感，且看在這一個人的份上，他有強烈與合法的熱情，使得他除了您們的幸福之外，無法想像更大的快樂。

偉大的與極為榮耀的執政者們，我獻上最為誠摯的敬意。

我是您們最謙卑與服從的侍從與同國公民

1754年6月12日，香蓓莉
讓－雅克・盧梭

序言

　　對我而言，所有人類知識之中，最為有用卻又最不完備的，就是有關人的知識(R2)。而且，我敢說，在德菲爾神廟唯一碑文上所寫的箴言 13，就比所有道德家所著作的書籍，顯得更為重要且困難。同樣的，我認為這篇論文的題目，正如同哲學所能提出的一個最令人感興趣的問題，但很遺憾地，對我們而言，它也是所有哲學家想要解決的一個棘手的問題。因為，如果人們不能先認識自己，又如何能夠理解人類不平等的起源呢？時間流逝與事物興替，必然生成的各種變化，人們如何能夠從環境對原初結構所附加改變的部分，分辨出自然形成人的原始狀態呢？正如同那歷經時間、海水與風暴所侵蝕的格勞克斯 14（Glaucus）雕像一

---

13 根據Gourevitch: 352，德菲爾神廟碑文上所寫的箴言就是「知道你自己」（"know thyself"）。盧梭很可能在引用普芬道夫（S. Pufendorf, 1632-1694）由Barbeyrac從拉丁文翻譯為法文的書《自然權利與眾人權利》（*Le droit de la nature et des gens*）中閱讀到這段箴言。

14 格勞克斯是希臘神話中的傳奇人物。他原先是漁夫，然後因為吃了一種可以使魚復活的草後，身體長出鰭與魚尾，變成海神。他的形象經常出現在西方的繪畫與雕像中，全身覆蓋著海草。柏拉圖在《理想國》第十書，611d 裡，

般，它不再像個神，而更像一隻兇猛的野獸。在社會中人類心靈
也不斷改變，透過成千不斷衍生的原因，透過獲得各種知識與錯
誤；透過身體結構的改變；透過對於熱情所造成的持續震盪，使
得我們可以說，人類心靈的外表已經改變到一種幾乎無法辨識的
程度了。同時，我們不再看到依循確切與不變原則行事的人，不
再看到創造者烙印在人身上那卓越的與宏偉的儉樸。我們只能發
現那種「相信合理的熱情」與「幻想中的理解」之間的畸形對
比。

最為嚴峻的是，所有人類進步都不停地使人偏離原初狀態。
當我們累積的新知識越多，我們越被剝奪獲得最重要知識的方
法。而且，從某種意義而言，因為努力研究人，反而我們將自己
置於理解範圍之外。

不難看出，在人類結構中所經歷的這一連串的變化裡，應該
先找出區別人差異的最初源頭。眾所周知，因自然而彼此平等的
人類原先如同任何其他動物一般，當然是在各種物理因素在一些
種類身上產生那些我們注意到的變化之前。事實上，無法想像這
些最初的變化，無論它們經由什麼管道而生，以相同的方式同時
改變所有的人類。在歷經這個改變的過程中，有一些人變好，或
變壞，獲得那些非本性而生的特質；無論是善良的特質，或者是
邪惡的特質。還有另外一些人比較長期地待在他們的原初狀態之
中。這就是人類不平等最初起源的時候，但這只是比較容易的作
法，因為它籠統地，而不是精確地，探討導致不平等起源發生的
真正原因。

希望我的讀者不要想像我膽敢自詡看到那些很難看到的東

提到這個神話對象（Gourevitch: 352）。

西。我以一些推理為起點，大膽地提出一些假設，但它們並非用來解決問題，而是想要釐清問題，並將問題化約至真實的狀態之中。其他人或許會很容易地沿著這個方向發展得更為深入些，但這個進路不會簡單到立即就能得到結果。因為這不是易事，要在人類現有的本性之中區分出哪些是原初的，哪些是人為的，以及好好地認識一個不再存在的狀態、一個過去也許從來沒有存在過的狀態，一個或許在未來永遠不會存在的狀態；然而，為了對現狀做出正確判斷，擁有這個狀態的正確概念無論如何是必要的。甚至我們應該有更多我們以往不曾思考的哲學，精確地決定我們所應當注意的地方，目的是要針對這個議題作最為堅實的觀察。若下面的問題有良好的解決之道，他值得被稱為我們這個時代中的亞里斯多德與普里尼（Plines）[15]。什麼樣的實驗是必要的，可以讓我們理解自然人，以及什麼樣的方法可以讓我們在社會中作出這些實驗呢？問題的解決之道依然遙遠，但我相信我已經對這個主題進行了足夠的沉思，為的是膽敢預先回應最偉大哲學家不會指導這種實驗，最有權力的君王們也不會作這種實驗。對一個以堅持不懈的態度，或寧願期待以連續不斷的啟蒙與善意，抵達成功的目標的人來說，等待哲學家與掌權者之間如此的合作，是完全不合理的。

這些難作的研究，再加上人們到目前為止極少想到它們，卻

15　後人稱為老普里尼（Pliny the Elder, 23-79 A.D.），藉此與他的外甥小普里尼（Pliny the Younger, 61/63-113 A.D.）做區別。老普里尼是羅馬帝國時代最為重要的作家、自然學者以及博物哲學家（natural philosopher）。他的著作《博物誌》（*Naturalis Historia*）是寫於西元77年時的一本類似於百科全書的著作，也是少數羅馬帝國時期流傳至今的作品。這本書後來也成為包含各式各樣自然以及人為現象書籍的典範。

是我們目前僅有的方法，用來挪開那些妨礙有關認識人類社會的
真實基礎的各式困難。就是因為對於人性的無知，導致我們在獲
得一個有關自然權利的精確定義時，呈現這麼多不確定與模糊的
地方。柏拉瑪基先生（M. Burlamarqui）曾說，權利的概念，尤
其是，自然權利的概念，很明顯地，是一個關於人性本質而存在
的概念[16]。因此，他接著說，應從人性、從人的結構、從他的狀
態之中，推論出探討這種學問的基本原則。

　　這因而令人不能不感到驚訝或羞愧，在這麼重要的議題上，
所有曾經處理過的作者之間達成如此少的共識。在最為嚴謹的作
家當中，我們也幾乎找不到兩位抱持相同的觀點的作家。更不用
談古代的哲學家，他們彼此之間似乎刻意在最根本的原則上唱反
調。古羅馬的法律專家毫不在意地迫使所有的人與動物臣服於同
一種自然法之下，因為他們認為法的概念乃是自然加於自身的法
則，而不是自然所規範的法則。或者這麼說，因為在這時候，古
羅馬的法律專家理解法這個名詞的態度，指的是自然在所有動物
中，為他們的共同保存而建立普遍關係。現代法律專家理解法這
個名詞的態度，是針對道德存有者，也就是聰明與自由的，以及
與其他道德存有者的關係；他們在法律之名下，遵守一套專屬於
善用理性的動物用來規範道德行為的規則，也就是人才能應用自
然法所作的規定。然而，若各依所見每人定義自然法時，他們全
部建立在形上學的原則上，甚至於在我們之中，只有很少的人可

16　在這裡，盧梭引用日內瓦學院的自然法語民法教授柏拉瑪基（1694-1748）的
　　著作《自然權利的原則》（*Principes du droit nature*）。這裡所提到的論點，即
　　「自然權利來自於人本質」，可以回溯到柏拉圖的《理想國》當中對於城邦與
　　靈魂之間的比喻。在盧梭的當時，這個論斷依然為許多思想家所抱持
　　（Gourevitch: 353）。

以理解這些原則，那就更別說找到這些原則。所有學者所作的定義，無論它們彼此之間有多麼大的衝突，都同意這一點：除非成為非常偉大的理性者或形上學家，否則是無法理解或是遵守自然法的。這表明為創建一個社會，人們必須使用那些發展極為困難的知識，而且也是這個社會中極少數的人才能獲得。

在對於自然所知甚為有限，以及對於法律這個名詞的意義甚少有共識之下，給予自然法一個好定義當然是很困難的。所有我們在書本中可以找到的定義，除了不一致這缺點外，還有取自於非人類自然所擁有的知識和在脫離自然狀態之後才能獲得理解的利益之缺點。為共同用處，我們開始尋找規則，最好是人們彼此協商出來的，然後以自然法之名稱呼這些規則的彙整，而除了我們在普遍實際應用中所得到的結果之外，不需要其他的證明。這肯定會是一種適當的下定義方式，也將會是一種幾乎獨斷的簡便方式，解釋事物的本質。

但是，只要我們目前對於自然人所知無幾，我們想確定他所接受的法則，或這法則是否最適合於他的結構，必將都是枉然的。我們對於這個法則的議題所能夠清楚檢視的，不僅是全體負有義務遵守法則的人，他們的意志能夠有意識地遵守它，使其成為法則，也是要它直接反映出自然的聲音，使其成為自然。

所以，讓我們推開所有學理書籍，因為它們僅能教導我們人類如何發展自我，而該去思考的，卻是人類靈魂之中最初的與最單純的行動。如此，我可以感受到理性發展之前最優先的兩個原則：第一原則使我們熱烈關心我們的福利以及我們的生存；第二原則引發我們那種不願意見到有感覺動物面對危險或痛苦的情緒，尤其是與我們屬於同一種類的動物。我們心靈活動能夠使這兩個原則協調與結合，不用再引入社會性的原則；對我而言，自

然法的所有規範，均源自它們。當理性後來被迫在其他基礎上重建規則時，這就是持續發展下，理性逐漸覆蓋了自然的時候。

這樣看來，在未成為一個人前，我們完全不需要使一個人成為哲學家。他對於其他人的責任，並不僅限於依照那些智者所傳留下來的課程內容，只要他無法反抗憐憫心所引發的內在衝動，他絕不會傷害另外一個人，或一個有感覺的生物，除非在合法的情況，即在牽涉自保的利益下，那時他必須先考慮自己。如此一來，我們因而解決了自古以來，有關動物是否也受自然法管轄的爭議。因為動物很明顯地缺乏知識與自由，所以牠們無法認識這法，但是基於如下理由，即事實上，動物與我們在本質之上，一樣共享那些由感覺而引發的特質，這理由使我們可以判斷動物必然也擁有自然權利，而人們因此對於牠們有某種責任。事實上好像的確如此，就如同說，我不應當加害於任何人的原因，不因為他是有理性的動物，而因為他是有感覺的動物。這是一種人與動物共有的特質，它至少促使其中之一擁有不受另一無理對待的權利。

研究原始人需求與義務原則是一個好方法，讓我們能夠用來化解一連串的困難，當我們面對道德不平等起源、政治個體的基礎、所有成員彼此之間相互權利，以及上千個相類似的問題；那些重要，卻也難以釐清的問題。

透過一個中立且冷靜的觀點來思考人類社會，在最初所展現的只是強壯的人以強力對弱勢的人進行欺凌。心靈在面對前者的殘酷而起來反抗，也對後者的盲目感到惋惜。這是在人際之間最容易改變的外在關係，是一種經常來自偶然而非智慧所生，我們稱呼這個關係中的人，或為弱者，或為強者，或為富人，或為窮人。這些人類建構在表面上的關係，就像是建立在流沙碎塊之

上，我們需要近距離檢視，區分出環繞建築物的灰塵與沙子後，才能察覺到不可撼動的基地，在上面建築物是被樹立，而我們也才能學習去尊重建築物的基礎。現在，若不能對人類，他的諸多自然能力，以及它們的後續發展，作嚴肅的檢視，我們永遠無法獲得這些區別，無法在現今結構中區分出哪些東西是造物者的原意，哪些東西是人類以其能力所造就的。無論如何，這些對於我所作的政治與道德研究所面對的關鍵問題而言，都是有用的，而且對於人類而言，有關政府發展的假設歷史，在任何層面來說均是饒富意義的一課。若任由我們思考我們會變成什麼這個問題時，我們必須學習來祝福這樣的人，因藉著他祝福的手，更正我們的組織制度，以及賦予組織制度一個無可撼動的磐石；他阻止那可產生的混亂，並以類似紓解我們災難的方法，為我們的幸福謀出路。

學習成為神所諭令的樣子，

學習知道你在人世間的位置。

問題

第戎學院所提的問題：
人類不平等的起源為何，及它是否服膺於自然法則？

有關註腳的説明

　　依照我那懶惰習慣所導致斷斷續續的工作方式，我增加了一些註腳。有時這些註腳離題太遠，反而導致閱讀文本上的不便。因此我將它們置於論文最後，並在論文本身部分盡量維持順暢。有勇氣的讀者，或許可以自娛第二次，尋找獵物，並且嘗試讀這些註腳；如果其他讀者省略它們不讀，也不會造成什麼損失。

前言：人類不平等的起源與基礎

　　我所談論的是人，我所探討的問題告訴我，我將向人類談論。當人們害怕榮耀真理時，絕不會提出類似的問題，因此我非常有信心地接受智者的邀請來捍衛人類，若我能不辜負這個題目和我的評審，那我將不會對自己有任何不滿意的地方。

　　我在人類之中區分出兩種不平等的存在[17]；一種是我稱之為自然的或物理的不平等，因為她是自然所創建的，展現於年齡、健康、身體體力、才智品質或精神的差別；另一種是我們可以稱之為道德或政治的不平等，因為她是約定俗成的，經由人類同意下所建立的，或至少是授權的。後面這一種的不平等，導致不同的特權，某些人因而受惠，卻損及他人，例如受惠的人比較富有、比較尊貴、比較有權力等，甚至使其他人服從。

　　我們不能問自然不平等的起源為何，因為答案經常只是描述定義本身罷了。我們更不必找尋在這兩種不平等之間是否有什麼

---

17 這兩種不平等的區分，來自於普芬道夫之作品《論依照自然法人與公民的責任》（*On The Duty of Man and Citizen According to the Natural Law* [1673]; Gourevitch: 354）。

關連性，因為這等於在問那些發號施令的人是否比那些服從的人優越呢？是否體力與智力以及智慧與德行均依照能力與財富的比例，集中在同一個人身上呢？對於奴隸而言，這些都是針對主人發號施令時，所提出的好問題，但對於自由理性而且又執著於真理的人而言，這不是適當的提問方向。

那麼這篇論文將包含什麼內容呢？它將指出，在事物進步的歷程中，何時權利取代暴力，自然順從法律，以及在巨大事蹟相互的發展中，解釋強者怎能服侍弱者，又人民們如何以實際的快樂為代價，得到空想的寧靜。

所有曾經檢視社會基礎的哲學家都覺得必須追溯到自然狀態[18]，但是卻沒有哪一個人真正成功地做到這點。有些人毫不遲疑地認為，在自然狀態中的人擁有正義或不正義的概念，卻沒有花心思說明為什麼他必須會擁有這種概念，更別說為什麼這概念對於他而言是有用的。另外一些人，論及自然權利，說每個人都有權保存屬於他的東西，卻沒有解釋他所理解的「屬於」代表何意。還有一些人，他們先賦予比較強壯的人權威，用來統治比較弱勢的人，然後馬上就提出政府的概念，卻不曾考慮人們理解「權威」與「政府」這些字詞意義之前的時期。總言之，當不斷論及需求、貪婪、壓迫、慾望與傲慢的同時，他們已經把存在於社會中的概念轉移到自然狀態中，他們談論野蠻人，想的卻是文

---

18 所有曾經探討社會起源與基礎的哲學家，都會處理在政治社會或公民社會之外的人類生活狀態。但是一般說來，霍布斯是最早在政治哲學領域中提到「自然狀態」的人。對於盧梭而言，「自然狀態」大多指的是「前社會、前政治時期」中的人類生活方式，但其實這個名詞也用來指涉已經生活在政治社會的人類如何看待、想像、脫離、解釋他們所處的狀態。盧梭本人就是一個例子（Gourevitch: 354-5）。

明人。我們大多數人都不會懷疑自然狀態曾經存在過，然而透過
《聖經》的指示，可以確定受到上帝啟蒙與訓誡的第一人，他本
身就不曾處在這個狀態之中。若所有基督教哲學家相信摩西的著
作的話，即遠自洪水時期以前，人類就未曾處在純粹的自然狀態
中，除非他們因為什麼特殊事件落入那個狀態中。這確實也是一
個令人感到困惑和辯護的矛盾，卻也是一個完全不可能證明的矛
盾。

　　我們因而從排除所有的事實開始，因為這個問題完全不觸及
事實，我們所採用的研究方式，其目的不在於獲得歷史真相，而
在於獲得假設與條件式的推理。它們比展示事物的真實起源，更
能適當地釐清事物的本質，正如同我們的物理學家每天針對世界
結構所作的假設一般。宗教諭示我們相信，在創世之後，神馬上
就將人們帶離自然狀態，他們彼此之間的不平等，因而是神的心
願下所作的結果。但是，宗教本身並不會阻撓我們作假設，在人
性本質與環繞他們的物種上思考如果人們任其自由，那麼人們將
會演變成什麼。這就是人們向我問的，也正是我企圖在論文中檢
視的。我所關心的是人類全體，我因而採用一種合適於所有人類
的語言，或者這麼說吧，為了注意我論述的對象是全體人類，讓
我們忘卻時空的差異，並假設我們現在處於雅典的「利瑟學
院[19]」（le lycée d'Athènes）之中，重複著大師們的課程，並以柏
拉圖與薩農克萊特（Xénocrates）[20]為評審，而以人類全體為聽

19　亞里斯多德於西元前335年在雅典所建立的學校，並擔任該校校長直到西元
　　前322年。這個學校因為受亞里斯多德影響，後來衍生出來的學派，被稱為
　　「逍遙學派」（Peripatetics）。

20　薩農克萊特（Xénocrates, 396-314 B.C.）係柏拉圖的學生，繼承柏拉圖成為
　　「學院」（academy）的校長。

眾。

喔，人啊！無論你在何處，無論你有什麼看法，聽著。這是你的歷史，它是我所相信且值得閱讀的內容，但不是出自那些說謊者的書，而是出自那從不說謊的自然。所有來自於自然的，都必然是真的，除非我不小心摻雜我個人的意見，否則那兒不會有任何虛假。我所談論的是非常遠古的時代。從那時到現在，你已經經歷了多少變化！這也就是說，我即將為你作描述的，是人類的發展歷史。根據你們原初獲得的各種品質，而在你們文化與習性中遭到破壞，但尚不至於完全加以摧毀。我感覺，曾有一段時期，有些個人有意中途停止跟隨這發展的腳步。那麼，現在你想要尋找的，就是回到那個所有人尚未啟動發展的時期。你對於現狀不滿的原因，肇因由此不幸可預見在未來將會出現更多的痛苦，這或許導致你希望能夠回到從前的時光，這種感覺必然讓你讚揚最早的祖先，批評同時代的人，以及震驚那些不幸活在你之後的人。

第一部分

　　為了想對人的自然狀態做出正確判斷，從他的起源思考起，也就是說從人類的第一個胚胎研究起，這儘管是很重要的方法，我絕不能從人類後續的發展，來檢視他們的組成，我不停地在動物系統之中，探討人類最初的模樣，如何演變到後來成為現在的情況。我不像亞里斯多德那樣想，他思考如下問題：原始人的長指甲最初是否像鷹爪一般；他原先是否像熊一樣長得毛茸茸的；他是否起初也在地上爬(R3)，因此向下看，並因而受限於步行所及的範圍，故形成他想法中各種理念的特色與限制。針對這個主題，我只能提出一些模糊的假設，它們幾乎都是想像出來的。比較解剖學在這個主題上，締造不了什麼進步；自然學家的觀察，依然還不能夠確定讓我們在這樣的基礎上，建立一個堅實的解釋理由，所以我不求助於我們在相關議題中所擁有的超自然知識。我也不考慮人在型態上，無論是後續發生在內還是在外的改變，因為隨著他使用他的肢體到新的事物，以及他所吃的新種類的食物，導致我都假設他一直具有今天所出現的樣子，用兩腳走路，像我們一般使用雙手，目光凝視著整個自然，還用雙眼衡量那廣垠的天空。

　　在抽離人組成中，所有他接受的超自然部分，並排除所有他長期因進步所獲得的人為能力後，再想想這剩下的部分，簡單說，就是自然之手所給予的部分。我會看到一種動物，他不若其他動物強壯，也不若其他動物敏捷，但他卻擁有最具優勢的組合，我看到他直接在橡樹下充飢果腹，就近在小溪旁飲水解渴，在吃飯的樹下就寢，然後他就滿足了。

　　那獨自生成的自然大地是肥沃的(R4)，並被廣大無涯且未曾遭受刀斧砍伐的樹林覆蓋著，因此有連綿的森林，成為萬物生長所需物資的倉庫，並為所有物種留下維生的遮蔽。在其中散居的人類，懂得觀察、模仿其他動物的技巧，並將這些結果運用來發揮學習各種動物的本能。各種動物都因為其各自的本能而擁有其優勢，而且雖然人類或許沒有專門屬於他們的優勢，但他們卻會從其他種類的動物收納所有優勢，吃所有適合果腹的各類動物之食物(R5)，反倒因此找到一種其他類種都無法找到的生存方式。

　　因為自幼習慣於氣候的多變化與季節的嚴酷轉換，在勞累中不斷地鍛鍊身體，赤裸著身子與沒有武裝的情況下自衛，對抗其他野獸，逃離牠們的狩獵等，使得人類形成強壯以及幾乎堅毅不移的性格。孩子繼承父親最佳的體質結構來到世界，並將透過相同過程加以磨練，使人類逐漸產生出精壯的體力。自然對待這些孩子的方式，正如同斯巴達法律對待自己孩子的方式，自然使得組成結構好的孩子，變得強壯與粗獷，而使其他孩子死亡。不同於我們現在的社會或我們的國家，將子女視作父親的負擔，在他們出生之前，就不分優劣地把他們全殺了[21]。

21　這裡指的是盧梭對於當時社會中採取節育措施所表達的憎恨。在盧梭的註腳R1中，他提到了這個情況。

　　野蠻人唯一的認知工具，就是他的身體；他用他的身體在不同的用途。反之，當今人使用身體的方式也有所改變，有時因為缺乏運動，導致身體虛弱，又有時因為技藝發達，導致我們失去身體應當具有的力量與靈敏。如果他有斧頭，那他的手腕還能打斷粗重的樹枝嗎？如果他有彈弓，那他的手腕還能有力投擲一顆石頭嗎？如果他有梯子，那他還能輕巧地爬上樹嗎？如果他有馬匹，那他還能跑得那麼快嗎？你們讓一個文明人有時間蒐集所有環繞在他周圍的技藝與工具，那我們不會懷疑他將輕易地超越野蠻人。但是，如果你們想看一場更不公平的爭鬥，那麼請讓他們赤裸與無武裝地相互爭鬥，然後你們馬上就會看到讓自己保持體力人所佔的優勢。換言之，他不但能夠面對所有情況，身上也一直備妥應有的一切能力(R6)。

　　霍布斯宣稱人自然是勇猛的，只會攻擊與戰鬥。一個著名哲學家持反對意見，而肯伯藍德（Cumberland）與普芬道夫（Pufendorff）也均認為沒什麼比生活在自然狀態中的人再膽小的；略感聲響，稍有動靜，他就顫抖地想逃走22。對於他從未見過的東西可能也有這種情形。我不懷疑他面對所有新奇景象時，無法分辨所面對的究竟是好是壞時，也無法比較本身力量與當冒的危

22 這裡所指的是，17世紀幾位對有關自然狀態中人的性格抱持迥異立場哲學家的觀點。霍布斯於1642年出版的《論公民》（De Cive, "On the citizen"）當中，強調人類基於自視甚高的情緒，引發傷害他人的天性。另外，肯伯藍德（R. Cumberland [1631-1718]）是英國哲學家，從1691年起任職Peterborough的主教。1672年他出版終生名著《論自然法》（De legibus naturae; "On natural laws"），反對霍布斯的觀點。普芬道夫在1672年出版的《自然權利與眾人權利》（Le droit de la nature et des gens; De jure naturae et gentium）當中，也對霍布斯的理論提出修正。（詳請參見Gourevitch: 356-7）。

險時，他會感到驚嚇。然而在自然狀態中，事物不以恆常的方式發展是少有的情況，大地的力量不會持續發生劇烈變化，而導致人民的情緒經常適應無常。但是，野蠻人零散地在野獸之中生活，並很早與牠們相較量，旋即在他與野獸優劣條件中作比較，感覺到他雖然力量不如動物強大，但是他的技巧卻超過牠們，使得他逐漸不怕野獸。以一隻熊或一隻狼與一個粗壯的野蠻人格鬥為例說明，正如同野蠻人都那麼地靈活與勇敢，還能夠以石塊與木棒為武裝的緣故，你們在這場格鬥中將會看到至少威脅是互相的，而且在經過幾次類似經驗之後，那些不願互鬥的兇猛動物，便只在極少的情況中主動攻擊人類，因為牠們發現人類如同牠們一樣兇猛。如果面對某些動物，牠們確實在力量方面，勝過人在技巧上的能力時，人類在抵抗這些強有力動物時的態度，正如同比較弱小類種面對強敵卻依然能夠生存的態度。人類還有這優勢；人在奔跑時與這些動物一樣快速，還能爬樹確保避開危險，因此可以說，人在與動物交鋒時，自由地依照他當時的需要，選擇攻擊還是逃走。我們還可以增加一點，除了自衛與極度飢餓之外，沒有什麼動物會主動攻擊人類。在自然中，也沒有反人的粗暴態度，預告自然注定將一類的動物作為其他種類動物的食物。

這是為什麼，黑人與野蠻人在叢林中從不會擔心，因為有可能遇到兇猛的動物而感到焦慮。在這一方面，在委內瑞拉活在高度安全與毫不感覺有任何不便的加拉伊波人就是一例。柯賀雅（François Coreal）曾說，雖然他們赤裸全身，但在僅配備弓與箭的情況下，大膽地在叢林中生活。但是，人們從未聽說，他們之中有誰被動物所吞噬。[23]

---

23 這是盧梭去世後，在1782年出版的《盧梭全集》的 Du Peyrou-Moulton 版本

　　其他讓人無法自衛的更恐怖的敵人，則是自然所發生的體弱
情況，例如嬰兒、衰老，以及各種疾病。這些體弱的悲慘象徵
中，前兩項是人類與動物都必須面對的情形，而後者則原則上只
發生在生活於社會中的人類。依我觀察，即使是嬰兒，那個攜帶
他們四處遊走的母親，在育嬰的過程中依然比動物較便利，因為
其他動物育嬰，必須非常辛苦地被迫同時為了找尋食物、哺乳、
餵食，而不停地移動於獵食區與棲息地之間。我們承認，如果婦
女一旦死了，那麼嬰兒很有可能與她同死。但上百種類的動物也
有這種危險。牠們的嬰兒同樣都有很長的一段時間中是沒有自行
覓食能力的，還有如果我們人類的嬰兒期比較長，那我們的壽命
期也是比較長的，所以在這一方面，人類與動物之間大約是平等
的(R7)。儘管有關幼年期與幼兒數目上(R8)，還有一些其他的自然
規則，但這些都不是我所關心的主題。至於那些活動與流汗都少
的老人，食物的需要也隨著尋找食物的能力降低而減少，但是，
因為野蠻人的生活中少有關節炎與風濕症的病症，而衰老是所有
人都無法避免的現象，因此當老人生命將盡時，別人不會注意
到，就連野蠻人自己也不覺得自己已經走到生命的終點。

　　關於疾病，我不願意重複多數健康人針對醫學所作虛假的言
論；但我問，有沒有什麼堅實的觀察，足以使我們結論，在最缺
乏醫術的國家中，他們人民的平均壽命比那些最注意醫術國家的

　　中所增加的一整段文字。1782年出版的內容，很多是盧梭本人在論文出版
　　後，自行修正編輯中所增添的，但我們在這個翻譯中，基於按照原有文字的
　　編輯，所以並沒有完全納入所有盧梭本人所做之增補內容，只是基於前後文
　　脈絡理解上的幫助與否作考量。盧梭在這一段文字中，幾乎完整不漏地引用
　　柯賀雅在1722年於巴黎所出版的《柯賀雅西印度遊記》(*Voyages de François
　　Coreal aux Indes occidentales*) 中的內容（Gourevitch: 357）。

人民的平均壽命短嗎？假如我們給予我們自己的疾病，更多於醫學所能治療的，怎麼會變成這樣呢？生活方式的極度不平等，一些人成天遊手好閒，另一些人惶惶終日勞累。引誘以及滿足我們的食慾與性慾的便利。富人過於考究的食物，它增加那引發不舒適的胃液與造成消化不良，而窮人所吃的，不是沒有營養的食物，就是經常因為填不飽肚子，所以一旦逮到機會，就貪婪地吃撐了胃腸。作息不正常、各種過度生活、情緒的劇烈轉變、疲倦、精神消耗、憂傷，所有我們在各種情況中所遇到的麻煩，都使得心靈不停受到干擾。這就是所有我們的痛苦，大部分都是自己造成的不幸證明，然而如果我們能夠保存原有自然為我們所預設的那種簡單、一貫與孤獨的生活的話，這些幾乎都是可以避免的。如果自然諭令我們健康，我幾乎敢確定地說，思考狀態必然違背自然，而且從事反思的人就是疏離自我的動物。當我們想到原始人的好體型時，發現他們尚未沉溺在我們手中的烈酒裡，我們就知道，原始人除了受傷與老化以外，不知道有其他疾病。在此，我們不得不被迫相信，跟隨文明社會發展的同時，我們發展出人類疾病的歷史，至少這是柏拉圖的判斷，他針對波達利爾（Podalyre）與馬考恩（Macaon）[24]，在特洛伊城被圍時所贊同使用的治療藥方中判斷說，這些藥方必然會引發出一些人類尚未見識過的疾病。

　　因為少有導致病痛的原因，使得在自然狀態中的原始人不大需要治療，更別說醫生了。在這方面，人類並不比其他類種處在

24　柏拉圖在《理想國》的第三書405d-408c中提到這件事。波達利爾與馬考恩是希臘神話中的「神醫」艾斯克雷庇斯（Asclepius）與愛紕奧尼（Epione）所生的兄弟，在特洛伊戰爭中，他們兄弟二人既是希臘的治療者，也是武士。

更差的情況中。我們只需要問問獵人，在狩獵的過程中，他們是否曾經發現許多生病的動物，就證實這一點了。在許多例子中，動物們從極為嚴重的傷口完美地自行癒合，有時傷及骨頭，甚至傷及四肢，但這些都在沒有醫生，無須任何療程的情形下，獨靠時間與正常生活，不但獲得完美的治癒，還不用面對手術、藥物干擾，也不受苦於禁食所導致的精疲力竭。那麼無論發達的醫學對我們能有多大功用，我們可以很確定的是，如果生病的原始人孤獨地隻身一處，所有他能期待的只是自然的康復；但從另外一邊來說，除了他的痛苦之外，他不用擔心任何其他的東西，而這就使得他的情況比我們的情況反而更好。

我們必須注意，絕不能將原始人與現代人混為一談。自然將所有類種的動物都收攝在她的偏好之下，卻也顯現自然很珍惜這種權利。在森林中成長的馬、貓、牛、驢比在家裡飼養的，都比較有粗大身材，健壯的體型，力氣與膽量。那些因為畜養而失去一半優勢的家畜，經常導致我們說，所有我們對於這些動物的好好餵食與照顧，反而使得牠們變得更為退化。人類也一樣，在發展成社會與成為他人奴役的同時，人變得懦弱、懼怕、奉承，並以一種軟弱與嬌嫩的生活態度過活，同時也造成他的力量與勇氣轉為衰弱。我們再說，原始人與居家人的差別一定比野外動物與圈養動物的差別來得大，因為最初的人與動物受到自然相同的眷顧，但後來人類給自己增加的東西，必然比他們給所馴養動物多，同時也正是因為這些特殊因素，導致人類後來明顯的退步。

因此，赤裸著身子、沒有居住地方、缺少對我們現代人而言必要的，但卻被視為無用之東西，對於原始人而言，不是一個那麼大的不幸，更不是那麼大的生存障礙。就算他們沒有那長滿長毛的皮膚，在熱帶地區生活的人類也不需要它，而在寒帶地區生

活的人類呢，則非常清楚他們可以穿獵獲動物的皮毛。如果他們只有兩隻腿能跑，那麼他們就多出兩隻手來防禦自我或是反應所需。他們的孩子或許會走路的時間較晚又有較多的困難，但媽媽卻能夠輕鬆地帶著他們。這是一個其他動物都沒有的優勢，因為其他動物，當母獸被追逐時，被迫放棄孩子，或是配合牠們放慢腳步。最後，除非假設我接下來要說的這些特殊與偶發因素的會合，而且非常有可能不會發生，很清楚的是，無論是哪種企圖與目的中，第一個為自己縫製衣服與建築房舍的原始人，他所做的，都並不是很必要的事物，因為他活到目前也不曾擁有過這些事物，所以我們看不出，為什麼原始人不能在成人階段時，繼續忍受這一種他自從出生以來就忍受很好的生活。

　　孤獨、清閒、無時無刻不面對危險，這些困擾必然使得原始人愛好睡眠，但睡得很淺。如同不太思考的動物一般，甚至可以說，因為大部分的時間都在睡覺的緣故，所以根本就不思考。自保幾乎成為原始人唯一關心的事情，所以他最擅長訓練的能力，必然是攻擊與防禦能力，也就是征服獵物，或是避免成為其他動物的獵物。反言之，由於他存在於粗糙的狀態中，也就無法培育那些在柔軟與感性中才能發展的器官，因而排除所有享受精緻的可能性。他的五種感覺因此有不同的發展：他具有極為粗糙的觸覺與味覺，但他的視覺、聽覺與嗅覺卻是非常敏感的，這就是動物普遍的狀況，而且根據旅遊者的報導，也是大部分原始人的狀況。因此我們不必感到驚奇，為什麼住在好望角的奧登圖特人只消以肉眼輕輕一瞥，就能夠看到如同荷蘭人用望遠鏡才能夠發現公海上的艦艇，也不必驚訝於美洲原始人，他們像最靈敏的狗一樣，能感覺出在路上的西班牙人。其他還有，原始民族能夠裸露身子而不會覺得有任何的不舒適，還有能夠承受非常辛辣食物的

胃口，以及像喝水一般地狂飲歐洲的烈酒。

　　直到目前為止，我所論的是人的生理結構，現在從形上學與道德的角度，來談論人[25]。

　　我在所有的動物中都看到一台自然所賦予的靈巧機器，它使得動物能夠有感知地運動，並在某種範圍中，保證他們不受到任何事物的破壞與侵擾。我明確地感覺人也一樣，只是自然除了賦予人所有與動物一樣的能力之外，還單獨地使人成為自由的代理人，動物依照本能來選擇或拒絕，而人類則是依照自由的能力來選擇或拒絕。這使得即使在對其有好處的情況下，動物也無法脫離自然規律而做不同的選擇，但是，人卻經常在有害個人下做出不同的選擇。這也是為什麼，鴿子會在裝滿肉的盆子旁邊餓死，而貓會死在裝滿水果或穀物的容器旁，然而若自然允許牠們嘗試，應該互相換食平日所憎惡的食物。另一方面，我們則看到，那些放任自己的人，將自己沉溺於一些極端並會導致疾病甚至死亡的事物上，因為他們思想的偏見敗壞感官，當自然需求已經滿足，他們的意志卻持續地提出要求。

　　所有的動物都在感覺中獲得理念，牠們甚至會在某種程度上匯集理念，在這方面人與動物只有或多或少的差別，甚至有些哲學家提出如下觀點，認為人與人之間的差別，更勝過人與動物之間的差別[26]。所以，並不是因為理解的能力顯現人在動物之中的特殊性，而主要理由是因為人是自由代理人的緣故。自然規範所

25　這裡所談的「形上學」與「道德」的差別，指的是盧梭時代針對這兩個名詞所做的區別。「形上學」一般指人的理性、理解與自由。道德方面指的除了世人作為一個道德主體之外，也包含與其他人關係的需求、熱情、感覺、態度、信念以及行為（Gourevitch: 358）。

26　此處所指涉的哲學家，主要是蒙田。

有動物的所作所為，獸類必然乖乖遵守，人感受到相同的支配，但他自由地選擇服從或反抗，正是在這種自由的意識之中，他心靈的精神層面顯示出來。雖然人的感覺機制與理念形成同樣可以由物理法則解釋，但人的意願與選擇的能力卻是純粹精神的行為，在這個方面上物理法則的機制不能解釋任何東西。

我們發現這些問題被這麼多困難所環繞，以至於有關人與動物的差別還有爭議之處。看看另一個介於人與動物之間非常特別並很重要的區分，這個沒有什麼好爭議的區分就是，自我求完美的能力（*perfectibilité*）。這能力在環境的許可之下，漸漸發展出所有其他的能力，並在我們人類之中，同時出現在集體與個人身上。動物則不然，牠們在出生幾個月之後就長大了，但終其一生依然就維持這樣，甚至牠們的種類經過幾千年之後，也依然與這幾千年中的第一年大致相同。人為什麼是唯一會變傻的動物呢？他不是這樣回到起初的狀態嗎？相對而言，一直依靠本能生存的動物，牠們既不獲得什麼，也不失去什麼，而當人在因年邁或發生意外失去所有因追求完美所獲得的能力後，不是陷入一種比動物更為悲慘的狀態嗎？對我們而言，我們被迫發展出獨特與幾乎沒有限制的能力，悲慘的是，它也是所有人類不幸的源頭。就是這種能力，在時間發展的驅力下，將人類從原始的狀態中抽離出來，失去了他原本應該度過的寧靜與無辜的日子。也就是因為這種能力，在幾世紀中孕育出他的知識與他的錯誤，以及他的惡行與他的德行，在長時間中必將發展成為一個壓制人類自己並且欺凌自然的暴君[R9]。然而看到若是發現奧林諾克（l'Orénoque）河岸居民用木片夾住小孩太陽穴兩側，以為這樣可以維持小孩們的原始無知與最初的幸福，然後認為我們有義務誇獎第一個建議這麼做的人，是一個善良人的想法，同樣也是件很可怕的事

情[27]。

原始人在發展起初時，僅能使用一些和其他動物相同的本能，就如同所有其他動物一般，察知與感覺外在世界是展現他所擁有本能的第一步。然而自然卻給原始人比動物更多的潛力，相較於其他動物對此的缺乏，或許可以說自然是賠償給他的[R10]，這些能力經過提升，反而遠超過原有本能。直到新的環境導致進一步發展為以前，原始人最初的精神展現幾乎只是一些原初反應，例如想要或是不要；欲求或是害怕。

不管道德學家如何說，人的理解能力很多依賴人的情感，而一般都同意，情緒也很多依賴人的理解：透過情感的活動，我們的理性才能朝向完美發展，而我們企圖求知的原因，只因為我們圖求快樂。但是，我們不能夠理解的是，那些既沒有欲求，也無恐懼的原始人，為什麼要費功夫以理性從事思考。情感在發展的過程中出現，她們來自我們的需求，以及我們知識上的進步。因為我們只有可能欲求或懼怕那些來自我們理念中的事物，或是自然的簡單衝動，然而對於尚未啟蒙的原始人而言，他只能從自然的驅力中獲得情感，所以他的欲求也因而不會超過他在物理條件中的需求[R11]。對他而言，這個世界上他僅知道的好處，就是食物、異性與休息，他害怕的壞處，就是痛苦與飢餓。我所說的是痛苦而非死亡，因為動物從不曾知道死是什麼，死亡的認知與伴隨它而至的恐懼，是人遠離動物狀態之後，最先所獲得的內容。

假使有必要，對我而言，最容易作的莫過於透過歷史事實，來支持上面所敘述的信念，並且展示在世界各國中心靈的進步如

---

27 奧林諾克河在現今南美洲，該河所流經的範圍，有四分之三的流域在委內瑞拉，另外四分之一在哥倫比亞。

何與人們從自然那兒所得到的需求之間，恰恰好是成正比的。或者說，外在環境附加在人們身上的需求，正好也與激發人們滿足需求的情感成正比。我可以顯示藝術生成自埃及，因為她隨著尼羅河的氾濫而延伸，我跟隨她的進步一直到希臘，在阿提卡（Attique）的砂子與石頭上，藝術在那兒發芽、成長、茁壯、直達天際，卻未能在歐羅達斯河（Eurotas）的肥沃沿岸生根[28]。我也可以說，一般而言，北方的民族比南方的民族勤奮，因為他們生存比較困難，正如同自然為求公平，因為未能賦予他們肥沃的土地，所以賦予他們以強健的心靈。

然而，如果我們不訴求那並不確定的歷史，誰會看不出來，所有的跡象都顯示原始人無意追隨那脫離原始狀態的企圖，也無意應用脫離這個狀態的方法？原始人的想像力，從來就不曾勾畫出什麼圖像；他的心意，從來就不知道要求什麼；他那微薄的需求，一直在他自己能力中獲得滿足；他因為沒有足夠知識的緣故，所以無法啟動慾望，追求更多的知識，那些他既無能預見，也不會發生好奇心的知識。他對自然中的一切變得漠視的原因，正是因為熟悉自然的緣故，自然中所顯示的，一直是同樣的秩序，同樣的變化，所以他對於更大的奇蹟，也不會感到驚訝。在他的身上，我們實在不應當追求那種，用來觀察他每天所見所聞事物的哲學，若無其他刺激，他的注意力僅針對他當下的存在，無關於未來的理念，或甚至是馬上要發生的情形。同時他那受限對未來的規劃能力，範圍之狹窄就像他平日所能見識的，最長也只能延續至當天晚上而已。直到今日，這依然是加拉伊波地區的印地安人所作的預見程度：他早上會賣掉他的棉褥，然後晚上會

---

28 雅地卡與歐羅達斯河分別指的是雅典與斯巴達。

哭著想把床買回來，他無法預見下個夜晚睡覺的時候，還需要這一張床。

可以發現的是，若是我們對於這個主題想得越多，我們越會發現純粹感覺與簡單知識之間的鴻溝是如此巨大。因此，無法想像的是，一個人僅憑他個人的力量，在沒有溝通能力與沒有必要刺激的情形下，能夠跨越這個鴻溝。我們想想，需要在度過多少個世紀之後，人們才能夠看到另一個不是天上雷電所顯示的火源呢？人們又需要多少偶然機會，才能夠學會火這個因素，和其最簡單的使用方式？在學會如何重新點火之前，他們又需要多少次讓火自行熄滅呢？他們又需要多少次，使秘訣不隨發現它的人之死亡而一同流失呢？對於農業，這一種需要這麼多技術與前瞻知識的技藝，不但與其他多種技藝息息相關，且肯定只存在於已經有初步發展的社會之中。農業還不單純是一種讓大地生長出食物的技藝，因為自然原本就會如此，而是依照我們的偏好，也是最符合我們口味的方式，強制大地生產食物。但是讓我們假設因為人口大量增加的緣故，所以自然所生產的食物不足以供應全部的人，做這個假設的同時，且注意在很久以前，自然原來是很適合人類生活的環境。為了說明發展農業的可能，讓我們再提出如下假設：假設在沒有煉鐵廠與製造廠的情況下，農耕的工具可以從天而降，落於原始人的手中；假設這些原始人已經克服他們對於連續工作的厭惡感；假設他們已經很早就感受未來的需求，他們已經猜測出應當如何耕地、播種、種樹；假設他們已經發現如何磨麥子，發酵造酒等。這些原先都應該是神明所教才能習得的技藝，因為很難想像一個原始人如何單憑自己的力量學到它們。就算這個原始人發現所有這些技藝之後，也很難想像有哪一個原始人會如此瘋狂地摧殘自己的臂膀，隨便找一塊地就耕作起來，然

後任由下一個經過這塊地的人，或一隻不經意的動物，享用所有耕作的收穫！怎麼可能每一個人都願意在繁重的工作上度過一生，還知道他工作越辛苦的代價，越確定是他人所得到的收穫？最後一個簡單的問題，如果土地沒有均分給他們，也就是說在自然狀態尚未破除前，單單物資缺乏的理由，怎麼可能就會迫使原始人去耕種土地呢？

　　就算是我們假設一個原始人像我們哲學家所勾畫的那樣，在思考的能力上具有技巧。如果我們依照哲學家的例子，將原始人同樣也塑造為哲學家，能獨自發現高超的真理，並依照抽象理性的推演，從對秩序的愛好與造物者的意願之中，找出正義與理性的原則。如果我們允許將這些化約成如下的問題：假使這個原始人心中擁有必要的智慧與知識，而事實上我們在他身上卻只能發現遲鈍與愚昧時，這些形上思維既無法溝通予他人，又立即隨著發明這些思維之人的死去而消失，則對於原始人而言，這些思維又有什麼用處呢？與動物一樣散居於樹林中的人類，又能夠因為發明這些思維，產生出什麼進步呢？這些居無定所，彼此互不依賴的原始人，他們一生或許遇見一兩次，但既不相識，又從不交談，在什麼情況中，人類才知道追求完美成長，相互啟發呢？

　　試想有多少理念來自語言的使用，文法又使我們練習與成就多少心靈表達活動。然後再讓我們想想，需要花費多少力氣，以及花費多少時間，才能夠創造語言。當我們將這些反省放在一起做思考時，我們可以判斷，需要幾千個世紀的進步發展，才能夠漸漸在人類心靈中，導引出所有它能運作的內容。

　　現在讓我思考一下，語言起源過程中所面對的困難。對此我樂於引用貢狄雅克先生（M. l'Abbé de Condillac）針對這個主題所做的研究，它不但完全符合我對這個問題的思考，也為我在有

關方面提供了最初的理念[29]。但是在針對語言字詞的起源這個問題上，這位哲學家卻建議我所質疑的假設，他認為人是先生活在某種既定的社會中，而後創造語言。所以我在參考他的理念時也會參酌我的理念，目的是為了要能夠以適合我論證的方式，來解釋這些困難。第一個出現的困難是，想像一下語言如何成為一項必需的東西，如果在人與人之間沒有溝通，也不需要溝通，如果語言不是必要的，我們將無法察覺語言的必須性與可能性。或許我也可以如同其他人一樣，說語言的誕生來自於家庭中父母與子女之間互動溝通的結果，但是單憑這種說法實際上不足以迴拒反對的意見，因為這等同於犯了在思考自然狀態卻引用社會理念的錯誤。在這種錯誤裡，想像出聚集在同一屋簷下的家庭生活，以及家庭成員皆如同我們現在一般，因為各式各樣的共同利益，使得他們親密與長久地凝聚在一起。然而事實上，在自然狀態中的原始人，沒有房子，沒有茅屋，沒有任何財產，每一個人都是隨意住在某地，而且往往只住一夜之後就另覓居處，男女因相遇、機緣、慾望而偶然結合，卻不必仰仗語言，表達他們所欲求的事物，在分手時，還是以相同的輕鬆心情為之[(R12)]。最初母親依照

29　貢狄雅克（1714-1780）是盧梭的好友，相識於1742年，當時盧梭任貢狄雅克兄弟家中的私人教師。貢狄雅克於1746年出版的《人類知識起源的論文》（ *Essai sur l'origine des connaisances humaines* ）大受歡迎後，他將所探討的範圍延伸至所有的層面，其中也包含語言的起源。貢狄雅克認為，語言的發展過程，就像兩個被遺棄在荒漠小孩之間為了溝通必須先引用自然聲音與符號，然後再將約定的意義與這些自然聲音與符號連結在一起。隨著這兩個小孩的成長與延續生出來的後代發展，這個連結符號與意義的過程也隨之而同步發展成為語言。這個觀念對於盧梭發生重要影響，尤其是有關「某種社會型態的理念已經事先出現在語言發明人之中（Gourevitch: 359）」。

其本身需要餵食子女，然後當習慣讓孩子對她造成親近的感覺後，她接著繼續滿足孩子的需求餵食他們。只要他們有能力自立、自尋食物，孩子們會毫不遲疑地立即離開母親，然後幾乎除了常常能看得到對方的可能性之外，他們彼此之間將很快互不相識。你們在此請注意，應是孩子因為有各種需求的緣故，所以有許多要向母親開口要求的事物，而不是母親需要對孩子做較多說明。因此之故，在發明語言上應當是受撫養的孩子做的貢獻較大，而他們所使用的語言應該主要是他們自己的發明，因此只要有多數個人使用語言，就會出現多數各種不同的語言。這種情況在漂泊與流浪的生活模式中更為明顯，因為這種型態的生活不會讓任何用語有足夠的時間發展成為固定的表達方式。若是假設由母親來教導孩子們字彙，成為他們向母親開口要求事物的方法，這只顯示出母親教導的是已經形成的語言，但這個假設並沒有告訴我們語言最初是如何形成的。

假設我們可以克服這個初步困難，讓我們暫時跨越自然狀態與語言需求之間的廣大鴻溝，假設語言是必要(R13)，則可以開始探討語言如何被創造出來。在這兒，我們會遇到比先前那個更為棘手的困難，因為如果人們需要語言作為學習思考的基礎，那麼為了發明說話藝術他們應當需要更多的思考。當我們理解聲音如何約定俗成地作為理念的表達時，我們卻更需要解釋哪些人才能夠以約定俗成的方式，詮釋這個約定的理念表達，因為這些理念所表徵的並不是感官可以察覺的對象，因此這些對象是無法以動作或聲音來指明。所以針對溝通思想的藝術或讓心靈會通的建構，我們無法提出任何可以捍衛的假設。這種超凡的藝術離其源頭是如此遙遠，而哲學家在離它的完美更遙遠時，看到沒有任何人敢大膽地說，有朝一日他會達到這個完美的境地。我們甚至可

以說，即使隨著時間推演必然會產生極大的轉變而適於發展這種
藝術，即使學院研究人員的偏見會消失，即使他們自己會壓制不
同的聲音，即使他們願意不眠不休地在幾個世紀中將自己貢獻在
這個困難的問題上，恐怕無人膽敢說，有朝一日他會達到這個完
美的境地。

　　人的第一種語言，那最為普遍與最具活力的語言，也是他在
眾人面前展示說服力之前的語言，就是自然的呼喚。這種自然呼
喚只在危急時刻才與人類本能相結合，或是在大的危險中祈求幫
助，或是在強烈的痛楚中祈求舒緩，並非正常生活中所使用的，
原因是在正常生活中，主要的心情是和緩的。當人類的想法開始
發展成長，彼此建立一種親近的溝通時，他們就需要找尋更多符
號，建立更普遍的語言。他們擴增聲音的變化，並將這些變化與
手勢結合在一起，因為手勢是自然容易理解的，也是無須任何事
前約定就能夠表達意義的，所以他們透過手勢，表達那眼見的事
物，或是透過模仿的聲音，表達那聽見的事物。但是因為手勢只
能指眼前直接能夠描述的事物與具體行為，也因為手勢並不是普
遍有效，有可能會因為黑暗或是身體的阻擋而使其無用。手勢與
其是引起注意，不如說是需要注意，所以使得人們最後必須以聲
音來釐清意思。聲音雖然與理念之間並不存在著直接關係，但它
總是以字詞或約定符號的方式代表理念，若不是在大眾同意的基
礎上，這種以聲音取代手勢的過程不會發生。但這個取代過程，
對於任何器官皆不曾好好運用的原始人而言，確實也是一項相當
困難的活動。而這個取代過程，更難理解，因為這個大眾同意的
本身必須先有人提出建議，而這個建議卻使得說話，好像對於建
立使用語言而言已經是絕對必要的。

　　我們必須結論說，人們所使用的第一個字彙，在他們的心靈

之中，一定比實際語言中所引用的意義，具有更廣泛的意義。還有，因為人們最初對於語言分類所衍生出來的各種談論方式一無所知的緣故，所以他們最先對於每一個字彙，都會賦予它一個完整陳述的意義。而後他們開始在主詞與受詞之間，在動詞與名詞之間做區別，這是一個非凡的創舉，最初的名詞只是相當於所有事物的專有名詞，不定詞就是表達動詞時態的唯一方式，而形容詞則是一種需要特別費心去發展的概念，因為所有的形容詞都是一種抽象的字彙，而抽象的思維，必然都是辛苦的，而且是不自然的。

　　起先，每一樣東西都被取一個特定的名稱，完全不考慮它們屬於哪一個種，或是哪一個類，而且這些最初使用語言的人也還沒有能力作區分，所有個別體都獨立地呈現在他們心靈之中，就像它們在自然景象中那般。如果有一棵橡樹被稱做A，另一棵橡樹被稱做B，我們就可以想像，對於他們而言只要分類知識越有限，字典中所包含的字彙就越多。這種字彙分類問題並不容易解決，因為如果想要將存在的事物歸類在相同類別的字彙下，就必須知道存在事物的本質與差異，這就需要觀察與定義等。總之，若要求當時的人做到這些，那無異於要求他們處置一些如自然歷史與形上學這種他們根本不具有能力處置的東西。

　　還有，普遍概念只能在字彙的支援下才會出現在心靈中，而理解則必須透過命題引導，才能夠掌握這些普遍概念。這是為什麼，動物沒有能力形成這類理念，也因而沒有那種依附在這類理念之上的追求完美能力。當一隻猴子毫不遲疑地吃一個核果又一個的時候，你們會認為牠對於這種核果實真有什麼普遍概念，或牠會將這兩個特定的核果與一個核果的原型概念相比較嗎？不，絕不會。只是核果的印象，讓牠想起記憶中另一個核果的感覺，由

接受印象的眼睛傳達給牠即將感覺到的口味。所有的普遍理念都是純粹知識性的，如果想像力稍微干預，則普遍理念很快地就變回特定事物。你們可以試試在心靈中畫出樹木的普遍理念，但這是絕對不會成功的，不管你們願不願意，一棵樹在外形上，將被視作大或小、稀疏或茂盛、顏色的清晰或濃郁。如果你們心靈中想出現包含全部樹木能有的特點的話，那麼這個印象就不再像是一棵樹。純粹抽象的存在物也一樣，人們只有靠字詞才能夠表徵它的內容。只有三角形的定義給你一個真實的三角形的普遍理念，但只要你在心靈中想像一個三角形，這立即就會成為一個特定的三角形，而不會是其他的三角形，這時候你將無法避免地感覺到它的邊，以及它的顏色。所以必須透過語言始有命題與普遍理念，因為一旦想像停止，心靈就只能透過語言的幫助而繼續進行思考。所以如果發明語言的人只賦予名稱給他們已經有的理念的話，那麼可以推論所有名詞將都只是指稱事物的專有名詞。

　　但是，當我們那些最初的語言學家，用什麼方法我不知道，開始延伸理念，並普及化他們的字彙時，語言發明人必然只將這方法應用在非常狹小的範圍中，並且由於缺乏定義類與種的知識之緣故，所以在一開始他們必然為各式各樣的個體生產過多的名詞，然後又因為對於事物各種差異思考的不明，而做過少的種與類，想要將這類分析延伸至深入的境界，那麼就需要擁有更多以往所不曾擁有的經驗與智慧，或以往從前不願從事的研究工作。然而直到今天，人們每天都還不斷地發現不曾被觀察過的新種類，讓我們想想還有多少種類隱藏在那只能觀察事物表象的人類之後！至於原始的分類和最普遍的概念，不用說也被他們忽略了。例如，他們如何理解材質、精神、物質、形狀、體型、運動等用詞，即使是長期引用這些理念的哲學家，為了理解它們都面

對困難、費盡心力，因為這些字彙所指涉的理念，都是在自然中
找不到對應的純粹形上學理念。

我將停止對這些有關語言初步階段的討論，並要求評審對這
部分的閱讀也停止在此，才能針對物質名詞的發明，即為語言中
最容易被發現的那部分，做有關它們的判斷，然後再想想語言還
要發展多久，才能表達所有人類的思想，並達成一個穩定的模
式，能夠用來公共的交談並影響社會。我懇求評審想想需要多少
時間與知識，才能發現數字(R14)、抽象字彙、不定過去式、所有
的動詞時態、分詞、句法，命題的形成、推理的連結，以及形成
所有論述的邏輯。至於因為那無止境困難而被嚇著的我，也承認
想要純粹從人的能力，建構語言如何生成與發展的理論，是一件
幾乎不可能的事情，因而我將這個問題留給那些願意繼續討論它
的人，即到底何者為最必要的問題：是先有一個成型的社會，然
後才出現語言的發明，還是先發明了語言，然後隨之而建立社會
呢？

無論究竟語言和社會的起源為何，至少我們可以看到，透過
人們相互依恃的需求而彼此接近並促成語言使用，自然在這個過
程中很少操心。我們也可以看到，在人發展社會性上，自然提供
的驅力是那麼小；在建立人與人之間的相互關係上，自然又提供
了多麼稀少的貢獻。的確，我們無法想像為何在自然狀態中的人
會需要另一個人，比一隻猩猩或一隻狼需要一隻同類動物更為迫
切，而且就算這個人有這需求，別人也未必會有動機滿足其需
求，即使別人願意滿足其需求，他們彼此之間又如何依照什麼條
件達成協議。我知道，人們一直不停地告訴我們說自然狀態中的
人是多麼地悲慘。如果這是真的，誠如我所證明的，人們在幾世
紀之後才開始想要找尋機會脫離這個狀態，那麼這個貶抑自然狀

態的說法，針對的應當是對自然進行批評，而不是針對由自然所造就的人類來進行批評。但是，如果我對這裡所謂「悲慘」的瞭解是正確的話，它或是毫無意思，抑是身體上或精神上的貧乏與痛苦。若是這樣，那麼我倒希望有人能夠對我解釋，一個自由的人，他的心靈平靜、身體健康，他算是活在哪一種悲慘中呢？我問，到底是自然生活還是公民生活，使得生活於其中的人感覺無法忍受？在我們現在生活周遭，看到的是幾乎所有人都在抱怨生存環境，有些人甚至盡一切所能想剝奪他們自己的生存，這個問題之嚴重，就是連上天律法加上人為規律都幾乎無法阻止這混亂情況。我要問，我們曾否聽說過一個生活在自由環境中的野蠻人想過抱怨生命，或是想終結生命呢？因而讓我們在較小傲慢的情況之下，判斷到底哪一邊才是活在真正的悲慘之中。反過來說，最為悲慘的，莫過於一個原始人受到啟蒙的迷惑，又為熱情所困擾，又處處從一個與他所屬不同的狀態中加以推理。這是因為一個非常有智慧的造物者所賦予原始人的潛在能力，只有在適當時機才會成為真實的能力，目的是要使這些能力不會在需要使用它們之前，就發展得過早而成為多餘的負擔，也不會在日後，發展得過遲而無濟於事。在他僅有的本能中，原始人已經具備所有在自然狀態生存所需要的能力；而一個經過陶養的理性，則是他在社會中生存所必須具備的。

最初，在自然狀態中的人彼此之間似乎沒有任何道德關係，也沒有什麼公認的責任，他們既不能成為好人，也不能成為壞人，因為他們既沒有惡質，也不具有德行。除非我們從生理的意義來說，我們會稱呼某人那種會對自己生存不利的因素為惡質，反之會稱呼對自己生存有利的因素為德行。在這種情況之中，那些對於自然的純樸驅動力作最少抵抗的人，就應當被稱之為最有

德行的人。但若是我們不脫離這些名詞的日常意義的話，並且注意到我們的偏見，則是不需要對這種情況作如此判斷的。這也就是說，若要我們能以公正無私的標準作整體判斷的話，那我們必須檢驗在文明人之中，是否德行多過惡質；或者由德行所產生的好處是否超過那惡質所產生的壞處？或說隨著他們相互學習所應為之善，是否知識增進足以作為一個適當的補償，弭平彼此所製造出的痛苦？或者，不怕他人的傷害，也不期待他人的好處，較之服從於一個普遍的依靠，迫使從他人那兒接受一切，然而他人卻無義務給予任何東西，哪種情況是比較幸福？

　　我們尤其不會同意霍布斯的結論，跟隨他宣稱，因為人不具有任何善的理念，所以他天生就是壞的；因為人欠缺任何德行的知識，所以是惡的；人不願為他的同伴提供那些他不認為有必要的服務；也不跟隨霍布斯宣稱，人有理由地認為他應當擁有一切他所需的事物，就瘋狂地自認是唯一擁有宇宙的人。霍布斯非常清楚地看出自然權利在現代定義中的缺失，但是從他所下的結論，只顯現出他對這定義的理解也犯了同樣錯誤。若是從他所創見的原則思考，他應說，在自然狀態中，原始人的自我保存是最不妨害他人的自我保存，因此這個狀態是最適合於和平的，也是對人類最為恰當的。霍布斯所說的與此恰好相反，因為他非常不適當地在原始人追求自保的努力之中，增加了各種只有在社會裡才會產生的各式情緒，那些也是使法律成為必要的情緒。他說壞人只是一個粗暴的孩子，但是我們想問的是：在自然狀態中的原始人是否也是粗暴的孩子？如果我們在這一點上對霍布斯讓步，那麼他會做出什麼結論呢？假使說有這麼粗暴的一個人，如他軟弱的時候，還需依靠他人，那麼沒有哪種過分的事情是這個人做不出來的，如果母親哺乳的速度太慢，他會攻擊她；如果他的弟

弟中有人對他造成不便，他會掐死他；別人侵擾或冒犯了他，他就會咬別人的腿。但是對於自然狀態而言，在此出現兩個矛盾的假設：這個人是依賴的，同時這個人是粗暴的。事實上，當依賴時，人是軟弱的，而且他先從依附他人中解放出來，然後才會成為粗暴的人。霍布斯並沒有理解，正如同法學家所說的，妨礙原始人使用理性的那個原因，正好也如同霍布斯自己所認為那般，就是阻止原始人濫用他們的能力的原因。我們可以說，正是因為原始人並不知道什麼是好，所以他們不壞，這並不是因為啟蒙的發展，或法律的限制，而是因為情感中的安寧，以及對於壞因的無知，使他們不做壞事（直至目前為止，這些人之無知於壞因，相較於那些人之擁有德行知識而言，是更有益處的[30]）。此外，霍布斯忽略了另一個原則。在某些情況中，這原則提供人們用來軟化那種因為保護自己所展現那兇猛的自重之愛（l'amour propre）[R15]，或降低那種在出世前即有的自我保存之強烈慾望，即以一種天生感覺，憎恨同伴所遭受的苦難，限制為己謀福的熱情。在提出人性中天生有這種自然德行時，我不認為會有任何導致自我矛盾的顧慮，因為這個原則是連最貶抑德行的人都必須承認的。我所說的是憐憫，是一種適合我們人類這種既軟弱又多病的生物的習性，一種對於人類而言如此普遍又如此有用的德行，存在於人類所有的反思之前，而且因為它是如此的自然，甚至連動物有時都會顯現出一些可辨識的跡象。不談母親對於孩子的憐憫，或是她們為孩子所擔負的危險，我們每天都可以觀察到馬群

---

30 西元2世紀的歷史學家查士丁（Justin）針對西元前8世紀到西元2世紀的斯基泰人（現今高加索地區的北部，約為哈薩克、俄羅斯南部、烏克蘭東部、亞塞拜然與喬治亞等地區）與文化高超的希臘人相比較下所做的評語。

多麼憎惡踏過活體。一個動物在經過同類的屍體時，沒有不感到憂傷的，有時甚至會埋葬牠們同伴的死屍。還有當牲畜進入屠宰場所顯現的悲傷叫聲，顯示那即將降臨的可怕情景在牠們心中所造成的印象。從《蜜蜂寓言》[31]作者所給的例子中，我們可以喜悅地承認，他被迫承認人是一個具有憐憫心的動物，脫離他那冷酷與靈敏的風格，為我們呈現一個動人的情景。在這個例子中，有一個被監禁的人，看到外面一隻兇猛的野獸如何從一位母親的乳房邊奪走她的孩子，用致命的牙齒咬碎牠脆弱的四肢，用牠的利爪撕裂這個孩子抽動的內臟。我們可以想像，在這個例子中的那個觀看人內心將會受到多麼大的衝擊，但這個事件其實是與他個人利益毫無關係的！在眼見這一切，以及無能為昏厥的母親以及垂死的孩子施出援手的心情，將會為他帶來多麼大的感傷！

這就是先於一切反省的自然情感。這就是自然憐憫心所發揮的力量，連最敗壞的道德都無能摧毀它。這種情感的發揮，是我們每天在戲劇都可以看到的，因為人們總是同情劇中這樣不幸的人，甚至為他落淚，但一旦他們自己是暴君的話，他們只會加深對敵人的傷害。他們就會像那嗜血的蘇拉王，他對於非經由他所導致的傷害，感到極為敏感，或是像菲拉的亞歷山大，他甚至不敢觀賞任何悲劇的演出，更別提他曾經被看到與安卓馬謝（Andromache）與派樂姆（Priam）一同地啜泣，即使他能夠絲毫面不改色地，聽到在他命令下被割斷喉嚨受刑人的慘叫[32]。自

31　這是荷蘭人孟德維勒（Bernard de Mandeville, 1670-1733）於1714年所出版的名著（Gourevitch: 361）。

32　蘇拉（139-78 B.C.），原先為羅馬的將軍，後來成為一位惡名昭彰的暴君。菲拉（屬於古希臘提沙立[Thessaly]地區的一個城邦）的亞歷山大（369-358 B.C.），以殘酷著稱，並因謀殺親叔，取得王權。

然宣稱她給予人類的禮物，就是心靈中的柔軟，伴隨的贈品，就是眼淚。

　　孟德維勒正確地感受到，縱使有各種道德伴隨人們，但若不是因為自然賦予人們憐憫的天性以支持理性，人較諸怪獸相去無幾。然而，他卻沒有察覺所有他所反對的社會德行通通發展自這一種特質。事實也是如此，我們所謂的慷慨、寬恕，或人性關懷，如果不是將憐憫應用到弱者、罪犯以及所有人類的身上，那麼又是什麼呢？甚至在正確的理解下，連善良與友誼都是長期固定針對一個特定對象，施行憐憫的產物。原因是，希望旁人不受痛苦傷害不也就是希望旁人幸福嗎？如果這些都是真的，也就是說同情他人的感覺，其實就是將自己當成受苦者，這種感覺在原始人身上，雖然模糊，但是強烈，在文明人身上，雖經發展，但轉趨弱。這些說法除了讓我的論證變得更為有力之外，會產生什麼不同嗎？實際上，憐憫心會在有感知動物將自己密切地與受苦動物強烈地連結在一起的時候變得更為強烈。現在，我們很確定的是這種連結在自然狀態中，比在理性狀態中要緊密多了。理性導致自重之愛，並透過反思來加強。理性使人向內發展自我，並使他與所有的問題和干擾分離，哲學使得他變成孤立的人，並且哲學讓他在看到一個受害者的時候低沉地說：「如果你願意，就消失吧，而我是安全的」。除了導致整體社會的危險之外，沒有任何其他的危險，能夠打擾哲學家的清夢，將他從床上拖出來。人可以不受處罰地看他窗下被勒死的人，而他只消雙手覆耳，並對自己論證，壓制自然在他體內提出的反對意見，讓他不認同那個被殺害的人。原始人完全沒有這種令人景仰的才能，由於缺乏智慧與理性，他總是依照人類的第一反應來行事。在暴亂時所發生的街頭爭鬥中，社會大眾會聚集，而謹慎的人會遠離　只有流

氓、市井婦人，會挺身勸息爭鬥，並阻止老實的人相互廝殺。

　　所以，憐憫心確定是一種自然的感情，它能夠在每一個人的心中，緩和人因為自重之愛所做的行為，確保整個類種中人與人之間的相互保存，因為憐憫心，使我們不假思索地救助那些我們眼中受苦的人。在自然狀態中，憐憫心具有沒有人會違抗它那溫柔聲音的優勢，能夠取代法律、道德與德行的地位。憐憫心使得一個完全粗暴的野蠻人，如果他自己在他處還能找到謀生依據的話，不會去搶奪一個弱小或一位老殘賴以為生的依靠。憐憫心使得理性正義的神聖準則「期待他人以你對他人的方式來對待你」轉換成說服所有人的自然善良準則，雖然可能不若原來準則那麼完美，但可能比較實用，即「對自己好就是盡可能不對別人壞。」總而言之，正是在這種自然情感而非在那精細的論證中，可以找到人在獨立於教育的準則之外，為什麼都不願對他人施加以傷害的原因。雖然對於蘇格拉底以及和他同等級的心靈而言，他們能透過理性而獲得德行，但如果人類的自保一直以來完全只依賴人們之間的推理，那麼人類老早就不存在了。

　　伴隨著如此沉穩的情感，以及憐憫心那種高貴的制止力，人們在起初可能很野蠻，但絕不會行惡，比較傾向保護自己免於危險，而不會想到加害他人，尤其不會想捲入危險的爭執。因為他們之間沒有任何交往，所以他們無知於傲慢、斟酌、衡量、輕視。他們甚至連有關「你的」或「我的」最起碼的概念都沒有，也沒有任何與正義相關的真正概念，以致他們視暴力為一種容易修復的傷害，而不是一種必須加以回應的羞辱。而且，他們也不會考慮報復，除非在無意識狀態或是當下的反射動作，如同一隻狗咬那個丟向牠的石頭一般，所以只要爭奪的焦點不是比食物更為敏感的議題，他們的爭端極少產生流血的結果。然而，我看到

一種比較危險的爭端，也是我接下來要來談論的。

在人的熱情之中，有一種直觸內心的強烈慾望並充滿驅力的熱情，它顯現在不同性別之間對於彼此的需求，是一種凌駕所有危險以及跨越所有障礙的熱情。當它在瘋狂時，似乎可以滅絕它原先應當保存的人種。受到這種無限與粗暴慾望所困的人們，不害羞、也不克制地，每天為了爭奪性愛對象在流血的代價下相互爭執，他們將會變成怎樣呢？

最初人們同意，熱情越強烈，越必須用法律加以限制。但是每天發生的失序現象與犯罪事件，向我們顯示法律在這方面是不足夠的，故而更好的作法應該是檢視這些失序現象的發生是否就是來自於法律本身，因為當我們認為法律足以壓制這些失序現象時，我們至少應當先要求除去那依隨法律而會發生的壞處。

我們先從愛的感覺作為生理一部分裡，區分出道德的部分。生理的愛是一種普遍的慾望，它引領兩性之間的交媾，而道德的愛則是可以決定慾望的，並將對象鎖定在一特定目標之上，或是為慾望的偏愛對象，提供最強大的能量。然而我們可以很容易地看出，道德的愛是一種人工的感情，來自社會的習性，並受到婦女極力喝采，好建立她們的帝國，使應服從的她們成為統治者。道德的愛是建立在一些原始人完全無從感受，也無從擁有的對於優點或美好的概念，或說道德的愛是建立在那些原始人完全無能作出來的比較。對他而言，這些概念或比較根本不存在，因為他的心靈尚無能形成有關規律與比率的抽象理念，並且他遲鈍的內心無法發出讚賞與愛慕之情。他只聽從自然本性，而不是聽從他尚未獲得的品味；因此，對他而言，什麼女人都是合適的。

局限於生理之愛的人是相當幸運的人，因為他們能夠無視於影響情緒以及擴大困難的偏好。同樣的，因為他們在自然本性

中，必然感受較少與較弱的慾望，所以彼此之間的爭執極少，即使有爭執也絕不會激烈。造成我們彼此許多爭議的想像力，完全不能觸及原始人的心，原始人只能靜靜地受自然驅動，無選擇地交付給自然，歡喜的時間遠多過惱火的片段，需求獲得滿足，慾望因而也平息了。

因此不但愛情，甚至所有其他熱情，毫無疑問地都是從社會發展以後，才成為驅動人的激情，而且它們對人們是非常致命的。把原始人描述成為了滿足慾望而殘暴、不停相互廝殺的人，完全是荒謬的觀點，這種觀點直接與經驗衝突。例如在所有人種中最接近自然狀態的加拉伊波人，縱使居住在熱帶地區，那兒炎熱的氣候似乎為熱情提供了最強的活動力，但在愛情的表達上，他們是最平靜的，也是最少有嫉妒心的。

在討論人種的一開始，我們就應當排除自然在其他類種中，依照兩性相對力量所創建的關係，包括所有觀察其他物種而歸納的結論。例如，雄性動物在飼養場中的爭鬥經常造成血腥場面，或是春天在森林中，牠們為了雌性動物引發令人注意的吼叫，因為對公雞爭鬥的觀察，不能提供我們任何有關人種討論的基礎。雄性動物發生爭鬥的原因，只有兩種：不是雌性動物的數量相對於雄性過少的緣故，就是因為雌性動物在非交配期拒絕與雄性動物交媾的困擾。後者成為很重要的原因，因為如果一隻雌性動物一年中只接受雄性動物兩個月的話，那麼這等於是雌性動物的數目少了六分之五。然而這兩種情況都不適用於人類身上。在人類中，女人的數目一般均超過男人，而且我們從來不曾觀察到，人類女性會如同其他動物那樣有發春期與排斥期的區別，即使是原始人也沒有。此外在許多動物的情況是，整個類種在同一時間進入發春期，生活於一個集體慾望的恐怖時刻，嘈雜、失序與爭

鬥。對於求愛沒有階段區別的人類而言，這種時期不存在，因此我們不可以從雄性動物為了佔有雌性動物而打鬥的觀察說，這種爭鬥也一樣發生在自然人身上。就算我們作了把人比照其他物種的不恰當歸納，但因為這些衝突並沒有滅絕其他種類的緣故，所以我們就必須想到這些衝突會對人類更不利。非常明顯的是，發生在自然狀態中的衝突，一定比發生在社會中的更少蹂躪，尤其在道德習性發達的國家裡，這種差異會更明顯。在那些社會裡，愛人之間的嫉妒與夫妻之間的復仇，導致每天的決鬥、謀殺，甚至更糟的事。在那兒，永遠的忠貞只會導致更多的姦淫，禁慾和光榮法則，必然造成荒淫，以及大量增加墮胎的數目。

我們因而結論說，漫遊在森林的原始人，他無須工作、無須談話、居無定所、不與人爭、不與人交、不需同類，也無意加害他們，甚至可能從來也不曾認識哪一個個別的人。他僅受制於很少的熱情，因此是自足的，並僅具備在自然狀態中所需的感覺與啟發，感受真正的需求，只看他認為對他有利的事物，他的智能僅止於讓他覺得滿意，而沒有其他發展進步的需求。即使偶然發現一些事物，他也因為在連自己孩子都不認得的情況下，根本沒有機會向其他人溝通他發現了什麼。藝術隨著發明者而消失，既沒有教育，也沒有進步可言。世代交替也是枉然，因為每一世代均從相同的原點出發，世紀在自然狀態中的粗魯環境不斷流逝，雖然人類已經存在很久了，但人一直維持在孩提的狀態之中。

我之所以用這麼長的篇幅探討有關原始情況的假設，是因為有太多早期的錯誤與根深蒂固的偏見需要破除，因此我相信必須深入到問題的根部，展示在真正自然狀態的圖像中到底有多少不平等，即使是自然的不平等，在自然狀態中根本就不像我們學者所佯稱的那麼真實與具有影響力。

　　事實上，很容易就可以看出，人類之間現有的不平等之中並非都是自然形成的，有很多是長期養成下導致社會中各種習慣與所採用的生活方式。因此粗暴或細緻的個性，及依附其上的剛猛性格或柔弱性格等，往往較多是因為我們被養成的過程中，是朝向粗魯或纖細性格的引導，而少來自身體中原有的結構。心靈所發揮的力量也一樣，教育不僅導致教化過的心靈與其他尚未教化過心靈之間的差別，而且依照文化發展比例，教育擴大教化過的心靈之間的差距。這就好像一個巨人與一個侏儒在同一條路競走時，他們所走的每一步伐，其實都不斷地累積那個巨人的原有優勢，不斷加大他們的差距。現在，如果我們把原始人單純簡單的生活，與教育所導致各種令人驚訝的差別，以及在公民社會中產生的各種不同階級相比較的話，我們可以看得出來，那種所有人吃相同食物，過著類似生活，做相同的事情的原始時期，自然狀態中人與人之間的差異，多麼少於人與人在公民社會中的差別，又有多少種自然的不平等在人類發展中，因為人為不平等的效果，而逐漸擴大。

　　即使像人所說的，自然在分配資源的過程中，展現出厚此薄彼的偏心，然而在人與人之間沒有任何連結關係的自然狀態中，具有優勢的人類所獲得的好處，對於不具有優勢的人類而言，有何損害呢？在沒有愛的地方，美又有什麼用呢？知識對於話都不會說的人，有什麼用呢？狡猾對於那一群沒有利益往來的人，又有什麼用呢？我經常聽見人家不斷重複說強者壓制弱者，但有誰能夠向我解釋「壓制」這個字的意思？它的意思是說，一些人以暴力來壓制另一些人，而受壓制的人則屈服於暴力的鞭子之下嗎？這不正是我們周遭發生的狀況，但是我看不出來這種概念如何應用到原始人身上，因為他們連理解什麼是壓制與屈服的能力

都沒有。一個原始人會佔據另一個人所摘獲的水果、他所捕殺的獵物、所居住的洞穴。但是，這個原始人怎麼能夠讓對方真正地屈服呢？對於什麼都沒有的人們，怎麼能夠被套依附的枷鎖在身上呢？如果人們將我趕離一棵樹，我就去找另一棵樹；如果我在某地受到困擾，難道我不能換到另外一個地方嗎？怎麼能夠找到這麼一個情況，有一個人擁有比我強大的力量，但他相當墮落，相當懶惰，以及相當兇猛地強迫我在他悠閒時，伺候他的起居？如果這是真的，那麼他需要對我一刻不停地監視著，在睡眠中也不例外，並害怕我會逃走，或是暗殺他。總言之，他必須面對一個比他所想要逃避的還要痛苦的麻煩，甚至於比他欲施於我身上更為痛苦的麻煩，就算他願意接受這些麻煩，難道他的警覺心不會稍事減弱？若是一個意想不到的聲響，使他轉過頭去看看後面時，我已經利用這刻，向森林中開溜了二十步後，立即粉碎我的枷鎖，而他在一生中再也看不到我了。

　　不用無謂地多說這些細節，每一個人都必然可以看出，屈服的關係只會發生在人與人之間相互依賴，與將他們結合在一起的相互需要之中，所以若是沒有先處於不能沒有他人的情況中，一個人絕不可能對其他人進行奴役，因為這是一種在自然狀態中不存在的情況，因而在自然狀態中，沒有人受制於枷鎖的控制，並也使得強者的法律毫無用處。

　　在證明自然狀態中幾乎無法察覺人類不平等，以及不平等的影響在該狀態中幾乎不存在後，我現在需要作的，是解釋它的起源，以及它在人類心靈連續發展中的進程。追求完美的能力，各種社會德行與其他能力，潛在於原始人而絕對不會自行發展，因此它們的發展必然需要一些外在因素的會合。這些因素可能不會發生，或是說若沒有這些因素，原始人可能永遠生活在他的原初

狀態中。在展示過這些之後，我現在還要作的，是去思考以及蒐集各種使人類理性進步，又同時造成人類物種沉淪的各種不同的偶然因素，它們使得人類社會化的同時，也使得他們變壞，它們帶領人類與世界從遙遠的起初，一直發展到現在我們所擁有的一切。

　　我承認，我所描述的事件有可能以多種方式發生，而我僅能根據假設做出我的選擇。當這些假設是最有可能的取自事物本質，是發現真理的唯一方法，假設就變成理由。除此以外，我從我的假設中所演繹出的結論，絕不因此成為假設的結論，因為依照我前不久所建構的原則，我們不可能形成另外一個系統，而不為我提供相同的推論，而且從這另外一個系統中，我能得出相同的結論。

　　這個假設使我免去將我的思考碰觸到如下幾種情況：時間的流逝彌補事件的欠缺真實性；當那些微不足道的原因作用時，會引發驚訝的力量；在兩種不可能性中，我們一方面企圖確立某些假設，在另一方面，卻發現我們無能賦予它們任何程度的事實確定性；在經由一連串沒聽說過的中介事實，認為它們可以連接兩個為真的事實時，如果能夠的話，這應該是經由歷史提供所需要的事實，然後如果歷史不能的話，那應該經由哲學思考來決定哪些才是具有連結意義的相關事實；最後，在有關事件上，相似性將事實化約成為幾種比我們想像的要少很多的類別。對我而言，把這些問題呈現給評審來研究，同時使得一般讀者省去思考這些問題，就已足夠了。

第二部分

　　第一個圈起一塊地的人，當他膽敢宣稱：「這是我的」，又認為周遭的人簡單到相信他所說的，那麼他就是公民社會的真正創建人。如果有人一邊拔掉木椿，一邊填平溝渠，大聲對其他人嘶喊：「注意聽這個欺瞞人所說的，若是你們忘記了樹上果子是大家的，大地不屬於任何特定的人，你們將全盤皆輸」，那麼所有發生在人類的罪行、戰爭與謀殺，以及悲慘和恐怖都能避免。不過，非常有可能的是，事情已經來到一種情況，它早已經發展到不能維持過去那樣。因為財產的觀念，是過去逐漸發展出來的觀念，並不是一瞬間就在人的心靈之中所形成的。這個觀念的發展，需要許多進步，還要各種工業與啟蒙，並在世紀交替中傳授與擴大這些成果，一直到自然狀態的最後一個階段為止。因此，我們必須從最原初的狀態，重新檢視它的發展，並從一個固定的觀點，在最為自然的秩序中，從事有關事件與知識逐步發展的檢討。

　　人類最首要的感覺，是他的存在，而最首要的關懷，也就是他的自我保存。大地的生產提供了所有生存必需的物品，而人的本能則使用它們。飢餓以及其他欲求在各種情況中，除了輪流向

他證明存在的各式面貌外，還有一種延續類種的性慾。這個盲目的欲求，完全不受心靈控制，只會產生一種純因動物本能的行為。當欲求滿足之後，兩性之間互不相識，而當孩子獨立於母親的那刻起，孩子也不需要她了。

這就是人類最初的情況。就像一個完全受制於感官知覺的動物，並很少因自然所賦予的事物而受惠，也不曾想過會從自己身上失去什麼。但是，困難立刻來了，並要學著如何克服；無法摘到高枝樹頭上所結的水果，與其他動物為了食物而導致的競爭，還有兇猛動物想要他的命，都迫使人類鍛鍊身體。他必須變得靈敏，跑得快，勇敢地戰鬥。樹枝與石頭這種自然武器，很快就到了他的手中。他還要學會如何超越自然的障礙，需要時與其他動物戰鬥，甚至與人爭奪食物，或是如何從對強者的退讓中，獲得補償。

隨著人類的擴增，困難也跟著人數增加而出現了各種情況。土地、氣候、季節等的不同，都迫使人們將這些因素納入他們生存的考量之中。貧瘠的年份，既長又凍的冬天，酷炎的夏天毀了一切，也逼著人們想出新的技藝。在海岸與河流旁，人們發明了魚線與魚鉤，並因而出現了漁民以及以捕魚為生的人。在森林中的人，則發明了弓與箭，並因而成為獵人與勇士。在寒帶地區，人們為禦寒披上他們所獵殺動物的毛皮。一場雷電交加，一次火山爆發，或一些其他偶然的因素，使他們認識火，這個用來防冬的新因素。人們學習如何保存火種，然後如何取火，最後用火來烹煮他們以往都生吃的肉類。

這些不同事物的重複應用於人身上，以及這些事物相互應用的結果，必定會自然地在人的心靈之中，產生一些連結關係的感覺。我們往往以如下字詞表示這些關係：大、小、強、弱、快、

慢、怕、敢以及其他類似概念。有時或因需要比較這些概念，或不假思索地在人身上產生一些反思，或不由自主地在確保安全方面，提醒他最必要的警告。

這發展出新知的啟蒙，提升了人面對動物的優越感，而同時他也感到這份優越感。他練習著將牠們設計入圈套，並以各種方式誘騙牠們，即使牠們之中有許多種類無論在力量、戰鬥與速度上，都遠超人類。但是，在那些能夠對他有所用或有危險的動物面前，人都能夠在時間發展中，逐漸成為前者的主人，以及後者的降禍者。所以，當人類看自己第一眼的時候，就產生出第一次驕傲感。當他還不太知道區分等級時，視自己的類種為第一等級時，他很早就準備把他個人置於這樣的地位。

即使他周遭的同類對待他的方式，不同於我們周遭的人對待我們的方式；即使他與他周遭同類的往來，沒多於與動物的往來，但他並未在自己所作的觀察中遺忘他周遭的同類。時光的流逝讓他感覺到其本人與異性配偶的共同性，而這感覺到的共同性讓他判斷他沒察覺到的共同性，並認為如果在相類似的環境中，大家行動與他一樣；他提出結論，認為其他人的思考與感覺與他的完全相同。這一個在他自己心靈之中所建構的重要真理，在他身上產生出一種如論證般確定而且更敏捷的預感，使他遵循著為了他個人利益與安全的最佳行為準則，即和別人相處時所當有的最佳行為準則。

人類行為的唯一動力是，經驗教導人們追求福利的喜愛。因此，他必須能夠在哪些稀少的情況中辨識，必須依賴別人的幫助才能獲得共同的利益，以及在哪些更稀少的情況中，為了競爭，他必須反對他人。在第一種情況中，他與其他人結合為一個自由組成的團體，在不勉強任何人之下，這些團體結合只能維持在它

仍有存在需要時。在第二種情況中，每個人都以追求自身利益為主，因此如果他相信暴力，那麼他會公開使用暴力，如果他自認處於弱勢地位，那麼他會應用狡猾與機智。

這就是人們如何在不知不覺中，單純地獲得與他人相互承諾的初步概念，還有因履行承諾而獲得的利益，但這也只是針對那些在當下可以感覺到的利益。因為他們沒有前瞻規劃的能力，也無能顧及遙遠的未來，他們甚至對明天的事情想都不想。如果是為了要圍獵一隻鹿，那麼每一個人都會忠心地守在自己的崗位上。但是，如果在他們之中哪一個人的前面有一隻兔子跑過去，那麼不用懷疑，他會毫不遲疑地追逐牠，並在捕獲他的獵物之後，也不會因為同伴手中缺乏獵物而感到些許的不安。

明顯可以理解的是，在類似的團體交往中，不需要一種比群居動物，例如烏鴉或猴群，更為細緻的語言。不清楚的喊叫，加上許多姿勢，再加上一些模仿的聲音，長期以來，就是普遍的語言。每一個區域的語言，再附加一些清楚與約定的聲音。我先前曾經說過，語言的形成並不好解釋，但就這樣，人們逐漸有了各式特別，但是粗糙與不完美的語言，正如同我們今天在一些原始國家中所聽見的語言那般。在時間的限制下，在那麼多還應當說的事物下，以及在許多未能察覺事物的初期發展中，我能夠快速地跨越好幾個世紀，原因就是事情發展得越慢，我就越能夠快速地描述它們。

這些初步的發展，將人結合在一起，並引領出非常快速的發展。當心靈越發啟智，就有越多的技藝逐漸朝向完美發展。很快地，人們不再睡在樹下，或棲居於洞穴中，然後又因為找到一些又硬又利的石片，用它們砍斷樹枝，在地上挖掘，用樹枝建造茅屋，然後再裹上黏土與泥巴。這就是第一次革命的時期，促成了

家庭的形成，並帶來了某種財產的觀念。從此或許也開始了爭執與戰鬥。在這期間，最強壯的人因為自信能夠防禦，可能就是第一批建造居住處所的人。可以相信的是，比較處於弱勢的人，會以最快與最確定的方式模仿建屋，而不是驅離建造居所的人。這是因為擁有茅屋的人，不會想去佔有鄰居的財產，倒不是因為他知道那財產不屬於他，而是因為那財產對他是無用的，並也因為他無法在不與對方家族發生一場激烈戰爭的情況下，來佔有這份財產。

這在心靈中的初步發展，產生一個新的情境，在一個共同的居所中，結合了丈夫與妻子，父親與孩子。共同生活的習性，產生出人類能夠感受到的那種最為溫柔的感覺，也就是夫妻的愛與父母的愛。每一個家庭成為一個小社會，因相互依賴與自由行動的單純連結，而有更好的結合。在這兩性的生活方式之中，首度出現性別差異，因為在此之前，兩性之間由於沒有什麼差別的緣故，等於只有一種性別。女人變得居家，並逐漸習慣於照料家庭與孩子，而男人則外出忙於生計。兩性於是開始過一種調和的生活，逐漸消磨他們原有的兇猛與強壯。然而，若是每一個人各自變得不能對抗兇猛的野獸時，相反地，人們結合在一起更加容易對抗牠們。

在這個新的狀態中，伴隨著一個簡單而且又獨立的生活，自然需求非常有限，再加上他們所發明的工具供應所需，享受極大閒暇的人們，又用來創造出許多先人不曾見過的舒適。沒想到，這卻導致人類最初為自己所製造的枷鎖，也是他們為後代子孫所遺留的最初禍害，因為除了他們不斷地在減弱強壯身體與自由心靈，這些舒適一旦成為習慣，幾乎完全失去了原先的樂趣，並墮落成為真正的需求。這時候，失去這些舒適，變成一件比擁有它

們的快樂，更為殘酷；人們最終因為失去它們而感到不幸，卻也不曾因為擁有它們而覺得幸福。

我們可以比較清楚地看，說話方式是如何在每一個家庭中，不知不覺中建立起來，或是漸趨發展完美。我們也可以更進一步假設，一些各種不同的理由如何延伸了語言，使它成為不可或缺的一部分而加速它的進步。洪水與地震造成我們居住範圍四周，環繞著水患與懸崖。全球的激烈變化將大陸撕裂與切割成碎塊般的海島。我們因而感受到，被迫在一起接觸與生活的緣故，人與人之間開始交往，必須形成一種共同的詞語，而不是像從前自由地在大陸樹林中遊蕩。所以，極為可能的是，在最初幾次航海之後，海島民族為我們帶來語言。同時，一樣可能的是，社會與語言均生成自海島，並在傳遞至大陸之前，先在海島發展至完備的境地。

一切都開始全面改變。直到目前為止，人們依然在樹林中遊蕩，然後找到一個更固定的住所，開始相互交往，結合成為各種不同的團體，最後在各地形成各個特定的國家。國家這個因道德習性與個性特色而出現的組合，並不是因為法律與規則而形成，而是因為共同的生命與食物，以及氣候的影響所組成的。固定的鄰居終於造成家庭之間的往來。比鄰而居的年輕男女，在自然召喚下的臨時交往，在頻頻互通之下，很快地成為另一種溫柔又長年的交往。人們逐漸習慣於思考不同的事物，並將之做比較。在不知不覺中，人們有了優良與美好的概念，並生成偏好的感覺。由於不斷相見，人們不能免除不再相見。一種溫和及柔軟的感覺流過心靈，卻在很小的對立中，變成激烈的怒火：伴隨著愛而起的嫉妒，歧異興起，使得人類情感中最為溫柔的部分，換得的卻是人類的流血。

伴隨著概念與感情不斷地更易，心靈與精神也跟著運作，人類繼續馴服，關係因而延伸，連結也更為緊密。人們習慣於聚集在茅屋前，或是大樹邊；唱歌與跳舞，是愛情與閒暇的結果，但現在卻成為休閒群聚的男女之愉樂，或者更恰當地說，日常生活的事項。每個人開始看別人，也開始想要被看，於是獲得公開讚揚，成為一項獎賞。唱得與跳得最好的人，就是最美與最強的人，最靈巧與最流暢的人，也就變成最受矚目的人。這就是朝向不平等的第一步，同時也是朝向惡的第一步。從這初步的偏好，一方面發展出虛榮與蔑視，另一方面發展出羞恥與嫉妒。這些新的因素所發展出來的結果，最後生成那些對幸福與天真有害的組合。

當人們開始相互品評，當尊重在他們的心靈之中形成時，每個人都會認為自己有權被尊重，而且一個人不被尊重而不覺怎樣，已不再可能的。從這裡開始，甚至在原始人之中，禮儀的初步責任就出來了。從這時起，所有刻意的侵害都被視為侮辱，因為即使在受到傷害的痛苦之下，被侵害人往往覺得他在人格上因被蔑視所受的傷害，比傷害本身更令人無法忍受。因此，人人都對他所感受的蔑視，以傷害其自尊相比例的方式，懲罰對方的傷害。報復經常是可怕的，人因而變成嗜血與殘酷的。這正就是我們所知的大多數原始人的進化程度。然而，因為並沒有清晰地針對各種理念做出區別，也未能強調這些人已經遠離自然狀態，有些人就急於做出如下結論，認為人天生就是殘酷的，所以需要外力加以約制。這些人渾然不知，沒有什麼比處於自然狀態中的原始人再溫和的，因為他處在一個自然狀態之中，所以他與粗獷的蒙昧以及文明人的致命啟蒙保持相等距離。同時，也因為他在本能與理性上的限制而只防範威脅他的惡。他也因為自然憐憫心而

不對他人行惡，即使他本人遭受他人的惡侵犯，也不會那樣做。因為，正如同智者洛克的公理所言：「**沒有財產的地方，就是沒有傷害的地方[33]。**」

但是，應當注意的是，初期社會建立的人際關係，其所要求的特質已經與原初狀態的組成特質不同。當引進道德入人際行為時，每一個人在還無法律前，都已經成為受傷害之唯一的審判者與復仇者。原先適合於自然狀態的善良，不再適合於初期社會。在這個時候，處罰隨著侵犯變得比較頻繁，因而也變得比較嚴屬，也使得報復的恐怖取代了法律的制裁。所以，縱使人們變得不再那麼堅毅，加上憐憫心也受到一些轉變，但人類能力在這段時期的發展，卻正好處在自然狀態的與世無爭，與我們汲汲於利己的時期之間，形成最幸福與最穩定的時期[R16]。我們越是反省這段時間，我們越會注意這是最不會改變的時期，也是對人最佳的時期。人們若是為了共同利益，就不會因為幾個致命的偶發因素，而會想去離開這個狀態。我們可以在原始人的例子裡，找到幾乎所有證明這時期確實為最適合人類永遠維持的狀態，並認定它就是世界的真正青春，以及所有其後的進步，即使說在表面上這都是為了追求個人的至善，但事實上這卻是朝向人類的衰敗而發展出來的。

只要人們滿足於他們所居住的陋室，只要人們限於以荊棘及魚刺來縫製他們的皮衣，以羽毛及貝殼作裝飾，以各種顏色繪

---

33 這是英國哲學家洛克（J. Locke）在《人類理解論》（*An Essay Concerning Human Understanding*）中第四書第三章第十八節中所說的話。原文為：「『沒有財產的地方，就不會發生不正義』，就像歐基里德證明一樣確定的命題。」請參見：Gourevitch: 363。

身，只要人們改善與裝飾他們的弓箭，只要人們用扁尖的石頭來打造漁船或粗糙樂器，總而言之，只要他們做一些個人即可勝任的工作，無須其他人的合作時，他們就活在自然為他們所提供的自由、健康、美好與幸福之中，並能夠持續地享受他們因為彼此獨立交往所獲得的溫馨。但是，一旦只要某人需要他人的援助時，一旦他知道擁有兩個人的儲備品其實比擁有一個人的儲備品更有用時，不平等就已經出現了，財產也因而見世，工作成為必須的，廣垠的樹林被轉變成宜人的田地，但人們必須用汗水來灌溉，在這些工作中，人們將隨著莊稼的發芽與成長，而活在奴役與悲慘中。

冶金與農耕，這兩項技藝是導致這場大革命的發明。那使人變得文明並使其失去人性，對於詩人而言，是金與銀，但對於智者而言，是鐵與小麥。對於美洲的原始人而言，他們均無知於冶金與農耕這兩項技藝，因而一直維持原始的生活方式。其他民族儘管學會這兩項技藝其中一項，似乎仍然維持野蠻的生活狀態。這或許造成一個很好的理由解釋為什麼歐洲，如果不是比較早，至少在相對世界其他地區而言，一直在比較開化的情況下，同時擁有最大量的鋼鐵與最富足的小麥。

人們如何知道以及使用鐵，是非常難加以假想的，原因是，在知道結果為何之前，難以相信人們自己能夠想像，從鐵礦中提煉出物質，然後又加以融合。從某方面，我們也不能將這個發現歸因於幾場偶發的大火，因為鐵礦只形成於乾燥的區域，不被樹木與植物所覆蓋。因此可以說，自然防範我們發現冶金這個祕密。唯一的可能，是火山爆發所造成的特殊情況，噴發出來的物質中有融合的金屬，引發讓一旁觀察到的人想去模仿自然過程的念頭。此外，還需要假設他們具有進行這一件艱鉅工作的勇氣與

前瞻的能力,遙遠地面對他們將從冶鐵中所獲得的好處。這只有頭腦比較發達的人才能想到,而那時的人無此智慧。

至於農業,人們早在實際耕作前,就已經知道它的原則。對於不停止地從樹木與植物取得食物的人而言,說他們沒有任何概念從自然發現植物生長過程,是幾乎不可能的。但是,在農業技藝的發展上,他們卻可能是非常遲緩的,這或許是因為靠打獵與捕魚已經獲得食物,果樹又無需他們照顧的緣故,或是因為不知道小麥的用處,或是缺乏種小麥的工具,或是未能預見未來的需求,或是因為沒有方法防止別人侵佔收穫等緣故。我們相信,當人們變得比較懂得這技藝時,在尖石與細棍輔助下,他們早在知道如何種植小麥,以及獲得量產小麥的工具之前,先開始在茅屋周遭種植些許蔬菜與根莖類作物,卻不知,在獻身於種植小麥,開始播種之前,必須先下決心為了以後的收穫,必須犧牲一些東西。我曾說過,對於那些在早上仍無法想像晚上需要什麼的原始人而言,這個遠見對於他們的心靈,是遙不可及的。

為了迫使人們應用農業技藝,發明其他種類的技藝是必須的。從人們必須熔化與鑄造鐵的那一刻開始,就需要其他的人為他們提供食物。當工人的數目成倍地增加時,為大家提供生活而操勞的手也將減少,卻並不因此而少了消耗食物的嘴。因為生產食物的那一方,需要交換鋼鐵,所以生產鋼鐵的那一方,終將發現以鋼鐵成倍地交換食物的祕密。從這時候起,一方面形成勞動力與農業,而在另一方面形成冶金技藝的發展與各種可能的應用。

伴隨土地耕作,必然出現土地的分配,即那一度承認為,最能代表初始正義原則的財產。為了還給每個人屬於自己的東西,首先是每個人都能夠擁有東西。此外,當人開始將眼光放在未

來，並每個人注意會失去財物時，沒有哪一個人不會害怕因他自己加諸於他人的損害而遭受報復。這個財產觀念的起源是如此地自然，使得我們無法想像除了來自個人勞動力之外，會來自別的可能。所以，為了擁有非個人所創造的事物，我們看不出，人除了他的勞動力之外，還能再附加上什麼。就是這個勞動力，使得勞動者在他所耕作的田地生產上，獲得權利，也獲得土地的權利，至少到收成時，如此一來，年復一年，就成為一個持續性的所有，並容易地轉變成為財產。格勞秀斯曾說，當古人給農神塞蕊斯（Cérès）「立法人」的名稱，並將一個讚美祂榮譽的祭典稱之為「德斯摩佛立」（Thesmophories）時，他們的意思是，土地的分配產生一種新的權利[34]。這就是財產的權利，它與自然法所導致的結果是不同的。

如果人皆有一樣的才能，那麼在此狀態中的事物或許是平等的，正如鋼鐵的使用與食物的消耗處於平衡的狀態中。但是，這個無從維持的比例很快就受到破壞了。強壯的人，作得最多；靈巧的人，從自己的工作中獲得較多的利益；最有才能的人，找到縮短工作的方法；耕作的人，需要更多的鋼鐵；鎔鑄的人，也更需要小麥。在他們同樣工作時，一方越賺越多，而另一方卻連維持生活都有困難。在不知不覺中，自然不平等搭配各種組合的不

---

34 荷蘭法學家格勞秀斯（1583-1645）在其《戰爭與和平的權利》（*Le Droit de la Guerre et de la Paix*），第二書第二章第二節中所說的內容。塞蕊斯（Cérès）是羅馬神話中的農神，在希臘神話中稱為德蜜特（Demeter）。盧梭在這裡所企圖表達如下內容：「當引用一個女神的目的在於為保護私有財產的法律提供來源時，這些法律創造出一種新權利。這正如同說，人引介神的主要目的，就是為了要『神聖化』私有財產（否則該財產將不安全）」。請參閱 Master: 239。

平等而展開，人的不同，在環境的不同催促之下發展，逐漸出現更為明顯，更為長久的結果，並在相同比例中，開始影響各種人的命運。

事情發展到這個地步，接下來的也就不難想像。我不停下來談論其他技藝的發展，語言的進步，才能的試驗與展現，財富的不平等，財勢的使用與濫用等，以及誰都可以輕鬆地加上，緊跟著這些而推衍出來的細節。但是，我限制自己，僅對於處在新秩序中的人類瞥一眼。

這就是我們發展出來的各種能力，其中有記憶力與想像力展開活動，自重之愛加強了，理性顯得活躍，心靈幾乎到達完美的狀態。這些也是所有自然特質付諸行動的結果，使得每一個人的地位與命運，不單建立在財產的多寡以及服務或陷害人的能力上，也建立在心靈、美麗、力量或技巧，在人的優點與才能上，唯有這些特質，才能夠引發注意，並且應該快速地擁有或使用它們，為了個人的利益，應當展現我們與事實上不同的狀態。真實與表面變成兩種完全不同的事物，在這個區別中，發展出驚嚇人的吹噓，迷惑人的計謀，以及所有附帶的惡行。在另一方面，人先前是自由與獨立的，但現在我們可以說，因為各式各樣的新需求，有的仰仗自然，也有那些企求於他人的，縱使變成他同類的主人，在某一意義而言，他成為同類的奴隸。如果富裕，他將會需要他同類的服侍；如果貧窮，那他將會需要他同類的援助。若是不窮與不富，卻也不能使他們脫離對其他人的依靠。他應當不斷地吸引其他人來關心他的命運，讓他們無論在事實上或表面上，發現工作不但是為了他的利益，也為了他們的利益。與某一部分人在一起，他表現得狡猾與虛假，與另一部分人在一起時，則表現得蠻橫與強硬，並且當他不害怕，也不能在服務他人中獲

得自己的利益時，他勢必濫用所有他需要的人。最後，貪婪的野心，那想累積財富的慾望，它並非因為真正的需要，而純粹是為了要凌駕在他人頭上的慾念，在所有人當中，啟發了一種人人相互加害的惡性發展。在表面下，它隱藏了祕密的嫉妒心，但為了更確定達成目的，經常偽裝在仁慈的面具之下。總言之，經常在掩飾慾望之下，一方面出現競爭與敵對，另一方面出現利益的衝突，為的總是損害他人而獲得自己的利益，這些壞處都是財產造成的初期結果，也都是新生不平等之下不可分割的附屬品。

在發明代表財富的象徵之前，財富概念指的就是土地與牲畜這兩種能夠被人擁有的事物。然而，當遺產數量不斷累積與擴充，並延伸至所有土地，讓所有領土比鄰而居時，沒有哪一塊領地可以在不侵入他人領地而得以擴張，那些因為弱肉強食所導致的絕大多數無財產人，就變成一無所有的窮人。他們周遭的所有事物均在變化之中，卻只有他們自己沒有任何改變，他們只能從富人手中領取或偷竊求生資源。從這兒，就開始出現因為個人不同命運所導致的統治與服侍，或是暴力與掠奪。原先，基於自己立場並不能理解統治樂趣的富人，很快地將會置所有其他樂趣不顧，但求利用舊的奴隸來降服新的奴隸，想的都只是讓鄰人服膺與稱臣，正如同那飢腸轆轆的惡狼一般，一旦嚐過人肉之後，牠除了吃人之外，再也不吃其他食物了。

就是這樣，最強大的人，或是最悲慘的人，依照他們的權力，或是他們的需求，宣稱這是可以佔有他人所有物的權利，並且依照他們的觀念，這等同於財產權利的應用，於是平等被最恐怖的混亂所取代。這就是富人的霸佔，窮人的搶劫，各種無節制的熱情，使自然憐憫心偕同那微弱的正義之聲音一起窒息，並展現出人的吝嗇、野心與惡毒。在最強者之權利與最先擁有者的權

利之間，發生一種永恆的衝突，它只會因為戰鬥與謀殺而停止
(R17)。初始社會變成最可怕的戰爭狀態。可恥的與悲痛的人類，
無法再走回頭路，也無法放棄他所獲得的不幸戰利品，濫用曾經
榮耀他的才能，全力以赴卻其實是在羞辱他，把自己推向毀滅的
邊緣。

受到新罪惡的驚嚇，成為富人也是悲慘的人，

他會立即從財富旁逃走，並且痛恨他曾祈求並獲得的東西[35]。

人不可能對這樣一個悲慘的情況，或是這些壓在人身上的災
難不作反省。尤其是那些富人，他們一定感受到一個永無止境的
戰爭狀態對他們是多麼不利，他們在這狀態中要付出多少代價，
並在生命上、在財產上皆面對威脅。此外，他們雖然可以在霸佔
的財產上作一點掩飾，但他們充分地感覺到，這些權利的宣稱，
都是不確定的與浮濫的，因為實際獲得它們的原因就是武力，但
武力同樣可以從他們這兒奪走這些，並且他們沒有理由抱怨。即
使那些完全因勤勞而致富的人，卻也幾乎不能將他們的財產放在
一個更好的標題之下。他們會說：「這是我建的牆；我透過工作
獲得這片土地。」人們可以這麼回答他：「誰給了你圈地的線，
又憑藉什麼，使你假稱因為一個我們從來不曾要求你做的工作，
讓我們吃虧，而你獲得工作的獎賞呢？難道你不知道嗎，多少弟
兄面對生存危險，或因為你享受太多，而導致他無法滿足生活上
的需要，而且若是你想要佔有在你生存之外的公共資源時，你難
道不需要取得所有其他人明確與一致的許可嗎？」富人缺乏一個
有效理由來自我辯護，與足夠的力量來自我防禦時，雖然富人確

---

35 盧梭在這裡引羅馬詩人奧維德的詩文，指涉對象為祈禱能夠點石成金，但最
終卻無東西可吃的希臘神話米達斯國王（King Midas）。

實可以輕鬆地摧毀任何反對的個人，但他自己也會遭受成群盜匪的摧毀，而且是以一對多，同時又因為富人相互嫉妒心理之故，無法與其他同伴團結在一起，對抗那些因為洗劫的理由而聚集在一起的敵人。富人因為在緊急情況的逼迫下，最後在腦中浮現出人類從來不曾想過的最周詳計畫。這就是在攻擊者之中募集一支武力為他服務，把敵人變成保護他的人，啟發他們各種道理，為他們建立其他的制度，這些制度對富人之有利正如同自然權利對富人之有害一樣。

富人向鄰居展示目前恐怖的情況：人人武裝，並互相攻擊，擁有財產如同擁有需求一樣是具有負擔的，並使得富人與窮人都無法感受到安全。為了使他們達到富人的目的，他就發明了華而不實的理由。他對他們說：「讓我們團結在一起，為了要使弱者不受壓迫，限制有野心的人，確保每一個人應有財產的安全。讓我們立法設置大家都應遵守正義與和平的法規，沒有人可以例外。對於命運的反覆無常，這些法規做出修正，並將強者與弱者同置於相互盡義務。簡言之，與其將我們自己的武力用來攻擊自己，讓我們一起聚集成一個最高權力組織，它依照明智的法律治理自己，保護以及防禦所有組織成員，驅逐共同敵人，並讓我們一起維持在一個永久的協同之中。」

誘惑那些容易受吸引的粗野人，我們無需一個類似於上面這樣的敘述，而且他們又因為彼此牽涉太多糾扯不清的事情以致不能沒有裁決者，並且由於有太多的貪婪與野心，以致不能長期沒有主人。他們都歡迎加諸他們的鎖鍊，相信它們確定了他們的自由，因為即使有足夠的理由察覺一個政治體制的好處，他們也都缺乏能夠預見它危險的經驗。最能夠預見政治體制將如何被濫用的人，正是那些想要在體制中獲利的人，即使是有智慧的人，也

會認為應當犧牲一部分自由，來換取其他部分的保存。這想法，正如同一個受傷的人，割斷一隻手臂，救治其餘的身體。

這曾是，也必然就是社會與法律的起源。它們給了弱者新的絆繩，又給了富人新的力量(R18)，卻不回頭地破壞了自然自由，永遠設定了財產與不平等的法律，一個精緻的霸佔變成一種無可挽回的權利。從這時開始，為了一些野心人的利益，將所有的人類置於勞動、服侍與悲慘的情境之中。我們可以清楚地看到，一個社會的成立必然會造成所有其他社會的出現，以及為了抵抗聯合的力量，本身必須團結起來。各種社會叢生並快速擴張，覆蓋在大地上的每一個角落，直到我們無法在世界上找到任何地方的人，能夠掙脫枷鎖，不將頭置於那終其一生都看得到，但經常盲目行使的利劍之下。因此，公民法就變成了所有公民的共同規則，自然法則僅在不同社會之互動中佔據一席之地，並且在萬民法的名目下，自然法則變得緩和多了，原因在於那些使人彼此往來成為可能與補償自然憐憫性的默會約定。在不同社會之中，這自然憐憫性幾乎喪失了所有它原先介於人與人之間所發揮的力量，而僅存於少數幾個世界主義者的理想之中，跨越分離人民的想像障礙，並且仿照創造人民的造物者之榜樣，把所有人都籠罩在他們的仁慈中。

這些存在於自然狀態中的政治體，馬上感受到迫使人想離開該狀態的理由。這個自然狀態，在這些大政體之中比先前由個人所組成的那種自然狀態更加致命。從這兒發展出民族戰爭、戰鬥、謀殺、報復，使得自然顫抖，迫使理性驚嚇，並製造出各種恐怖的偏見，將流血的光榮列視為德行。最誠實的人竟學習怎樣勒死同伴，當成他的義務。最後，我們看到人們在不知為何的情況下，成千上萬地相互廝殺。他們在一天的戰鬥所殺的人，和在

攻取一城中所造成的恐怖，比全世界在自然狀態中幾世紀以來所殺過的人和所造成的恐怖更多。這就是人們在看到人被分成不同社會之後的初步結果。現在讓我們再回到制度面。

我知道，針對政治社會的起源，許多人已經提供各式不同的主張，例如強權的征服，或弱者的結合，對於這些原因的選擇不影響我所企圖建立的東西。然而我剛提出的原因，對我而言是最為自然的，理由如下：1）第一種情形中，征服者的權利，因並不是真權利的緣故，所以不能夠產生其他權利。征服者與被征服者之間，因而一直處在戰爭的狀態中，除非被征服的國家重獲自由，自願地選擇他們的征服者為領袖。直至目前為止，一方由於在暴力之下作了一些讓步，但就此事實而言，這些讓步什麼也不是，因而在這假設情況中，既不會出現真實的社會，也不會有政治體，唯一會出現的法則就是強者為王；2）在第二種情形中的「強」、「弱」二字是模糊的。在建立財產權或第一人佔有權的制度與政府制度之間，這些字的意義可以比較適當地透過「富」、「貧」來表達，因為事實上，人在有法律之前，除了攻擊他人財產，或將之佔為己有之外，沒有其他的方法可以用來降服他人；3）窮人除了自由可失之外一無所有，因此除非發瘋了，沒有窮人會無代價地自願放棄他唯一的財產。反過來說，富人對於財產中的每一部分均極為敏感，並比較容易受傷害，因為為了確保安全，他們必須採取許多預警措施，我們也就可以合理地相信會去發明某樣東西的人，一定是那樣東西對於他們有益處的人，而不是對他們有害處。

最初的社會並不具有穩定規律的形式。缺乏哲學思考與經驗的結果，僅讓我們感受當下的各種不便，而人們想到要糾正其他的不便，是它們顯示的時候。縱使有最有智慧的立法人在辛勤工

作，政治情勢卻一直處於不理想狀態中，原因在於政治社會均始
於偶然，而一開始就不好，一段時間後又發現缺失，再提出挽救
的方法，以至於一直無法修正組織中的問題。人們不停地補正，
卻不能像利庫格（Lycurgue）36在斯巴達所做的那般，就像蓋建築
物，必須先清理地面，並且拆除舊物。社會最初僅具一些所有成
員遵守的普遍規約，它們使社群能夠保護它的每一份子。經驗即
足以顯示，這些應在公眾的見證與判斷下維持，但一個這樣的組
織是多麼脆弱，又多麼容易讓違法的人，逃避違法的認定與處
罰。人們不但可以從各種方式逃避法律，各種不便與混亂還會不
斷地增加，直到最後人們想到將公共威權的危險責任賦予少數幾
個人，又要讓統治官員擁有執行人民決議的責任。這些也說明，
斷言領導是在聯邦成立之前就被選出來了，或是法律執行者的存
在先於法律的命題，都是無法加以捍衛的命題。

　　相信人們在最初，既無條件又不可逆轉地將自我投入一位絕
對主宰手中，並相信那既驕傲又難以馴服的人想出第一個維護公
共安全的方法就是活在奴役之中，是不合乎常理的。事實上，如
果不是為了對抗壓迫，以及保護他們的財產、自由、生命等那些
求生的基本要素，為什麼他們要自設主宰呢？然而，在人際關係
之中，對於某人會發生最慘的事，就是看到自己受另一個人的支
配，若一個人開始將原先自保的東西，棄置於某一主宰的手中，
而他正需要主宰來保護這些東西，這豈不是違反常理嗎？主宰可
以提供什麼相等的東西來換取一項如此珍貴的權利之放棄？還
有，如果這位主宰膽敢在保護人民的藉口下做出此要求，那他不

---

36 利庫格是傳說中存在於西元前7、8世紀的人物。根據古代神話式的記載顯
　示，利庫格是將斯巴達憲法引向全民平等，重視武德的軍事政體的立法人。

馬上就得到寓言中的那個回答：「敵人對我們還會比這要求做出什麼更壞的呢？」所以毫無疑問的，所有政治權利的基本原理，就是人民為自己設立主宰的原因，即為了保護他們的自由，而不是為了奴役他們。就小普里尼對於羅馬帝國皇帝圖拉真（Trajan）所作的〈頌辭〉中所說[37]：「如果我們擁有君王，那目的就是為了要防止主宰的出現。」

對於「喜愛自由」這個概念，政客們做出類似哲學家對於「自然狀態」所作的詭辯。他們依恃眼見的事物，卻針對他們從未見過的不同東西做判斷，還賦予人們一種因為忍耐力而生成的「自然奴性」。他們這麼說，是因為看到人們能忍耐那奴役的生活，卻不曾想到，自由其實是如同天真與德行般的事物，只有在享受它們的時候，我們才能感受到它的價值，而當我們失去這一切的那一刻起，這一切價值都不見了。就像是布西達斯（Brasidas）對一個將斯巴達生活與波斯城生活作比較的波斯執政官所說的[38]：「我知道貴國的好處，但您卻無法得知我國之中的甜美。」

這就如同一匹未被馴服的駿馬，豎直鬃毛，以蹄擊地，激烈地拒絕靠近牠的嚼子；然而，馴服的馬則有耐性地忍受馬鞭與馬

---

37 這裡所提的普里尼是前面那位老普里尼的侄兒，所以一般均稱為小普里尼（61-113 A.D.）。小普里尼於西元100年，在他升任羅馬參議院執政官時，對於圖拉真皇帝所作的〈頌辭〉，是羅馬時期有關頌揚式的文章（panegyric）中最為著名的的範例。

38 布西達斯是西元前422年那個時代的一位斯巴達將領，曾經在雅典聯軍與斯巴達聯軍引發的伯羅奔尼撒戰爭（431-404 B.C.）期間的前十年中參與戰爭，立下戰功。這是布西達斯回答一位波斯執政官質問他，為什麼斯巴達不願意歸降於波斯時，他所做的答覆。

刺。原始人不願像文明人那樣，整日無怨無悔地套著枷鎖低頭；他寧願擁有粗暴的自由，也不要活在安詳的屈服之下。因此不應當以屈服者的低下性格來判斷人的自然天性是否贊成或反對屈服於他人，而應該以所有自由的民族對抗壓制所做的驚人事蹟來判斷人的自然天性是否贊成或反對屈服於他人。我知道，第一批人只會不停地炫耀他們在鐵牢中所享受的和平與安逸，「他們稱呼一個悲慘的奴役國家，為一個和平的國家。」[39] 但是，當我看到那些放棄娛樂、安逸、財富、權力，甚至生命，就是為了保存他們僅有的財產的時候，對於已經失去這財產的人，卻反而蔑視這財產；當我看到那些天生自由的動物，在憎恨圈禁之下，向牢籠的鐵條撞傷頭的時候；當我看到很多赤裸的原始人都蔑視歐洲的享樂，無視飢餓、火焰、鐵鍊、死亡，目的就是為了要保存他們的獨立時候，我覺得活在奴役中的人，並不適合作自由的理性思考。

在有關「家長式威權」方面，很多人相信絕對政府與整個社會都是由家長式威權派生出來的，我們無須引用洛克（J. Locke）與西德尼（A. Sidney）的相反論證，只需要注意，在這個世界上，與粗暴的專制體制最不相同的，就是這種威權的溫柔。它重視服從者的利益，而不在意施令者的好處。依照自然法則，父親只有在孩子需要照顧的期間，才算是孩子的主人，而在這段時間之外，他們是平等的。同時，完全獨立於父親外的孩子，對他只需尊敬，無須服從，因為報恩確實是子女應當表達的義務，但卻

---

39 這句話的原文為 "miserrimam servitutem pacem appellant"，引自雪梨（Algernon Sidney, 1623-1688）去世後於 1698 年所出版的《有關政府的論文》（*Discourses Concerning Government*）。

不是父親應當要求的權利。因此，與其說公民社會衍生自家長權力，倒不如說正好相反，家長權力來自社會。一個人只會在子女環繞他周圍時，才會被承認為他們的父親。父親確實是他財產的主人，他的財產是使孩子們依附於他的連結。作父親的可以在死後依據他認為子女對他自發的尊敬程度，按照比例將財產分給值得的子女，然而，這和子民們期待從統治者那獲得利益是完全不同的，因為子民們以及所有的一切，都被視為君主的財產，至少他佯稱如此。他們被迫將君主給予他們自己的財產，當成恩惠來接受，當他剝奪這些財產時，算是正義；當他讓他們活著時，算是施恩。

透過權利來繼續檢視事實，我們在自願形成暴君政治的說法中，找不到一點堅實理由，也發現不到真相。單獨要求一方接受另一方的契約，是很難證明契約的有效性，因為那種契約損害締約人：將所有的給予其中一方，而另一方卻一無所獲。這種可恥的制度，即使在今天，依然是完全無法與智者、賢君的制度相提並論，尤其是法國的國王，我們在各處都能看到他所下的詔書，例如在1667年，由路易十四所頒佈的一段詔書中所說的：「朕絕不言，為君者不服國內法律之語，其理在於，不如此，即為一合萬民權利之事實，也是諂媚逢迎者所意圖攻擊者，而賢君者，像保護神一樣捍衛國家。智者柏拉圖所言極合法理，國之所極樂者，民服君，君服法，而法應正，且總是以公共福利為方向。」我不停下來探討這問題，即毫不保留地放棄所有造物者贈與我們最珍貴的東西，即人能力中最為珍貴的自由，來做所有祂禁止我們做的一切罪行，目的就是為了討好一個兇殘或瘋狂的主宰，如此是否降低人的天生本質，與受奴役的家畜一般，甚至冒犯創造我們的造物者？我也不停下來探討是否這個神聖的造物者看到祂

最好作品遭到破壞，當比看到祂最好作品遭到羞辱，而應感到更困擾。我僅僅問，這些不怕把自己貶低的人，憑藉什麼權利，將他們的後代交付給同一屈辱，並代表後代放棄那在假冒的慷慨大方中所沒有的東西？問題是，生命一旦失去了這些東西，就變成是一種負擔。

普芬道夫說[40]，正如同某人可以因約定或契約，將財產轉讓予他人，個人也可以為他人利益而放棄自由。對我而言，這是一個很差的論證。首先，與我分離的財產，是一項完全陌生的東西，對我而言，糟蹋它也與我無關，但是重要的是，他人不能糟蹋我的自由，而且如果被迫去做一些事，我不得不為所作之惡負責，變成犯罪的工具。更有甚者，財產權僅是人類組織中約定下的產物，所有人皆可以決定如何處置他所擁有的東西，但這東西與生命及自由這種自然所賦予的事物不同，每個人准許享有它們，卻毫無疑問地，沒有人有權利放棄它們。放棄生命，等於是否定個人存在；放棄自由，等於是毀滅內部心靈。在世上，沒有任何東西可以作為這兩者相互之間的補償，所以若將它們與任何代價作交換，等於同時否定了自然與理性。當人們真的如同對待財產的方式放棄權利時，這對孩子們將會出現非常大的差別，因為孩子們享有權利的方式，不是像父親移轉財產給他的那般，應該說自由是孩子們自然因人類本質所賦予的，父母沒有加以剝奪的權利。建立奴役制度的那種作法，需要對自然施以暴力，必須改變自然才能維繫這種制度，那些正式宣稱一個奴隸的孩子因為出生就是奴隸的法理學家，在另一種說法上，等於宣稱一個人一出生就不是人。

---

40 普芬道夫（Baron Samuel von Pufendorf, 1632-1694）是德國的法理學專家。

　　我確定的是，政府一開始就無法由一專斷的權力來統治，因為這種權力只是政府腐敗的結果，也是政府發展的極端階段，最終回到視強者為法律的單一法則，而原先政府的設置乃是要修正強者為法。而且即使這種政府真的如此開始，它的權力依然建立在那不合法的本質上，無法作為社會權利的基礎，也不能成為因制度所導致不平等的基礎。

　　現在，不作更深入研究探討有關政府基本約定本質究竟為何的老問題，我只依照一般信念[41]，將政治體的建立，視為一個人民與他們所選出的領導階層之間的真實契約。依照這個契約，統治與被統治這兩個階層都有義務，遵守用來維護團結所制訂的法律。在社會關係中，人民將所有他們的意志團結成一個共同意志，解釋這個意志的所有條文，變成全體國家成員毫無例外都必須遵守的基本法律，其中一項法律，規範執政官員的選擇與權力，要負責監督其他法律的執行。這權力延伸至維繫憲法的一切，但不至於改變憲法。我們賦榮耀予那些法律與執行它們的人，讓他們有特權，作為努力從事繁忙行政工作的補償。從執政

---

41 這裡所說的「一般信念」（l'opinion commune），指的是在盧梭當時非常盛行而且也有正義的「雙契約論」（double-contract doctrine）。在「第一個契約」下，所有的獨立個人同意，依照各自利益，集結意志與力量，共同組成一個以捍衛公共利益與安全福利為主要訴求的永久組織，並依照此訴求選擇執政人員，制訂政府形式以執政，這是國家的起源。「第二個契約」則是在這樣一個國家中，確保人民與他們所選擇治理國家的執政人員之間，彼此之間有相關責任與擔負這些責任的義務。由於「第二個契約」並沒有說明執政人員，或是擁有國家權力的人，對於人民所應盡的責任與義務究竟為何，所以「雙契約論」是有爭議的。這也是為什麼，在接下來的篇幅中，我們可以看到，盧梭並不認同「雙契約論」，理由是根本就沒有落實人民福利的可能。請參閱 Gourevitch: 367-9。

者的那一邊而言，他有義務將權力的運用限制於委託人的意圖之中，確保每個人都在最適當的安詳快樂之中，時時刻刻都偏好公共利益更勝於個人利益。

不論是經驗顯示或內心知識預見，一部憲法無可避免地會被濫用，但在此之前，由授權守護人來領導憲法似乎是比較好的，理由是他們自身的利益牽涉最深。執政者與他們的權力均建立在基本法律之上，當法律受到破壞時，執政者立即失去合法性，人民也不必再服從他們。關鍵在於：國家本質不是由執政者，而是由法律構成的，所以人就當然回到他的自然自由之中。

只要稍微仔細思索一下，誰都可以看得出來，這個新論證的契約本質不是一個不可逆轉的過程。因為如果沒有更高權力來確保所有締約人的忠誠，也沒有力量強制所有締約人履行彼此之間的承諾，那麼契約中的每一份子將只會依據自己的理由作判斷。一旦發現契約中某一部分遭某人破壞，或是另一部分對他不再合適時，每一個締約人都有權放棄契約。放棄契約權利的觀念就是奠基在這個原則上。僅就人類組織思考，我們繼續假設，如果執政官手中握有大權，又佔據契約中所有利益時，而仍有放棄權威的權力的話，那麼所有幫執政官為他們的錯誤政策付出慘痛代價的人民，有更強的理由，放棄依賴他人的權利。然而，伴隨危險權力必然而生的可怕爭執與無止境紛爭，更能夠顯示人類政府除了在一個單純的理性之外，還多麼需要一個堅實的基礎，以及為了公眾的安寧，多麼需要一個神意介入，賦予君王權威以神聖與不可侵犯之特質，去除人民那種可以自由處置它的致命權力。宗教對人只作了這點好處，即便它有時發生濫用的情況，即使在狂熱情緒中依然造成流血事件，但因為宗教為我們避免了更多流血情形，人們就應當珍惜並皈依宗教。讓我們依照假設的思路繼續

看。

不同形式政府之間差別的起源，來自各個政府成立時，個人之間或多或少的不同。假使有一個人，在權力、德行、財富或誠信極為出眾時，該如何呢？如果僅他一人被選為執政者，這就成為一個君主政府。如果有一群彼此相差不多的人，他們優於所有其他的人，又一起被選出來執政時，那這就是一個貴族政府。而那些財富與才能分配不是那麼不平均，距離自然狀態也不是那麼遠的人，就共同負責最高行政，並且形成民主政府。時間會證實哪一種政府對於人民是最為有利的。有些人只服從法律，另一些人不久要臣服於主人。公民只要維持他們的自由，而臣民只想搶奪鄰居們的自由，因為不能忍受鄰居們享受他們自己享受不到的好處而感痛苦。總之，一邊是有錢人與征服者，而另一邊是幸福與德行。

在不同形式的政府之中，最初所有的執政者都是被選出來的。後來，當財富不再是使人當選的主因時，人們選舉的偏好轉向個人功績，導致自然的威望，然後轉向年齡，產生處理事務的經驗與做決策的冷靜。希伯來的耆老、斯巴達的老人院、羅馬的參議院，甚至「領主」（Seigneur）這個字的字源，都顯示老年人在過去多麼受到尊敬。選舉的結果越是拔擢老年人，選舉就會變得越頻繁，選舉的麻煩也就越容易感覺到。詭計出現了，派系形成了，黨爭尖銳了，內戰引發了，最後，人民的血因為國家幸福的藉口而犧牲，我們又將陷入從前無政府的狀態中。領導人物的野心期望立即從環境中獲利，以圖永久維持職位在他們的家族勢力中。習慣於依賴，休閒與生活舒適的人民，再也無法脫離枷鎖，而滿意於安寧，任由奴役狀態擴大，因為這樣領導人將執政權視為家族財產般繼承，並將自己視為國家的擁有人，殊不知他

們原先只是服務官員，還直稱自己的同胞為奴隸，如同牲畜算為自己的財產，又將自己視為與神平等，是王中之王[42]。

如果我們在各種不同的變動中跟隨不平等的發展，我們將會發現，財產法與財產權的建立，是第一階段；執政制度的建立，是第二階段；然後第三與最後的階段，是將合法權力改變成為專斷權力。相對而言，第一階段允許貧富狀態的出現；第二階段允許強弱狀態的出現；第三階段允許主僕狀態的出現，這也是不平等的最後階段，並且是所有其他不平等的階段所要達到的階段，一直延續到新的革命完全推翻政府，或是使它再接近於合法制度為止。

為求理解這個發展的必然性，應該少思考建構政治體的動機，而應以執政所採的形式，以及政治體行政時所面對的困難為主。原因是，促使需要社會機構的惡，也就是使它們無可避免地被濫用的惡。一般而言，法律並不若熱情來得強烈，只能箝制人，不會改變人，唯一的例外是斯巴達，它的法律原則上監護著兒童教育，因為利庫格所建立的道德習性已經遍佈全國至無須加添法律的地步。不難證明所有政府，只要不墮落、不改變地朝著組織成立目的發展的話，就沒有必要被成立；一個國家，只要人不規避法律，也不濫用執政地位，那這國家既不需要官員，也不需要法律。

政治的差異必然導致民間社會的差異。出現在人民與領袖之間的不平等，很快地顯現在個人間，並且依照熱情、才能與環境，出現千種變化。執政者無法霸佔非法權力，除非他造就出讓同夥屬下分一杯羹的機會。此外，公民除非被盲目野心所蒙蔽，

---

42 羅馬帝國的皇帝與波斯的國王都是以「王中之王」自稱。

或只往下看而不高瞻遠矚的情況下，才會讓別人壓制，並認為被統治勝於獨立，也甘願戴著鐐銬，為的只是有自己銬其他人的機會。對於無心命令他人的人，是很難將他們限制為服從的人。最有智謀的政治家也無法奴役僅追求自由的人，但是不平等卻能在野心與鬆弛的靈魂中輕易擴散，一直準備為了好運而冒險，一直準備隨著運氣而來的好處與壞處，或是壓制人或是服侍人。因為這樣，必然出現一段時間，人民的目光被炫惑到如此地步，他們的領導人只要對最小的人說：「尊貴吧！不但你，還有所有你的族人。」然後，他好像在所有人的面前，也在自己的眼中，因為這句話，成為偉大的人；他的後代子孫與他相隔更遙遠，就變得更為偉大。當偉大的原因越是遙遠與不確定時，這種效果越增加；當一個家族中出現越多的懶人，越能使得這個家族顯著。

　　如果現在是談論細節的恰當時刻，我輕鬆地解釋在一個社會中，即使沒有政府的干預，當人與人之間被迫比較，又當他們彼此不斷互相利用，會計較彼此之間的差別時，財物與威權的不平等如何成為人與人之間無可避免的結果(R19)。這些差異有許多種類，但整體而言在社會中最顯著有四種：財富、貴族或階層、權勢與個人才能。我可以證明，這四種因素的和諧或衝突，是一個國家的組成是否良好的指標。我可以展示，在這四種不平等之中，個人才能是所有其他不平等的起源，財富差距是所有不平等化歸的最後一種，因為財富是相關於個人福利中最有用的，也是最容易交流的，可以很容易地用來購買所有其他事物。這個觀察可以相當精確地從每一個民族脫離原初制度的遠近，以及他們到達極端腐敗的途徑中判斷出。我可以特別指出追求名望、榮耀與偏好的普遍慾望如何吞噬所有人，運用與比較他們的才能與力氣，又如何刺激與增加了熱情，在使所有人競爭、敵對或成為敵

人的同時，這慾望如何每天造成許多挫折、成功與災難，使那麼多人追逐同一場競賽。我可以展示，在渴望別人談論自己的慾望下，在突顯與眾不同卻造成自我疏離的狂熱下，我們因而在人中出現較好或較壞的區別，例如我們的德行與惡行，我們的知識與錯誤，我們的征服者與哲學家──總之就是一大群壞東西相較於一小群好東西。我最後可以證明，如果我們看到一小群有財有勢的人佔據尊榮時，就有一大群活在陰暗與悲慘中的受害大眾，前一群人尊貴他們所享受的事物，正是另一群人所被剝奪的事物，同時在狀態完全不改變的情況下，如果後者不再甘願處於悲慘，那麼前者也將停止他們的快樂。

　　但這些細節足以構成一本大書的內容。於其中，對比自然狀態中的權利，我們可以衡量所有政府的好壞。於其中，我們可以揭開直到現在不平等的各種面紗，以及不平等根據各種政府與時間所必帶來的革命中出現的往後幾個世紀。透過一連串人民大眾所採納的預警對抗外在的威脅，我們依然看到人民大眾，被同樣的預警所受壓迫。我們看到壓迫一直持續增加著，而被壓迫者卻無知於什麼時候，壓迫將終止，而壓迫者又無知還剩什麼合法手段來制止這些壓迫。我們看到個人權利與國家自由如何一點一點地熄滅，弱者的要求被當成煽動者的抱怨來對待。我們看到執政方針將保護國家的榮譽，侷限於人民中的一小撮傭兵，於是我們看到如下結果：稅賦成為義務，失望的耕作者甚至在和平時期依然離開田野，並為了準備戰鬥丟棄犁具，佩帶刀劍。我們也看到致命與奇怪的榮譽規則的出現：我們遲早會看到愛國的捍衛者變成祖國的敵人，不停地舉著匕首刺向同胞。接下來的，就是人們聽到國家的壓迫者說：

如果你要我將劍插入我兄弟的胸中，

我父親的喉嚨中，我懷孕妻子的肚子中，

雖然我感到厭惡，但我依然會用我的臂膀來執行他們。

從各種條件與財富的極端不平等；從各種熱情與才能之多樣；從無用的特長；從有害的技藝；從無益的科學中，出現了無數的偏見，與理性、幸福、德行作對。為了分化聚集群眾，我們看到領袖人物，對能夠軟化他們的事物加以煽動，對所有表面團結的社會，播下離間的種子；在各種階級中，啟發一種因為權利與利益相互侵犯而生的猜忌與怨恨，結果卻增強了那箝制一切的權力。

在這些混亂與變動之中，專制政治逐漸抬起它那醜惡的頭，吞噬所有在國內它能夠感覺到的甜美與健康的東西，終將法律與人民踐踏於足下，並在共和國的廢墟中壯大。發生這個改變前的最後，是一段充斥麻煩與混亂的時期，但一切終將被怪獸所吞噬，然後人民將不再擁有領袖，也沒有法律，只剩暴君。從這時刻開始，再也不會有關於道德習性與德行方面的問題，因為凡是專制政治宰制的地方，**連光榮的行為都沒有任何希望**[43]，專制政治不容許有其他的主人；當唯一的主人開口時，沒有正直可言，也沒有諮商的必要，只有那在奴隸身上所殘存的唯一德行——盲從。

這是不平等的最後階段，也是封閉圓圈的極端點，是我們的出發點。在這兒所有的人又回到平等的地位，因為他們現在什麼都不是。子民心中只有主子的意志，沒有其他法律，而主子除了

---

43 這是羅馬帝國參議員兼歷史學家塔西陀在其《年鑑》中所說的話；原文為
  "cui ex honesto nulla est spes"。

自己的情緒之外，沒有其他規則，財產的觀念與正義的原則又再一次消失了。在這兒，所有的事物都回歸到唯一法則，即強權出頭，勝者為王，等於回到了一種新的自然狀態，但卻不同於我們先前最初的那種狀態。先前是一種純粹的自然狀態，而現在這一種則是過度腐敗的結果。然而這兩種自然狀態的差別是這麼的小，顯得人民與政府的契約是如此地受到專制政治的破壞，造成專制者是最有權力的人，就是主宰，但一旦人們有能力趕走他時，他不能抱怨暴力。以絞刑或推翻王位作結束的騷亂，與專制者日前對臣民施加生命與財富的處置，成了具有相同法律地位的行為。只靠力量維持地位的專制者，同樣也只遭力量推翻，這就是決定所有事物發展的自然秩序，而且無論這些經常又短暫的革命所導致的事件如何，沒有人有資格抱怨其他人的不正義，只消抱怨自己的不慎，或不幸。

發現與跟隨這些已經遺忘或失落的道路，能夠帶領人們由自然狀態到公民狀態，同時加上我先前所說的那些中繼過程，我重建曾因為受限於時間壓力所必須刪除的部分，以及不曾在我先前的想像中出現的那部分，如此每個專心的讀者都將因為看到這兩種狀態之間的巨大差別而感到震驚。在這些事物緩慢而持續的發展之中，他將會看到一個解決之道，克服了那個哲學家不能解決的問題，即和道德與政治相關的無數問題。他將會感到，生活在某個時代的人，不同於生活在另一個時代的人；第歐根尼（Diogène）[44]之所以不能找到人的原因，在於他在當代人中尋找

---

44 第歐根尼（413-327 B.C.）是流亡至雅典的犬儒派（l'école cynique）。他特立獨行的行為，在雅典的街頭上留下許多軼事。此處盧梭所談的，是他在白天提著一盞燈，當別人問他提燈做什麼的時候，他答道：「我在找人。」

已過時的人。他將說，卡東要與羅馬及自由共存亡，那是因為生錯時代，以及若這個最偉大的人能早在五百年前管理政治的話，一定震驚世人。總而言之，他將解釋，人的靈魂與熱情如何在不知不覺中改變，這也可以說改變了本性。為什麼在長時期中，我們的需求與喜好的目標會改變。為什麼原始人會逐漸消失，而社會在智者眼前展示的，只是一群虛假又充滿造作情緒的人，這是新社會關係的產物，卻沒有任何自然的真實基礎。我們在先前反思的內容，獲得觀察充分地確證，原始人與開化人在內心深處與性向是如此的不同，使得一方視為最高幸福的事物，卻在對方的觀點中成為遺憾。前者只願生活在休閒與自由之中，只要活著與閒著，即使是斯多噶學派的「不動心」（l'ataraxie）[45] 也無法接近他們對於其他一切事物所抱持的那種漠視的態度。相反地，現代公民經常非常積極，流汗，活躍並且不停地為找尋更為費力的工作而終日忙碌。他一直繁忙終生，工作到死，他為了能夠活著，甚至冒死；為了獲得永生，放棄生命。他奉承自己所憎恨的大人物與所蔑視的有錢人，他為了獲得服侍他們的榮耀，不遺餘力。他自傲地誇耀自己的卑鄙，以及他們的保護；他對受奴役感到光榮，在談到那些沒有資格來分享這一切的人時，反而透露出輕視的神情。對於加拉伊波人而言，這種痛苦的工作方式是多麼令人驚訝，但對於一個做官的歐洲人而言，這種工作多麼令人羨慕

---

45 「不動心」（l'ataraxie）是希臘哲學中的一種心靈狀態，其意義主要指的是心靈的寧靜。最早出現於「先蘇哲學家」（Pre-Socratic Philosophers）原子論者德莫克拉圖斯（Democritus）對於宇宙事物的和諧狀態的描述。在「希臘化哲學」（The Hellenistic Philosophy）中的三個主要哲學學派裡（斯多噶學派、伊比鳩魯學派與懷疑學派），「不動心」並不是一種心靈的自然狀態，而是一種倫理的理性態度，必須費功夫才能將心靈提升至寧靜中。

呀！對於那無拘無束的原始人而言，寧願多少個殘酷的死刑，也不願過這樣的生活，因善做的喜愛經常無法軟化這樣的生活！為了要讓原始人能理解如此勞神的目的，權勢與名譽這種字的意義，必須先存在於原始人的心靈中，他要知道有一種人在意於所有其他人的眼光，這種人在他人的認證下，而非自己的肯定中，才會感到幸福與滿意。事實上，這正是導致所有區別的真正原因：原始人為自己而活，但社會人卻活在他人的議論之中，而從他人的唯一判斷中，社會人獲得存在的理由。以下皆非我的主題；如何從這樣一個性向中，產生對善惡的漠不關心，還帶有道德上的美好論述；如何一切歸於表面，一切變得既人為又造作；榮耀、友誼、德行，甚至惡行本身，變成炫耀自己的秘訣；簡單說，我們如何總是向他人詢問我們是誰，又從不敢向自己提出這問題的人。如何在如此多的哲學、人文、禮儀與高尚定理之中，我們所擁有的，只是迷人卻無用的外表，缺乏德行的榮耀，沒有智慧的理性，也沒有幸福的歡樂。對我而言，只要我已經證明如下斷言就足夠了：這絕不是人類的原初狀態，而僅因為社會的精神，加上社會所產生的不平等，就足以在這種方式下，改變與腐化所有人類的自然性向。

　　我致力於呈現不平等的起源與發展，以及政治社會的建立與濫用，並說明它們如何能夠從人類自然本性，經由理性的發展，逐步衍生而成，並無須藉助經由賦予君王主權以神聖權利的崇高教條加以說明。跟隨著這個呈現，那原先在自然狀態中的不平等幾乎不存在，但在我們能力的發展，以及在人類心靈的進步之中，取得它的力量與成長，最終透過財產與法律制度的建立，變成穩定的與合法的。同時，更進一步，它也呈現出那因人為法律而訂立的道德不平等，而每當道德不平等無法與生理不平等相提

並論時，它就與自然法相反。這個區別足以決定，我們應該如何
思考，所有文明人受到哪一種不平等的統治。這麼說的原因是，
無論在任何定義之下，這個不平等的情況都明確地違反了**自然的
法律**，就像是說，孩童可以對長者施令，愚者能夠指揮智者，以
及當飢餓的大眾連生活必需品都不足時，一小撮人的生活裡卻充
斥著無用的虛榮品。

註腳

　　註腳說明：依照我斷斷續續工作的懶習慣，我在這份作品上增加了一些註腳。有時這些註腳離題太遠，導致閱讀文本上的不適。因此，我將它們置於論文最後，在論文本身部分則盡量維持順暢。有勇氣的讀者，或許可以自娛地在第二回，尋找獵物，並且嘗試閱讀這些註腳，找尋未盡之餘興；如果其他讀者省略它們不讀，也不會造成什麼損失。

　　R1. 希羅多德（Hérodote）[46]告訴我們，在殺了假冒的斯美笛斯（Smerdis）[47]後，波斯的七位解放者聚集在一起，討論將為國

---

[46] 希羅多德，西元前5世紀（約484-425 B.C.）的古希臘作家。把旅行中的所聞所見，以及第一波斯帝國的歷史記錄下來，著成《歷史》（L'histoire）一書，成為西方文學史上第一部完整流傳下來的散文作品。

[47] 斯美笛斯是西元前6世紀建立波斯帝國的國王居魯士二世的大兒子巴帝亞（Bardiya）的希臘名字。由於居魯士並沒有讓他繼承帝位，使得後來的權力問題成為幾位兄弟之間爭執的焦點。巴帝亞在西元前522年神秘地遭到暗殺，反而讓一位名叫噶馬塔（Gaumata）的查拉圖斯特拉教徒，趁機假冒斯美笛斯之名，即位成為帝國國王，幾個月後遭到謀殺與篡位。

家採用何種政府體制時，奧單尼斯（Otanès）[48]強烈建議採用共和
體制。從這位古波斯省長嘴中所提出來的意見，是多麼地不尋
常。姑且不論他本人對於帝國的宣稱為何，其他的王公大侯們均
對於這麼一個要求尊重所有人的體制之意見感到嚇得要命。當然
可想而知的，奧單尼斯的意見不受歡迎。但是，眼見其他人汲汲
於選立帝王時，既不想聽從，又無意命令的奧單尼斯，只好自願
讓出爭取帝王大位的權利給其他競爭者，轉而要求授予他和他後
代子孫的自由與獨立作為補償；他後來獲准得到這些補償。即使
希羅多德沒有另外告訴我們那些賦予奧單尼斯特權的限制，那麼
人們也可以假設某些限制必然存在，否則在無須遵守任何法律，
也無須對任何人負責，奧單尼斯可以成為國中最有權力的人，甚
至比國王更有權力的人。然而，一個享有這樣特權的人，很難想
像他會濫用它。實際上，無論是奧單尼斯本人，或是他的後代，
都沒有跡象顯示這特權在國家中惹出任何麻煩。

　　R2. 從一開始，我有信心依靠一個廣受哲學家尊重的權威，
因為他的論述僅依附在那唯獨哲學家才能發現與辨識的理性，那
既堅實又高超的理性。

　　無論我們多麼想要了解自我，我懷疑我們是否對於不屬於自
我的事物知道得更多。自然賦予我們各種用來自保的器官，但我
們僅用它們來接收自我以外的印象。我們僅著重於向外擴展自
我，以及存在於自我之外，在過度強調多元地使用我們的感官知
覺，以及擴大我們存在的外部範圍之下，我們因而極少應用那約
制我們於真實尺度，以及區分自我與外在的內在感覺能力。然

48　奧單尼斯是波斯帝國的貴族，也是當時殺死偽君噶馬塔的七位策謀者之一。
　　他後來在西元前522年9月29日輔助大流士一世（Darius I）為國君。

而，如果我們若是想要理解自我，那非用這種內在感覺能力不可，只有透過它們，我們才能對自我做判斷。但是我們要怎麼做才能充分運用這感覺能力，並充分發揮它的功能呢？我們又如何清除在擁有它的靈魂之中，那些幻想呢？靈魂長期棲居於吵雜的肉體感覺之中，並在激情的炙烤下乾枯，我們早已失去了應用靈魂的習慣。實際上，我們的心靈、精神與各種感覺均致力反對靈魂的存在。（布逢，《博物誌》，卷四，頁151。[49]）

R3. 從長期以雙腳走路的原因，導致人體結構改變的觀點來看，從人的雙手與動物前肢類似來看，加上從人與動物走路的方式所作的引申來看，在在都讓我們懷疑，對於人類而言，什麼是他們最為自然的走路方式。每一個小孩幼小時均以四肢爬行，並且還需要在大人示範與指導下，才能學習如何以雙腳直立行走。甚至有一些原始的民族，例如南非的霍騰圖人（les Hottentots）[50]，因為大人不注意小孩的緣故，所以自幼小開始就讓他們用手輔助走路，一直到後來再糾正時，都出現很大的困難。另外，在安地列斯的加拉伊波人（les Caraïbes des Antilles）[51]，也是這樣養孩子的。事實上，還有許多「四腳人」的例子。我可以舉1344年在赫斯（Hesse）所發現的「狼孩」為例，他後來曾在亨利國王的

---

49 此處所引的內容為布逢子爵（Georges-Louis Leclerc, Comte de Buffon, 1707-1788）的《博物誌》第三卷〈有關人的本質〉裡的內容。

50 霍騰圖人原先為居住在南非西部地區的游牧民族，今天則集中在西南非的南部，使用霍騰圖語言。

51 加拉伊波人（或稱之為加力普人〔les Karibs〕）原先在歐洲人於15世紀抵達時，居住在小安地列斯山與蓋亞那地區，並以加力普語裔族群對抗阿拉瓦克語裔族群（Arawaks）。18世紀時，加拉伊波人被遷移至多明尼加與聖文森地區，後來則與世隔絕地分別居住在瓜地馬拉與宏都拉斯這兩個國家。

皇宮中說，如果他不受王室拘留，能夠做決定的話，那麼他寧願
回到狼群中，也不願與人共處。他先前因為習慣以動物方式走路
的緣故，使得後來他必須被迫以木頭夾腿強迫站直，平衡雙腿。
1694年，在立陶宛森林中所發現的那個與熊共處的小野人也一
樣。貢狄雅克先生[52]說，這個「野人」完全沒有理性，以四肢行
走，不會說話，發出一些與人語言完全不同的聲音。在漢諾瓦所
發現的小野人，幾年前被帶到英國皇宮時，想要讓他用兩腿走
路，就發生了各種困難。還有在1719年於庇里牛斯山區中所發
現的兩個小野人，以四肢並用的方式，奔馳於山區之中。如果因
為這些例子，而提出反對意見，宣稱為人類提供許多便利的雙
手，竟捨而不用的話，我們必須回答說：除了猴子確實能夠以兩
種方式運用手外，這反對意見只能讓我們說，人的雙手可以用在
自然所賦予的用處以外，而更加舒適，卻不能說，自然注定人們
的走路方式，不同於人們受她教導的走路方式。

　　但對我而言，有更好的理由說，人是一種以雙足走路的動
物[53]。首先，即使有人能夠顯示人在起初不同於我們所看到的樣
子，然而最後變成現在的樣子，這也不足以結論事情應是這樣
的。因為在展示了這些轉變的可能性之後，但在接受它們為真

52　貢狄雅克（Étienne Bonnot de Condillac），法國哲學家，生於1715年，卒於
　　1780年。他於1740年放棄教士生活後，來到巴黎，並與盧梭相識。在與盧梭
　　交往的這段時間中，他著有兩本作品《人類知識起源論》（*Essai sur l'origine
　　des connaisances humaines*, 1749）與《感覺論》（*le Traité des sensations*,
　　1755）。

53　雖然盧梭在這裡引用了許多依照動物習性而生存的「野人」案例，但是他實
　　際上接納希臘哲學傳統，認為直立走路才是人類的「自然本性」。請參閱
　　Gourevitch: 372。

前，我們仍然需要檢視它們成為真實的可能性。此外，如果假設
人的雙手的確在需要時能夠當成前肢行走，那麼這只是一個對於
這個假設有利的觀察，卻無視於其他許多反對的觀察。這些主要
觀察有：一、人的頭部與身體的連結不同於其他許多動物那種雙
眼可以左右環視的連結，這個連結結構使得一旦人類以四肢行走
的話，那麼他的視野將只能集中於地面，並因而造成對於生存極
為不利的處境。二、人沒有尾巴，事實上在走路時，他也不需要
尾巴，但相對於其他動物而言，尾巴對於以四肢行走的動物具有
普遍的用處，說明何以牠們沒有例外，都有尾巴。三、女人的胸
部，不但非常適合於直立行走，也可以將小孩置於胸前，但是對
於以四肢走路的動物而言，這種胸部結構卻會造成困難，其實也
沒有以四肢行動的動物，胸部是長成這個樣的。四、若是人類以
四肢行走的話，那麼他們的後半部比前半身高很多，以至於在行
走的時候，必須以膝蓋爬行。這使得人類成為一個因比例錯誤而
不良於行的動物。五、如果這個以四肢行走的人將手足平放於地
上時，他們相較於其他動物的後大腿上，少了一個介於炮骨與脛
骨的關節。若是必須放平腳趾頭，這是個走路時不得不做的動
作，先不論這個腳掌的跗骨必須由多少塊骨頭所組成，就說這腳
掌大到讓炮骨不能運作，並因為蹠骨與脛骨之間過於接近的緣
故，必然使得人類在走路時，無法像四足動物的後腿那麼具有彈
性。那些曾經與動物共處小孩的例子，指的都是一些年幼，自然
發育尚未完成，四肢能力還不強健的小孩，因此不足以用來證明
什麼。否則我是不是同樣也應該說，因為狗在幼年期也只能爬行
的緣故，就說日後所有的狗都不會走路了呢？甚至引用那些無法
與其他民族溝通，並且在行為上缺乏模仿對象的民族所代表的特
殊案例，對抗普遍事實是沒有什麼效用的。一個遭到丟棄的孩

子，在學習走路之前就獲得其他動物哺乳，使得他模仿那撫養他的動物之行為和走路的樣子。習慣給他自然所沒給的方便，就像是一個缺了手臂的人，在長期的練習下，成功地用腳做出我們常人以手所做出來的事情，那丟棄的孩子最終將把手當成腳來使用。

R4. 如果我的讀者之中有程度不夠的科學家，則他們很可能會提出異議，反對地球擁有豐富資源的假設，我將以布逢的這一段話來回應他們。

> 因為植物從空氣與水中所吸收的養分，多於從大地裡所吸收的養分，所以當植物枯朽時，它們還諸於大地者，必然多於它們取之於大地者。此外，因為森林能夠保持雨水不蒸發，所以，在不曾開發的樹林中，長期以來土壤中的養分就不斷增加。然而，正如同動物回饋於大地者遠低於牠們取之於大地者，再加上人類不斷砍伐樹木與植物作為取暖與其他用途之故，必然導致居住區土壤中的養分不斷耗竭，一直到最後變得像阿拉伯的沙漠一般[54]，或是像其他最早就有居民的東方地區，今日成為充滿沙礫的鹽鹼地，原因就是只有動植物中的鹽分凝固保留下來，而其他部分則都消失了。（布逢，《博物誌》，巴黎，頁354-5）

我們可以從最近幾世紀所發現的荒島，曾覆蓋滿各種樹林與植物來見證這個實例。我們也可以從歷史上閱讀到，所有人口密集的地方與文明發展之區域，都必須砍伐大量的森林。在此，我

54　盧梭在原文中所指的地區是「阿拉伯－佩德艾」（L'Arabie Pétrée），是羅馬帝國版圖中位居中東地區的一省（省會為佩德艾）。現為約旦、敘利亞、西奈半島以及沙烏地阿拉伯西北部這一地區。

必須另外增加三點說明：第一、根據布逢的說法，如果植栽的方式可以彌補動物在植物生態上所造成的破壞，那最重要的就是樹，因為樹的樹梢與枝葉比其他種植物更能匯集與融合水與蒸氣；第二、土地的破壞，也就是土壤養分的耗竭，必然與地球上農業與工業人口消耗地球各種資源的幅度成一定的比例；第三、也是最重要的，為動物提供食物，樹木所結的果實多過植物；我本人曾經做過類似的實驗，在等同等質量的土地上，一邊種栗子，另外一邊種麥子。

R5.在四足動物中，最能突顯食肉類的兩項最普遍特徵為：第一是牙齒的形狀；第二是腸子的結構。草食性動物，例如馬、牛、羊、兔，都有很平的牙，而其他肉食性動物，例如貓、狗、狼、狐，則都有尖牙。至於腸子，唯獨食果實動物擁有食肉動物所沒有的結腸。因此，就人擁有與食果實動物相似的牙齒與腸子來看，他應當算是這個範疇中的動物。這不但是解剖學中所觀察到的結果，在古希臘的文獻中，我們就已經能夠找到相關的看法。例如，聖傑若姆（St. Jerome）[55]就說：「笛西爾克（Dicéarque）[56]在他的書中講，在農神（Saturne）的統治之下，當時大地依然肥沃，所有的人吃自然所生的水果與蔬菜而不吃肉（出自《駁斥喬凡尼》[Against Jovinianus] II, 13）」[57]。在此人可看

55　聖傑若姆（347-420 A.D.）是早期基督教神父，其最為著名的貢獻，就是將《聖經》翻譯為拉丁文。

56　笛西爾克（350-285 B.C.）是古希臘哲學家，也是亞里斯多德所開設的〈學園〉（Lyceum）的學生。

57　《駁斥喬凡尼》（Against Jovinianus）是聖傑若姆所著，其主要目的是反對《喬凡尼》書中的觀點，尤其是有關女性的部分。這本書在後來被視為古代歧視女性的主要著作，在中世紀造成重要影響。盧梭在 1782 年附加內容：「這

到，我捨棄可以支持我觀點的看法不談，因僅從肉食動物為食物而獵殺，與食果實動物和平相處來看，若人類屬於後者，很清楚看到人類應當在自然狀態中生活得更為輕鬆，很少需要有機會脫離這個狀態。

R6. 所有需要反思的知識，所有需要聯想各種理念與歷經長久時間才能完善的知識，都完全超越了野蠻人的認知範圍。原因是野蠻人缺乏與同伴溝通的能力，也就是沒有溝通的工具，或是根本就沒有溝通的需要。他的認知與技藝僅止於跳、跑、打鬥、投石與爬樹。雖然這是他所有僅會做的，但在這些事情方面，他必然比我們強，因為我們對於這些技藝的需求，遠不如野蠻人來得強烈。還有，因為這些技藝全然依賴身體的鍛鍊，再加上既無須溝通，也不需要從個人轉向他人以求精進的緣故，所以在這些技藝方面，無論是這個人以及他的後代子孫，都是一樣的好。

旅遊報導之中，充滿了有關這些野蠻原始國家子民強壯、精實的例子；這些記載極力稱讚他們的靈巧與敏捷。只需睜大眼睛閱讀這些事實，我們沒有理由不相信這些記載的真實性。我因而就手中首批翻閱的書籍中，摘錄幾個例子說明之：

柯爾班（Kolben）[58]說：「霍騰圖人相較於住在好望角的歐洲人，更瞭解打魚的技巧。無論是在海灣，或是在河流，他們捕魚

個觀點受到許多現代旅遊者進一步的證實。例如寇黑亞（François Coréal）就記載，那些被西班牙人遷移至古巴、聖多明尼哥，以及其他地方的路凱雅（Lucayes）居民，常因吃肉而死亡。」

58　柯爾班（P. Kolben），是18世紀的探險家，1731-1738年在倫敦出版著作《好望角的現況》（*Present State of the Cape of Good Hope*）。這一本書中主要描寫的西南非人被當時的荷蘭殖民者稱為霍騰圖人（Hottentots），這個稱呼現在被認為是有歧視意味的。現在均以「克依克依人」（Khoikhoi）稱之。

的技術，像是漁網、魚鉤或倒鉤，都有同樣的靈巧。他們單憑雙手，也可以靈巧抓魚。他們也是精湛的泳者，尤其是他們的泳姿中，還有一種令人咋舌的特色。他們游泳時，直立著身子，並且伸平雙手於水上，遠看起來，他們就像是在地上行走一般。在最為驚險的海中，當大浪如排山倒海一般捲向他們時，他們總是能夠像一塊軟木般，起起伏伏地在浪頭上舞蹈著。」

同一位作者還說，霍騰圖人的打獵技術極為高超，而且行動速度之快超過想像。作者甚至訝異於他們並沒有經常應用這些技能做壞事，縱使有也是偶爾發生的事情。誠如作者提供例子中所做的說明：「一位荷蘭水手在好望角靠岸時，雇用了一位霍騰圖族人，背負著約二十磅的一袋菸草，跟隨他一同進城。」當他們離開其他船員有些距離時，這位霍騰圖族人就問這位荷蘭水手會不會跑步。這個荷蘭人就說：「會呀！而且，跑得很快。」「好極了，那我們來試試」，這位非洲人回答後，就帶著這袋菸草跑了，並立即消失蹤影。這位水手對於這種跑步速度感到訝異的同時，壓根兒還沒想到追趕，也就再也沒見到他的菸草與腳夫了。

「他們有機警的視線與穩健的手法，遠非歐洲人所及。在一百步的距離，他們能夠投石擊中如銅錢般大小的目標，更讓人感到驚訝的是，他們在瞄準目標時，不像我們用眼鎖定目標，而是不斷地移動與扭曲身體。他們的石頭好像被一隻看不見的手帶過去一般。」

德戴特（du Tertre）神父[59]對於西印度群島野蠻人的報導，也類似於我們先前所引用居住在好望角的霍騰圖族人例子一般。

---

[59]　德戴特（de Tertre, 1610-1687）是道明會的神父，於 1654 年在巴黎出版《聖克里斯多夫島的博物誌》（*Histoire générale des Isles de Saint Christophe*）。

他特別誇讚他們用箭準確射中飛鳥與游魚，然後潛入水中抓魚。北美洲的野蠻人也同樣強壯與機巧。我這兒還有一個例子，證明南美洲印地安人也有類似的能力。

1746年，一位布宜諾斯艾利斯的印地安人在凱第克茲（Cadix）城遭判刑，服苦勞役時，向州長要求讓他在公共節慶時冒生命危險以贖回他的自由。他承諾，除攜帶一根繩索外，將以赤手空拳，制伏一頭最兇猛的公牛。他還說，他將拉倒公牛，並聽令於旁人，綁住公牛的任何部位，然後上鞍，佩上韁繩，騎這公牛。不但如此，他還能騎上這頭牛後，再馴服兩頭從鬥牛場放出來最兇猛的牛。同時，一旦得令，他可以立即將兩頭牛一頭接一頭殺了，無須任何人的幫助。他的請求獲准，並且也實現了所有的承諾。有關於他是怎麼做到的，以及搏鬥的細節，讀者可以參考高捷（Gautier）先生[60]所著之《博物誌觀察》第一卷之第二百六十二頁中有關這些事實的記載。

R7. 布逢說：「就如同所有其他種類的動物一般，馬的壽命與其成長所需的時間成正比。人也一樣，當他用十四年的時間成長，可以活到與此時期六到七倍長的壽命，也就是九十到一百歲。馬以四年成長，加上六到七倍的時間，可以活到二十五到三十歲。不符合此規則的例證極少，所以例外並不足讓人獲得結論。這就好像體型大的馬較諸體型小的馬所需成長的時間較短，所以牠們的壽命也比較短，並在十五歲，就已經衰老了。」

---

60 這個高捷不是在〈第一篇論文〉中盧梭辯論的那位。他是Gautier d'Agoty，也是1752-1758年在巴黎出版的期刊《博物、物理與繪畫觀察》（*Observations sur l'histoire naturelle, la physique et la peinture*）之編輯。盧梭的故事來自這份期刊的內容。

R8. 我自信在食肉動物與食果實動物之間，看到一個比我在註腳5中所提過的內容裡，更為普遍的差別，因為這個差別也適用於鳥類。這個差別是，在每一胎中所生的幼兒裡，草食動物中極少有超過兩隻的數量，而在肉食動物中，一般而言均超過這個數目。從雌性動物的奶頭數目中，我們很容易可以看得出來，自然規律在這一方面所顯現的意圖，也就是在前一種動物中，如馬、牛、羊、鹿、綿羊等，奶頭數目均不超過兩個，而在另一種動物裡，例如狗、貓、狼、虎等，則經常有六到八個奶頭。雞、雁、鴨等，就如同鷹、鷲或梟一般，都是肉食性禽類，都下出多數量的蛋。但是，這種情形絕不發生在如鴿、斑鳩，或其他只吃穀類的飛禽中，牠們一次至多只下兩個蛋。造成這個差別的理由是，只吃草類與植物的動物，幾乎整日必須遊走於草地，並花大量的時間覓食，以至於無法養育過多的下一代。然而，肉食動物則因為可以瞬間吃飽的緣故，也可以比較從容地與經常地回去哺乳幼小的子女，以及再回去捕獵，使大量奶水的消耗得以恢復。關於這一切，仍須許多特別的觀察與思考，但在這一節中，論證這些在此並無必要，因為只要能夠在自然的普通系統中，將人類從肉食動物中區分出去，並歸類在食果實動物中，那這對我而言就足夠了。

R9. 一個知名的作者[61]分別列舉人生中的幸福與痛苦，然後將它們加以比較，並結論道：人生中的痛苦，遠超過幸福。他還認為不管怎麼說，生命對於人類而言，是一個悲慘的禮物。他的結論並不會令我感到訝異，因為他的論述對象就是一個文明人。

---

61 這個作家很有可能指的是茂貝圖斯（Pierre Louis Maupertuis, 1698-1759）於1749年在柏林所出版的《道德哲學論》（*Essai sur la philosophie morale*）。

如果他回溯至自然人的話，那麼我可以很篤定的說，他將會提出非常不同的結論。他將認為人除了自己所造成之痛苦外，並沒有其他痛苦，自然因此而重獲清白。我們也發現人類是歷經千辛萬苦才讓自己到達如此不快樂的境地。讓我們想想，人類一方面達成如下這麼多的成就：這麼多科學被深研、這麼多藝術被發明、這麼多力量被使用、裂縫被填滿、山峰被移平、岩石被打碎、河流可航行、土地被淨空、湖泊被挖掘、沼澤被弄乾、豪宅在大地聳立、船隻與船員遍佈海面。但是，在另一方面，當我們稍微想想這一切成就為人類真正帶來些什麼好處時，我們將無法停止對於這兩者之間的不成比例感到驚訝，也不會停止悲悼人類的盲目。為了增長人類愚妄的傲慢，和我所不知的那種自以為是的讚美，導致他們熱烈地追逐所有他們能夠感受到的悲哀，那些自然本來不企圖讓人有的悲哀。

　　人是惡的，這一點是憂傷與不斷的經驗讓我們無須再證明的。然而，人就其自然本質而言，是善良的，而且我自信我也已經展示了這一點。那麼，如果不是他體質的轉變，如果不是他締造的進步，如果不是他所獲得的知識，那是什麼導致人墮落至如此地步呢？無論你怎麼讚揚人的社會，實際上社會總是使人因為利益衝突的比例而相互憎恨，而且表面上假裝彼此提供服務，卻實際上使對方受到各種可能的傷害。誰能想像這是一個什麼樣的交往，在其中每一個人的自私理性要求自己的形式準則，與社會公共理性所昭示的形式準則，正好相反！在這個交往之中，難道每一個人在他人的不幸中，尋覓他的利益嗎？幾乎沒有哪個富人的死亡，不是他那貪婪的繼承人所祕密期待的，而且經常就是他自己的子女。沒有哪一艘發生海難的船，不是某些商人所期待的好消息。沒有哪一棟房子發生火災，不是那些債務人所期待，希

望看到它連同欠債文件一起燒個精光。沒有一個國家，在鄰國發生災難而不感到慶幸的。就是這樣，我們每一個人，在同伴的損失中找到利益，而且一個人的損失，幾乎就是另一個人的福氣。但是，更為危險的是，公共災難成為一群人所期待與尋找的。有些人期待疾病，有些人期待死亡，有些人期待戰爭，有些人期待飢荒。我曾親眼見過，惡劣的人，悲傷地因為收成太好而哭泣。可怕的倫敦大火奪走許多不幸人的生命與財產，卻也為上萬人帶來財富[62]。我知道蒙田曾經指責雅典人德瑪德斯（Demades）[63]，因為他處罰一個趁公民死亡而提升棺材價格的工人。然而，蒙田所說的卻是：「所有人都應被處分」，這點很明顯地證實了我的看法。因此，讓我們在一切虛幻的善行底下看仔細，我們內心的底層在想些什麼？讓我們想想，在什麼情況中，人們必須被迫同時相互撫摸，又必須彼此毀滅？又是什麼，讓人們因為義務而成為敵人；因為利益而成為騙子？如果我得到的答覆中，說社會是一個這樣的組織，於其中，每一個人因為對他人提供服務而蒙利的話，那麼我會回答說，這是很好的，假如他不傷害別人而獲得更多的利益的話。沒有哪一種合法的利益可以與非法的利益相提並論。對於鄰居施加傷害所獲得的酬勞，必然超過對他們提供服務所獲得的酬勞。唯一剩下的問題，就是找尋方法，確保自己安然無恙。這也就是全體有權勢的人用盡力氣，以及所有弱勢的人利用狡猾，希望能夠達成的目標。

　　當野蠻人用餐之後，他與整個自然和平共處，他是同類的朋

62　1666年發生在倫敦的嚴重火災，估計摧毀城市的五分之四。

63　德瑪德斯（380-318 B.C.），是古希臘的演說家，出身寒微，但因為口才而在雅典獲得崇高的政治地位。

友。他不會偶爾有面對爭奪食物的情況嗎？有的，但他絕不會在衡量贏得食物勝算，以及在其他地方找到食物的可能性之前，就與其他人打鬥。因為野蠻人沒有面子的問題，所以爭執都簡單在幾個回合中結束，勝者大快朵頤，敗者他處覓食，然後一切立即恢復平靜。然而對於在社會中的人，這一切將非常不同。首先，這是一個有關生活必須性的問題。然後，這是一個有關多餘價值的問題。再來，就是享樂；再來，是大量財富的累積；再來，臣民；再來，奴隸。社會中的人一刻也不閒著。最特別的是，越不自然與越不急迫的需求，反而越容易引發更多需求，甚至更糟，還導致更多滿足這些需求的權力。這樣一來，歷經長期繁榮，消耗許多財源，以及挫折許多人後，最後所產生的英雄，就是那個在世間割斷所有人喉嚨的唯一主宰。這就是每一個文明人一生，或至少內心裡暗藏的道德側寫。

　　你們無偏見地將文明人與野蠻人的生存條件做比較，如果你們能夠的話，研究一下，文明人在擁有的惡質、需求與悲哀之外，如何對折磨與死亡，開啟了新的大門。如果你們考慮到，心靈中的痛苦對於我們所進行的折磨，粗暴的情緒使我們疲憊與憂傷，窮人身上所負擔的過度勞動，以及富人沉溺於更危險的奢靡之中，導致前者因需求而亡，後者反因縱慾而死。如果你們想想他們所吃的混雜食物，有毒的調味料，腐壞的食材，摻合的藥物，賣這些東西的人所進行的騙術，供應這些東西的人的錯誤，以及在鍋盆烹煮的毒物[64]。如果你們注意人群聚集的惡氣所引發出的傳染病，我們那些細緻的生活所引發出的疾病，如居家時進

---

64 盧梭與18世紀當時許多人一樣，認為銅製造的鍋盆所烹飪的食物會有毒性（Gourevitch: 373）。

出室內或室外的活動、不在意地換穿各式衣服，以及對於感官過度照料所轉成的必要習慣。一旦忽視或失去這些照料時，將造成生命或健康的損失，如果你們計算那些能夠摧毀都市的大火與地震，造成數以千計居民生命的損失。總而言之，如果你們合計出所有這些原因持續導致生命危險，那麼你們將可以理解，自然如何深深地讓我們因為忽視她的教訓，而付出慘痛的代價。

　　在此，我不再討論我在他處所討論過的戰爭，但我願所有受過教育的人，能夠願意，或大膽向大眾說出，軍糧與醫療器材的供應商在軍隊中所造成的恐怖細節。我們看到他們所做的事情，以幾乎公開的方式，讓精銳部隊消失，並讓士兵死亡，更多於死在敵人的武器之下。其他還有同樣令人感到訝異的統計結果，例如算算每一年遭大海吞噬的人中，有多少人其實是死於飢餓、壞血病、海盜、火災，或船難。很清楚我們必須讓財產制度，也就是社會本身，為謀殺、毒害、道路行搶負責。還有，這些罪行的懲罰，是必要的懲罰，目的在於防止更嚴重惡行的發生，但實際上往往因為一人遭殺害，卻使兩人或更多人的生命喪失，所以事實上是以兩倍的數目，增加人類生命的損失。又有多少種可恥方法，妨礙子女的誕生，欺瞞自然。或是以粗暴與卑鄙的嗜好，侮辱自然最具有吸引力的工作。這些嗜好是野蠻人與動物均無所知的，但在文明國家中，為墮落的想像所生。或是以祕密的墮胎，為了解決私下縱慾的結果，或是為了維護惡質虛名。或是以棄嬰，甚至殺嬰，使得大批小孩，成為他們父母的貧窮或他們母親的殘忍羞愧下的犧牲品。最後，或是以那些不幸的人遭到閹割，將他們的一部分存在，以及他們所有的後代，均為了一些沒有用的歌曲而慘遭犧牲，甚至更可憐的，這些都是為了幾個人粗暴的嫉妒心，所作的無謂犧牲。這個最後提到的閹割，在兩方面激怒

了自然：一是犧牲的人所遭受的待遇，另外就是他們生命中被注定的用處。

然而，有很多以父權之名違反人道的例子，他們不是上千倍地更頻繁也更危險嗎？又有多少才能與性向，遭受父權那不智的限制與壓迫！又有多少人，原本在適當的環境中可以有優異表現，卻在另一個不適當的環境中，抑鬱以終，並蒙羞辱！又有多少快樂但並不門當戶對的婚姻，遭受干擾或強迫分離的命運。還有在一連串違背自然的環境中，多少貞潔的婦女反遭凌辱。又有多少經由利益，卻否定愛情與理性之下，所促成的怪異聯姻！有多少誠實而且有德的配偶，卻因為被強迫配對的緣故而相互折磨！有多少年輕人，成為父母貪婪下的犧牲者，被父母推入惡行的行列中，接受除了金錢外，沒有任何意願的姻親，導致他們終日以淚洗面、悲嘆呻吟！有時候，快樂僅屬於那些人，因為他們的勇氣與德行，在強迫他們陷入罪惡與失望的野蠻暴力前，終結了他們的生命。原諒我這麼說，因為作為父母的必然悔恨，其實我對於數落你們的痛苦，一樣感到後悔，但我所做的，可以對所有人展示一個可怕的例證，如果他膽敢以自然之名，違反自然所賦予的神聖權利！

如果你以為我在此所提的，都是在文明社會中所出現的失敗婚姻，並因而以為在那些以愛與寬容所主導的婚姻中，就沒有任何的壞處嗎？如果我展示人類在其繁衍後代上遭遇打擊，那麼會發生什麼樣的後果呢？在最為神聖的姻親關係中，人們不再傾聽於自然的指示，轉而先參酌自己的錢包。社會中善惡混淆的結果，壓制慾望成了防止犯錯的預警，甚至節制生育，都成為符合人道的行為。然而，我無須揭開遮蔽多項恐怖的面紗，讓我們先指出其他人必須提出彌補辦法的一些惡行。

　　我們指出這些會導致人們短命，或損害身體的不健康行業（例如，礦場的生活、煉礦的工作，尤其是鉛、銅、汞、鈷、砷，以及雄黃）；再加上其他每天導致許多其他傷亡的行業（例如，瓦匠、木匠、石匠、開採石礦的工人等）。如果將所有建構社會與締造進步所衍生的負面因素聚集在一起，那麼人們將能夠理解，不少哲學家在建構過程中，針對人口銳減結果所做的解釋。

　　貪婪之人之所以無可避免地追求舒適與謀求他人尊重的目的，必然就是奢華。奢華很快地完成自有社會以來，所有會發展出來的惡行，並且在幫助窮人生存的藉口之下，其實不應該這樣做，奢華剝削了所有的人，遲早將導致全國人口的銳減。

　　人們說，奢華能夠彌補惡，但它其實比能夠彌補的惡更差。甚至可以說，它本身就是無論大小任何國家中最差的惡。並且為了餵飽它所造成成群的奴僕與悲慘的人，奢華就破壞農民與城市公民。奢華就像南方的焚風，夾帶大批嗜食的昆蟲，在青草與大地上，奪取有益動物賴以生存的食物，並在所經之處，均帶來飢荒與死亡。

　　從社會以及它所生成的奢華中，帶來了自由與機械的技術、商業、文學以及所有其他那些沒有用的東西。它們在繁榮工業的標竿下，以追求富裕為目的，卻摧毀了國家。情況變得惡化的原因很簡單：農業就其本質而言，很明顯地是所有謀生技藝中，利潤最少的。原因是在於它生產的是所有人的必需品，必須能夠合乎比例地滿足窮人所能支付的價格。於是我們反而提出如下原則：所有謀生技藝中的獲利率，與該技藝之用處成反比。因此，最必需的物產，終將成為最受忽視的技藝。從這兒，我們理解，發展工業的真正好處在哪，以及它進步結果的真實影響。

　　這些都是導致悲慘至為明顯的理由，因為它們，富裕反而使

最受尊重的國家沉淪。當工業與藝術發展進步的同時，受蔑視的農夫身上背負著維持奢華所必須的稅賦，他的生命中只有勞動與飢餓兩種組成，農人因而必須放棄鄉下，遠赴城市尋求他應帶來的麵包。當首都越能夠在愚昧的眼神中，激發出受人崇敬的感覺，我們越要在棄耕與休耕的鄉野中哭泣，看著大街上充斥著不快樂的公民。他們不是變成乞丐，就是轉為盜匪，最終不是在車輪下，就是在貧困中，結束了他們痛苦的生命。國家以如此的方式一方面不斷增加財富，而在另一方面弱化自己與減少人口，並因而使得最強大的王室，在幾次努力增加財富卻減少人口之後，最終自己反而成為窮國家的獵物。這些窮國家在無法抗拒侵略他人財物的致命誘惑下，征服他國而富有，然後衰弱，直到後來他們自身亦遭到他人的入侵與殲滅。

　　麻煩人們為我們解釋，是什麼原因產生了那些無數蠻族，讓他們幾世紀以來，能夠壓制歐洲、亞洲與非洲呢？是因為他們藝術的精巧，或是因為他們法律的智慧，還是因為他們制度的完備，使得他們能夠擁有如此大量的人民嗎？讓我們的學者仁慈地告訴我們，為什麼這些兇猛與粗獷的人在沒有累積出科學、沒有規訓、沒有教育的情況下，卻不會在他們的原野上或獵場中，隨時隨地相互殘殺，而是生養眾多呢？再讓我們的學者為我們解釋，為什麼我們口中那些悲慘的人，膽敢虎視眈眈地看著我們這種有才智的人，擁有如此精湛的軍事訓練、縝密的規定，以及充滿智慧的法律的人呢？還有，請學者也解釋一下，為什麼北方國家在社會進步之後，卻花功夫教導老百姓彼此的責任，以及如何愉悅與和平地相處在一起，卻未能產生出先前所締造出來的大量人口呢？我很擔心某人會回答我說：這些偉大的成就，例如藝術、科學、法律，都是人類以無比智慧所發明的產物，好像是有

益的瘟疫一般，來防止人口過度成長，以免我們存在的世界變得太擁擠。

　　那怎麼辦呢？我們必須摧毀社會，取消財產所有權，並回到森林與熊共處嗎？我的對手將會提出這麼一個使其自身蒙羞的結論，而我先指出。你們啊！上天的聲音對你們而言是充耳不聞，你們認為人在安然度過一生之外，不再有其他目標。你們大可在城市中，放棄那些致命的收穫、受干擾的心靈、攪亂的心思，以及混亂的慾望，重新拾回（因為你們自身就可以決定這麼做）你們古早以及最初的天真。你們回到森林，忘卻當下的人犯罪的場景與記憶，你們無須擔心，因為放棄惡行而連帶地放棄啟蒙之故，降低人類。至於像我這樣的人，情慾已經永遠摧毀原初的單純，不再能夠依賴草葉與核果維生，也不能不生存在法律與統治者的保障中。然而，那些從他們的祖先起，曾經光榮地受教於超自然的課程的人們，那些意圖首先賦予人類行為長期以來已不再能獲得的道德性，以及一句箴言的理性，其本身無視於任何系統，亦非是從任何系統推論出來的人們。簡言之，那些相信神的旨意是在引導整體人類朝向天上知識與幸福的人們。所有這些人都會透過學習與理解德行，而努力實踐德行，致力於贏得他們所期待的永恆獎勵。他們將因此而尊重他們所屬社會的神聖關係，友愛身邊的人，並全力為他人提供服務。他們將悉心尊崇法律、以及訂立法律與執行它們的人。他們將特別榮耀賢君，因為他知道如何防止、救治，以及減輕各種經常讓我們感到無助的濫權與惡行。他們將用無恐懼又非諂媚的方式，激發值得受尊重的官員們的熱情，向他們展示他們的工作多麼偉大，需要強烈的責任感。然而，他們依然會蔑視那種僅維持在一群可敬的人輔助下的憲政制度。這些人徒具受尊重的外表，但他們的出現來自想像而

非實際，以至於在他們的輔助下，人民只會在這種制度中，面對真實的災難，多於佯稱的益處。

　　R10.無論是透過我們自己的觀察，或是透過旅遊者與歷史學家的記載，所有我們知道的人類種別裡，有黑人、白人、紅人，有的直直長髮；有的頭髮長得像羊的捲毛；有的幾乎全身是毛髮；有的卻連鬍鬚都沒有。過去或現在一直有人擁有極為高大的身材，就不談那些矮人族，因為他們可能只是誇大的傳言。然而我們都知道，拉朋人（Lapons），尤其是格陵蘭人（Groenlandais）都比一般人身高要矮。還有的報告說有人像動物一樣有尾巴。即使不盲然相信希羅多德（Herodotus）或克特西亞斯（Ctésias）[65] 的報導，我們至少從他們那裡得到如下信念：如果在古代觀察不同人之間在生活方式上的差異，遠較今日人種之間的差異為大的話，那麼我們可以在身體形狀與習性上，觀察到令人更驚訝的差別。這些既容易取得，又無可反駁的事實，只會使某些人震撼不已，因為他們只習慣於觀察周遭的事物，無知於外在環境的差別，也不在意空氣、食物、生活方式，以及日常習慣對人強而有力的影響，尤其對這些因素在幾個世紀中所締造出來的驚人結果更加無知。今天，當貿易、旅遊與佔領已經將不同的人更結合一起，在頻繁接觸下，使得各種不同生活方式越來越相似的時候，我們注意到某些民族的特徵也在逐步消逝當中。例如今日的法國人已經不再如同拉丁史學家所描述的那般高大、金髮，與白皙，不過由於與同為高大金髮的法蘭克（Franks）人和諾曼（Normans）人種混血，長時間下來應該可以降低法蘭克人因與羅馬人接觸，在身體內部結構所造成的那種並非是氣候使然的影

65　克特西亞斯是西元前5世紀的古波斯國的醫生與歷史學家。

響。這些實際發生在人類身上因各種因素所造成的變化觀察，促使我懷疑那些似人形的動物被當成野獸的理由，就是因為它們未經深入研究，而單就表面的差異被旅遊者不視為人。或是因為這些動物不能說話而不被當作人，但是有沒有可能是真正的野蠻人，因為他們自古即散居在山林中的緣故，使得他們無從發展潛能，無能得到任何增進生活的方法，因而一直處於最原初的自然狀態中。讓我舉一個例子來說明我的意思。

《旅遊誌》一書的翻譯者曾說：「在剛果國中，人們看到在東印度群島稱之為猩猩（ouang-outangs）的大型動物，牠們是一種介於人類與狒狒之間的動物。」巴特爾（Battel）[66] 敘述在魯安格斯（Loangos）國中的馬用巴（Mayomba）森林裡，人們見到兩種怪獸。其中，體型較大的一種叫做朋格（Pongos），另外體型比較小的那一種叫做安傑可斯（Enjokos）。「前面那一種長得與人極為相似，但體位較壯碩，身材也較高。在一張似人的臉中，它們的雙眼深陷在臉眶之中。它們除了很長的眉毛之外，手、頰與耳均無毛。雖然它們身上部分長滿了毛，卻不甚濃密，並呈現暗褐色。最後，它們與人類的最大區別是腿部，因為沒有小腿的緣故。它們抓著頸部的毛，直立而行，住在森林之中，睡在樹上，還懂得建造一種遮蔽風雨的屋頂。它們的食物以水果與堅果為主，但從不吃肉。在森林有夜晚點火習慣的黑人注意到，當他們在隔天早上離開宿營地時，朋格會佔據營火，並聚集營地，直到營火熄滅為止，因為雖然它們擁有靈活的行動能力，但卻不知道加塊木頭就可以延續火焰的常識。

---

66 巴特爾（Andrew Battel, 1565-1645）是英國商人。布奇斯引用巴特爾在巴西與安哥拉的所見所聞於其作品中。

　　昔日它們成群行動，有時會殺害進入森林的黑人。有時候，面對入侵的大象，它們就會以拳頭或木棒作勢攻擊，干擾象群，並迫使它們一路吼叫離去。朋格從不被活抓，因為它們勇猛到連十個人都無法制伏它們。但是黑人在殺死母朋格後，抓到一些依偎在死去母親身邊的小朋格。當一隻朋格死了，其他的朋格會用樹葉將屍體蓋住。布奇斯（Purchass）[67]在與巴特爾的對話中，提到有一隻朋格如何誘拐一個小黑人，並共處了一個月。它們不會加害令它們感到驚訝的人類，至少如果人像這個小孩一樣不招惹朋格。對於第二種動物，巴特爾則未加以詳述。

　　達普（Dapper）[68]證實在剛果國中，有許多這種在東印度群島被稱為猩猩的動物，其意思就是「森林中的居民」。非洲人則叫它們「科雅斯‧摩羅斯」（Quojas-Morros）。他說這種動物與人相似的程度之高，讓許多旅遊者覺得它們是由女人和猴子雜交而生。這個奇想，連當地黑人都不能接受。曾經有一隻猩猩從剛果送往荷蘭給國王菲德列克‧亨利（Frédéric-Henri）[69]。這隻猩猩高若三歲小孩，胖瘦適中，但方形身材，比例均勻，非常活潑有力，有一雙遍佈肌肉又有力的腿。還有它的前胸無毛，後背則長滿了黑毛。初看之下，它的臉酷似人形，但鼻子卻長得扁平與彎

---

67 布奇斯（Samuel Purchas, 1575-1626）英國旅遊作家。這裡所提到的是他在1613年於倫敦所出版的作品《朝聖；世界遊記與各時代的宗教》（*Pilgrimage; or, Relations of the World and the Religions Observed in All Ages*）。

68 達普（Olfert Dapper, 1635-1689）是荷蘭的醫生與地理學家。雖然他從來沒有離開過荷蘭，但他在1668年出版的名著《非洲的描述》（*Description of Africa*）一直是研究非洲的參考資料。盧梭在此所摘錄者，就是布奇斯引用這本書的內容。

69 荷蘭國王，生平為1584-1647。

曲，耳朵也似人形。因為是雌性的，所以它的胸部鼓起，肚臍深入，肩膀的型態很好，手掌分成手指與拇指，小腿與腳跟皮厚肉多。經常以雙腿直立行走，能夠扛起相當重的東西。當想喝水時，它能夠一手舉起水瓶倒水，還會以另外一隻手拖住瓶底，喝完後還會慢慢地擦一下嘴。它平躺著睡，會用枕頭睡覺，很巧妙地給自己蓋上東西，活像是一個人睡在床上。黑人描述與這種動物相關的各種奇怪故事，說它們不但會以暴力對待婦女與女孩，也膽敢攻擊帶武器的男人。簡單來講，我們有非常多的理由說，這就是古代神話中，那種活在森林中的半人半獸（satyre）。門羅拉（Merolla）[70] 在記錄非洲人狩獵時，所捕獲的野性男女，指的可能就是這種動物。

在《旅遊誌》第三卷中，有更多這類人形的動物，以貝哥斯（Beggos）與曼卓爾（Mandrills）為名稱。但是，單就我們前所引用的角度，來看這些所謂怪物的描述，我們發現它們與人類的相似程度之高令人震驚，它們與人類的差異甚至少於人與人之間的差異。我們不解為什麼在這些記載中作者不能逕稱這些動物為野蠻人。但很容易猜出原因是，這些動物愚蠢以及不能言語的緣故（後者是一個很差的理由，因為雖然人自然地擁有說話的器官，但言語本身卻不是自然的，尤其對那些知道言語的完美性能夠將文明人提升至一個距離自然狀態多麼遙遠的地方）。這些簡短的描述方式，讓我們發現觀察這些動物的結果是多麼地差，以及它們的記載充滿偏見式的判斷。例如它們被形容為怪物的同

---

70 門羅拉（Jerome Merolla, 1650-1710），一位曾經在剛果傳教十年的方濟各會修士，並在1692年出版他在當地的見聞。

時，卻又強調它們具有生殖能力[71]。在一處，巴特爾說朋格殺害
入森林的黑人，在另一處，布奇斯卻又說即使受人驚嚇，它們也
不害人，至少在黑人不招惹它們的情況中。朋格聚集在黑人離去
後所遺留的火焰四周，並在營火結束後離去，這是事實，但讓我
們看看觀察者的評論為何：「因為雖然它們擁有靈活的行動能
力，但卻不知道加塊木頭就可以延續火焰的常識。」我希望我能
夠想像出巴特爾，或他的編輯布奇斯，如何能夠知道朋格離開火
爐的原因是因為愚笨，而不是自願離去。在魯安格斯國那種氣候
下，以火取暖並非是必要的，而且黑人在森林中起火的目的，與
其說是取暖，還不如說是為了要嚇跑其他動物。所以朋格的行為
並不難理解，在享受火光一段時間之後，身子也暖活了，朋格們
覺得待在同一個地方很無聊，於是就起身覓食。我們知道因為它
們是非肉食動物的緣故，所以覓食對於它們而言，需要花費大量
時間。此外我們也知道絕大多數的動物，包含人類在內，其自然
本性均是懶惰的，若非有必要，不會在意什麼事情。最令人感到
驚訝的是朋格以其力量與靈巧，會埋葬死去的同伴，並用樹枝建
造屋頂，卻居然無知於如何在火焰中增加一段木柴，我就記得曾
見過猴子這麼做，就連猴子都會做的事情，他們卻說朋格不會。
我承認我的想法當時還沒轉向這邊來，而且我也犯下指責旅遊者
的錯誤，因為我並沒有查驗那猴子的動機是否就是為了要維持火
焰，還是如我所相信的，僅在模仿人的行為。然而，無論如何可
以確定的是，猿猴與人類的確不同，不但是因為它們不若人類具
有說話的能力，也更因為它們不像人類那樣，具有自我完美的特

---

71 在盧梭的時代，怪物（monstres）的定義中，很重要的一部分就是它們沒有
　　生殖能力（請參閱 Gourevitch: 375）。

徵。當然，這個結論同樣也不是奠基於對朋格與猩猩的精確觀察。如果猩猩與其他種類真是人類的話，那麼比較好的處理方式，應該用一個讓最粗糙的觀察者都能確定，甚至展示他們結論的方法。可是這並不是一個在一世代中就可以確定的實驗，這個實驗也不可行，因為在確認一個事實之前，必須將假設證成為真，如此這個實驗才可清白地進行。

　　貿然的判斷因為不是啟蒙理智的結果會陷入極端。我們的旅遊者毫不遲疑地將朋格、大狒狒、猩猩等動物名稱當作怪獸的態度，就像古代人將森林中奇特的半人半獸視為「神明」的態度。或許，在更為精確的調查下，我們將發現它們既非野獸，亦非神明，而是人類[72]。在等待更為精確的調查的同時，我認為，我們有相同的理由，聽一聽門羅拉這一位受過良好教育的僧人，作為一位目擊者所做的記載。雖然他過著天真的生活，但卻是一位充滿知識的人。聽他所做判斷的理由，絕不亞於聽商人巴特爾，或戴普爾、布奇斯以及其他編書人所做的判斷。

　　想一想，這些觀察家在面對我先前所說的例子時，也就是在1694年所發現的那個小孩，會做出什麼樣的判斷呢？這個孩子沒有任何理性的跡象，以四肢行走，不能言語，並發出怎麼也不像人聲的怪腔怪調。根據提供我這些事實的哲學家說[73]，經過很長的時間後，這位孩子才開始以野蠻的方式，說出幾個簡單的

72　盧梭在這裡所舉出來的半人半神的「神話人物」是 *Satyres*、*Faunes*，以及 *Sylvains*。這些都是希臘與羅馬神話中所出現的半人半獸。羅馬神話中的 *Faunes* 以及 *Sylvains* 就是希臘神話中的 *Epipans* 以及 *Satyres*。這些神話角色通常展現比較愉悅的形象，常常被當作是介於神、人、獸之間的個體（Gourevitch: 375）。

73　這位哲學家就是貢狄雅克。盧梭所引用的資料來自於他在1746年出版的《人類知識起源論》（*Essai sur l'origine des connaissances humaines*）。

字。就在他能夠說話的同時，人們立即詢問他的過去，但是他不記得任何東西，就像我們對於自己襁褓時期也一無所知。如果，很不幸的，若是這個孩子落在我們這些旅遊者手中的話，我們可以毫不懷疑地說，在觀察了他的沉默與愚笨之後，他們會決定將他送回森林，或是把他關在動物園裡。然後，在他們的美麗報導中，他們會自以為是地說，這是一個令人好奇，但與人長得神似的野獸。

三、四百年來，歐洲人大批湧入世界各地，持續出版了許多旅遊系列的記載。我敢講，閱讀這些記載會讓我們以為這個世界除歐洲人外，不知道還有其他人的存在。更有甚者，普遍存於知識人之中的荒謬偏見，使得每個假借研究人的偉大題目，都只不過是研究自己國家的人。儘管個人去過這兒，去過那兒，但旅遊者的哲學好像不適於旅遊，以至於一個國家的哲學，只能證明不適於應用在另一個國家。原因很明顯，至少在遙遠的地方是如此的：只有四種人從事這種長途旅遊：水手、商人、軍人以及傳教士。對於前三種，我們不能期待會出現什麼好的觀察者。對於第四種，想到他們忙碌所從事的神聖工作時，就算他們沒有像其他人抱持那麼嚴重的偏見，我們也相信他們不會主動地全心全意投入那些純屬好奇心的研究，也不會將精力移開他們所允諾的聖職工作。此外，為了有效地傳播福音，所需要的是熱情，剩下的都由上帝賜予。但是為了研究人，上帝並沒有提供每一個人這方面的才能，而這也不是聖人一定要擁有的才能。在閱讀遊誌中，讀者必然會看到許多有關居民特徵與風俗習慣的描述，但是他必然也將極為震驚地發現，這些描述一大堆東西的作者所告訴我們的事物，都只是每個人已經知道的東西。他們遠赴世界的另一端，僅學到那些不離自己家鄉前門大街就能看到的東西。至於那些真

能區別國家特色，並能吸引目光的東西，他們卻幾乎都沒有看到。因此出現那句經常為迂腐哲學家所重複的倫理箴言：「人無論身處何處，都是相同的，並因為擁有相同的善心與惡質，所以尋覓不同人之間的特徵，是一件沒有用處的事情。」就如同說，因為他們都有鼻子、嘴巴和眼睛的關係，所以無法區分誰是彼得與誰是雅各。

我們難道不能再次見到那個人民尚未為哲學思想所混淆的幸福時代嗎？那時候，像柏拉圖、泰利斯（Thalès）、畢達哥拉斯這種人，在求知的熱情下，他們廣泛旅遊的目的，只為了教育自己，歷經千山萬水，只為了掙脫出國家的偏見。他們從相同與相異的角度研究人，由此而獲得的認知，不但掙脫出某一世代，或某一區域的限制，而且這就是那不受任何時空限制，專屬於智者的普遍科學。

我們推崇某些人的壯舉，他們因為在好奇心的驅使下，計畫與學者以及藝術家一同啟程，花費大量金錢，出發前往東方旅遊，不但親手畫出那兒的廢墟，也能夠解讀與抄寫當地的文字。可是，令我無法想像的是，為什麼在一個以知識發展而感到自豪的時代裡，我們卻不能找到兩個相匹配的人，一個有錢，另一個有才，都愛惜榮譽，並追求不朽的生命。這兩個人，有錢的那人拿出兩萬金幣，而有才的那人犧牲十年青春，讓他們二人環繞世界，進行一場純粹為研究而展開的光榮之旅，這一次主要題目不單單是植物與礦物，而是以人物與風土為主。幾百年來測量與評價都集中在房屋，這次他們終於決定，要對於屋內的人擁有一些知識。

院士們出遊時，無論到達歐洲北部或是美洲南部，對於這些地區的訪問態度都像是幾何學家，而不像哲學家。然而，因為有

些人既是幾何學家又是哲學家，所以拉孔丹密（La Condamine）[74]
以及摩貝特斯（Maupertuis）[75]所觀察與記載的地區，不能視作
全然無知的地區。珠寶商夏丹（Chardin）[76]，像柏拉圖一樣，旅
遊波斯，並提供了一份應有盡有的記載。中國好像在耶穌會士
筆下，進行過完整的觀察。克安普（Kempfer）[77]針對日本，所見
雖然少，但提供過一個還不錯的輪廓。除了這些記載之外，我
們對於東印度群島，一無所知，因為抵達那兒的，都是急著賺
錢，卻從不思想的歐洲人。整個非洲大陸，它那眾多的人口，
那令人感到驚訝的膚色與特徵，都還沒有相關的研究。整個世
界遍佈我們僅知其名的民族，但我們卻想對人類做判斷！我們
假設像孟德斯鳩、布逢、狄德羅、督克洛（Duclos）[78]、達蘭貝

---

74 拉孔丹密（Charles Marie de La Condamine, 1701-1774）於1736年參加遠赴赤
   道的探險，並因而於1745年在巴黎出版了《深入南美洲內部探險遊記》
   （*Relation abrégée du voyage sur fait à l'intérieur de l'Amerique méridionale*）。
   這一本書中有關語言發展的部分對於盧梭的影響很大。以下五個註腳的人物
   簡介均出自 Gourevitch: 375-376。

75 摩貝特斯（Pierre Louis Moreau de Maupertuis, 1698-1759）曾經帶領探險隊到
   現今屬於芬蘭的拉普蘭，出版《深入拉普蘭探險遊記》（*Relation d'un voyage
   au fond de la la Laponie*）。

76 夏丹（Jean Chardin, 1643-1713）於1671-1681年之際，曾經在波斯地區旅
   遊，最遠抵達印度。他於1686年出版廣為流傳的《波斯與東印度之旅》
   （*Travels and Persia and the East Indies*）。旅遊後，他定居在倫敦，受英皇查
   理二世晉封為伯爵，並成為荷屬東印度公司的代理人（chargé d'affaires）。

77 克安普（Englebert Kempfer, 1651-1716），德國醫生，曾在遠東地區待過多
   年，死後其當地的記載，於1728年在倫敦編輯出版為《日本與暹羅史》
   （*History of Japan and Siam*）。

78 督克洛（Charles Pinot Duclos, 1704-1772）是法國國家院士，也是盧梭的好朋
   友。他有關文法的著作，對於盧梭思考語言的起源上發揮極大的影響力。盧

（D'Alermbert）[79]、貢狄雅克，或其他有同樣名望的人，展開教導同胞的旅遊，觀察以及記載他們的所見所聞，而且在他們所知道的地區，其中包含土耳其、埃及、巴勃希（Barbarie）[80]、摩洛哥王國、蓋亞那、南非的加福（Cafres）、非洲東岸及內陸、印度的馬拉巴赫（les Malabares）、蒙古、恆河（Ganges）河岸、暹羅王國、仰光北部的佩谷國（Pegu）與緬甸舊都阿瓦（Ava）、中國、蒙古，還有日本，然後轉向地球的另一端，墨西哥、秘魯、智利、最南端的麥哲倫地區，也別忘了介於智利與阿根廷那無論是真是假的巴塔哥尼亞（Patagonia）、圖庫曼（Tucuman）、巴拉圭、巴西、加勒比海群島、佛羅里達，以及所有那些野蠻的國度。這將是最重要的一次旅遊，而且是一次盡可能謹慎小心的旅遊。我們假設這些新時代的海克力斯（Hercules）[81]，在這些珍貴旅遊的回程中，仔細地寫下他所見所聞的自然景觀、風土人情與政治社會的話，我們將在他們的筆下，看到一個新的世界出現，還可以從他們的描述，認識我們自己的世界。如果這種等級的觀察家，當他們確證某種動物是人，而另一種動物是獸的話，

梭的歌劇《村莊的佔卜師》（*Le Devin du village*）就是獻給他的。盧梭也將死後出版的捍衛作品《盧梭評論讓－雅克的對話》（*Dialogues de Rousseau juge de Jean-Jacques*）的手稿交給他出版。

79 達蘭貝（Jean le Rond D'Alembert, 1717-1783）是法國的數學家與哲學家。他最著名的事蹟就是與狄德羅一起編輯《百科全書》，直到1757年為止。

80 巴勃希（Barbarie）指的是北非洲的古王國。依據狄德羅與達蘭貝所編的《百科全書》中所寫，巴勃希指的是介於大西洋、地中海、埃及、奈及利亞與幾內亞中間的這個地區。

81 古希臘神話中的英雄，以經歷過十二次旅遊冒險著稱，完成許多任務。

那麼我說，我們必須相信他們。但是，相信那些粗糙旅遊者的說法是極為天真的，因為有朝一日，人們終究不免會對這些人提出問題，質疑他們在面對其他動物時所給的答案，是不是該應用到他們自己身上。

R11. 對我而言，這些都是有明確證據支持的，因而我無法想像那些哲學家要如何指出他們所說自然人擁有的那些情緒來自哪裡？除了自然產生的身體需要外，所有其他的需要之所以會出現皆肇因於習慣——在有習慣前，這些根本都不是需要。它們也可能肇因於慾望，但是一個人不會對於一件他完全無知的事物產生任何慾望。由此，我們可說野蠻人只會需要他已經認識的東西，而且這認識的東西還必須是在他可以到達範圍中容易獲取的事物。因此沒有什麼東西比他的靈魂更為平靜的，也沒有什麼東西，比他的心靈更受限制的。

R12. 在洛克的《政府論》中，我找到一個相反的意見。這個意見似是而非的嚴重程度，讓我覺得有必要加以披露。洛克說：「男女連結的目的，不僅是為了要生育下一代，也是為了物種的延續。因此男女結為配偶，即使在生育子女後，也應當繼續維持一段時間，目的是為了要輔助與支持幼小。幼小的他們，需要父母的支持，一直到長大或能夠自立為止。擁有無比智慧的造物者所訂下的這個規則，一樣也為比較低等的動物所遵守。在草食的胎生動物裡，雌雄性配偶的時間，不會長過交配期，因為雌性動物的奶水足以持續提供幼小，直到牠們長大自行吃草，而雄性動物只負責交配，卻在撫養配偶與幼小上沒有任何貢獻。但是對於肉食動物而言，雌雄配偶的時間就比較長，原因是雌性動物無法單以其獵物來養活自己及幼小，再加上牠們所處的環境，比草食動物所處環境更為危險與更為辛苦的緣故，所以雄性動物的

幫助，對於維持牠們的家庭（如果我可以用「家庭」這個名詞），不但是有必要的，也必須經由父母一同養育幼小，直到牠們學會狩獵為止。在鳥類中也可以觀察到類似的情況（家禽例外，因為牠們有充裕的食物，讓雄性不必幫忙撫育幼小），幼小在窩中等待食物，而公鳥與母鳥則一同撫養，直到幼鳥能夠飛行與覓食。

　　這些觀察解釋為何在交配後，人類比其他動物維持更長期同居時間。我認為，其主要理由，就是因為女性不但能夠懷孕，而且能夠多次生出子女，並在前一個小孩脫離父母養育的依賴前，也就是父母盡了對子女的義務前，就已經能夠再生小孩了。因此作父親的，除了必須照顧子女外，也有義務與同一個女人維持比較其他動物更為長時間的同居生活。其他動物的幼小，都能夠在下一個交配期來臨之前長大自立，因而結束同居期，原有雌雄兩隻動物再次回到自由，直到下一個交配期，又重新選擇新的伴侶。在此，我們不得不讚美造物者的智慧，祂賦予人遠見，讓他們擁有規劃未來的能力，並能夠提供當下一切所需的物資，使得男女相配後繼續的同居期，能夠比任何其他動物維持的時間都長。如此，人類的勤勉能夠受到鼓勵，利益能夠結合在一起，並共同撫養他們的子女，並為其儲存財產。在配偶生活中，對子女而言，沒有比不穩定與曖昧的結合以及輕率與經常的離異更為有害的。」

　　我基於求真的熱愛，引用洛克的這幾段話的目的，是為了展示他不同於我的意見。現在，相同的求知慾，促使我增加幾點說明，縱使它們不能拒絕洛克的意見，至少它們能夠釐清它。

　　一、我首先說，在科學領域中，道德式的證明並沒有太大的力量，而且它們只能夠用來說明既存的事實，卻無法證成這些事

實存在的理由。在我引用的文字中，這正是洛克用他的證明所企圖作的。雖然對於人類而言，男女在交配後繼續同居在一起是有利的，但這也不能使我們有理由說這是自然規律下的結果，否則的話我們不也是可以說公民社會、藝術、商業，以及所有其他對於人類而言有用的事物也都是自然創造的。

二、我不知道洛克從哪兒發現肉食動物的配偶時間比草食動物的配偶時間長，以及雄性會幫助雌性照顧幼小。我們並沒有看到狗、貓、熊或狼在認定配偶上，會比馬、羊、鹿或其他動物更好。事實正好相反，如果雄性動物照顧幼小對於雌性是有必要的話，那麼這種情形在草食動物裡才是最真實的，原因是雌性需要花很長的時間吃草，然後在這段時間中，牠們就沒有辦法照顧幼小。就狼與熊這種肉食動物而言，牠們可以在短暫時間內吃下獵物之後，保存很多時間，而能夠在不飢餓的情況下照顧子女。只要觀察乳房數目與胎生數目，就可以證實我的論證，因為就像我在註腳8中所說的有關肉食性動物與果食性動物在這一方面的差別。如果這個觀察是正確及具有一般性的話，那麼我們有更充足的理由懷疑這種只有兩個乳房，而且一胎很少超過一個嬰兒的人類會是肉食性動物。以至於為了達到洛克的結論，我們就必須完全顛倒他的理由，即使應用在鳥類中，也不會有理由支持他所作的區別。有誰能相信，禿鷹與烏鴉的配偶關係比斑鳩維持得更久呢？我們的家禽中，鴨與鴿的例子，也提供與洛克想法相反的例子。鴿子只吃穀類食物，並與配偶住在一起，還協力照顧幼小。以貪吃著名的雄鴨，既不認配偶，又不理子女，從不幫忙照料牠們的生活。在差不多也算是肉食動物的雞群中，我們從未見過公雞照顧過小雞。如果其他例子中，有雄性幫助雌性照顧幼小發生在鳥類的話，那是因為幼鳥尚不會飛翔，母鳥又無法餵食，只好

依靠公鳥的幫助。四足動物就不同了，因為雌性的乳房，足以餵食幼小一段時間。

　　三、洛克所提論證的基礎，有許多不確定的內容環繞在如下的假設事實：在純粹的自然狀態中，女人再次懷孕以及再生子女的時間，都是在前一個子女長大自立前。若是想要知道這是否為真，就必須做一個洛克絕不曾做過的實驗，而且也沒有人能夠做這個實驗。夫妻之間持續住在一起，才是容易導致再次懷孕的理由，而且也很難讓人相信，在純粹的自然狀態中，隨機而遇或一時衝動的情況，會產生像在同居社會中一樣多受孕的機會。在這種比較長期的受孕間隔裡，很可能會使得小孩變得比較健壯，卻也可能導致婦女能夠受孕的時期，因為年輕時不曾太過分應用的緣故，所以會延遲到比較大的歲數。同時我們也有很多的理由相信，小孩子的力量與器官，將較之我所說的自然狀態中的小孩發展更為遲緩。這些孩子將會從父母的結構中繼承先天弱點，來自父母的照顧，讓他們在保護下，限制了四肢的發育，他們成長中的舒適，以及喝到非親生母親奶水成長的可能，都會阻礙以及遲緩了他們自然發育中的第一步。還有他們的心靈被要求固定集中在上千件事物上，卻缺乏任何身體上的運動，更加扭曲他們的發育與成長。如果他們在發育之初，心靈不因過度負擔與疲勞於幾千種事物的認知下，以至於他們的身體就可能持續地維持應有的運動，那麼我們相信，這些孩子將比較早開始走路、行動以及自力更生。

　　四、洛克先生最後至多也只證明當女人生下孩子的時候，男人有依偎在她身旁的動機，但洛克完全沒有證明，男人在小孩出生前，或是懷孕的那九個月中，必須待在女人身邊。對於一個男人而言，如果一個女人在懷孕九個月期間，完全變成為一個陌生

人的話，為什麼他還會在她生產後幫助她呢？他怎麼會幫助她，
養育一個他既不期待，也不預見的孩子，而且他甚至不知道這個
孩子是否是自己所生的呢？洛克先生顯然預設還是問題的事情，
因為重點並不在於為什麼男人會依偎在生產後的女人身邊；重點
在於，為什麼懷孕後他還會在她身邊？當男人的慾望獲得滿足之
後，他不再需要一個特定的女人；同樣的，她也不需要一個特定
的男人。男人最不在乎的，也可能是最沒有概念的，就是他行為
的結果。一個人向這兒走，另一個人向那兒走的緣故，所以在九
個月之後，他們彼此之間不可能記得對方，因為在論文文本中我
已經說過，那種一個人對於另外一個人，因為生殖所表達出好感
的記憶力，必須存在於理解能力更為進步，或是更為墮落的階段
中，而絕不是我們在這兒所談論的動物狀態。另一個女人可以滿
足一個男人慾望的情況，正如同他先前所認識的女人所做的；而
另一個男人也可以在同樣情況中滿足一個女人，甚至在懷孕期間
她也會受到慾望的驅使，雖然有人質疑這個可能性。在自然狀態
中，如果一個女人在受孕後對於他的男人不再有愛意時，那麼她
與這個男人在一起的困難度將更高，因為她既不需要這個使她受
孕的男人，也不需要任何其他的男人。所以，這個男人因而也沒
有理由去追求同一個女人，或是讓這個女人去追求同一個男人。
洛克先生的論證將因而徹底的崩潰，這個哲學家的辯證也不能讓
他從霍布斯以及其他哲學家所造成的錯誤中脫困。他們必須解釋
一個自然狀態中的事實，也就是一個人活在孤獨的狀態。在那狀
態裡，這樣的一個人不會有居住在另外的一個人旁邊的動機，或
許更糟的是，人類不會有彼此居住在一起的動機。這些哲學家在
思考時，並沒有回溯到社會發展的幾世紀前，也就是返回更早，
在人類有群聚的動機，或是一個人與另一個人有群聚的需求，或

是一個男人與另一個男人或女人有同居意念的時代之前。

R13.我並不打算費心從事哲學反思，談論語言制度的好處與壞處。我也不願意攻擊庸俗的錯誤，但有識之士卻因為過於依附他們所抱持的偏見之故，以至於無法有耐性忍受我所指出來的謬論。所以，讓我們引用某人的觀點，而人不以他為罪，因他有時膽敢選擇理性的這一邊反對大眾意見。他說：「如果排除使用各種不同的語言，並且讓所有人都去從事相同而且制式的藝術，也就是透過標誌、行動與姿勢表達所有的議題，這樣也不會導致人類的幸福指數下降。在這種情況中，那些被庸俗人稱為野獸的動物，似乎比我們人類所處的情況要好，因為牠們以更為直接，更為真實，而且沒有扭曲的方式，讓同伴理解牠們的感覺與思想。以這種情形而言，牠們可以說比人類優越，尤其相較於那些使用外國語言的人而言。」（沃斯伍斯〔Isaac Vossius〕[82]《誦詩唱腔與強烈旋律》，1673年，牛津出版，頁65-66。）

R14.當柏拉圖展示，離散的數量概念以及它們之間的關係，對於追求最少的技藝而言，都有必要的時候，他正確地譏笑了當時的作家。他們宣稱帕拉米迪斯（Palamèdes）[83]在特洛伊城遭到圍困時，發明了數字。柏拉圖宣稱這種說法就好像是阿伽麥

82　沃斯伍斯（1618-1689）是荷蘭人，是最有名的私人圖書藏書家，蒐集許多珍貴的書籍和寫本。他從1648年開始為瑞典克麗斯汀女王進行圖書蒐集。自1670年開始，他轉往英國牛津。《誦詩唱腔與強烈旋律》的拉丁原文為 *De Poematum cantu et viribus rhythm*。

83　帕拉米迪斯（Palamèdes）是古希臘特洛伊戰爭時期的希臘領袖之一。盧梭在此提到這個名字的原因，是因為傳說裡說，他也是部分字母的發明人。阿伽麥農（Agamemnon）就是邁錫尼國王，也是特洛伊戰爭中率領希臘聯軍的統帥。

農（Agamemnon）直到那時都不知道他有幾隻腳。事實上，如果特洛伊人不懂得數字與算術的運用，那麼他們在遭受圍城時，不可能擁有當時已經認知的社會制度與科學程度。然而，要擁有其他知識前必須先擁有數字的這個事實，並不因此而表示數字的發明是很容易想像的。一旦知道數字的名稱，確實就很容易理解它們的指涉，以及引起這些名稱所代表的理念。可是，想要發明數字，就必須在擁有這些理念前，先習慣於哲學思考，並能夠在純粹的本質中，以及獨立於感覺之外的情況下，針對個體思考。當然，這是一個非常困難的、形上的，以及非自然的抽象行為，但若非如此，這些理念絕不可能從一種類傳遞給另一種類，而且數字也不會是普遍的。一個野蠻人可以將他的左右腳分開來想，或是將它們以一對腿不可分的方式來想，而不會想到他擁有「兩」條腿，原因在於一個描述外在對象的表徵概念與定義外在對象的數字概念是完全不同的。野蠻人甚至不能夠數到五，即使他把雙手疊一起，就能夠看到手指頭的數目正好相符，他還是不能想到他手指頭的數目相等。對於他而言，不知道手指頭的數目，正如同他不知道頭髮的數目。如果有人讓他理解數字是什麼，然後告訴他手指頭與腳趾頭是一樣多的時候，他或許會驚訝地比較它們，然後發現的確如此。

　　R15. 我們千萬不可以將自重之愛（l'amour propre）與自保之愛（l'amour de soi）混為一談，因為無論在本質上，或是在效果上，這都是兩種非常不同的情感。自保之愛是一種自然的情感，促使所有動物注意自身的保存，而且在人身上理性主導這種情感，並經由憐憫來調整，因而產生人倫與德行。相對而言，自重之愛卻只是一個來自社會以及人工的情感。這種情感認為自己的重要性，超過任何其他人，因此導致一般人對自己以及對他人

所造成的傷害外，也是推崇榮耀出現的真正起源。

當我們理解這個部分後，就知道在原初狀態或是在自然的真正狀態中，自重之愛並不存在，原因是每一個人就是看著自己的唯一觀眾，就是宇宙中關心自身的唯一存在者，如同是自身才能的唯一仲裁者，所以無從與他人做比較，因而自重之愛的那種情感根本就不會存在於他的心靈之中。基於同樣的理由使得自然人既不能感受恨意，也不會想到報復，因為這些情緒都來自於受到觸犯的信念；構成觸犯的是侮辱或意圖加害，而不是傷害本身。對於那些不知如何互相評價或互相比較的人，會在涉及自身立即利益的時候，彼此施予暴力，但絕不會互相觸犯。簡言之，每一個人當他視其他人幾乎等同於動物或其他種類時，會從弱者手中奪取獵物，或是會被迫將自己的食物讓予強者。他只會將這一切當成自然事件，而絕不會感到傲慢與怨恨，也除了成功的愉快與失敗之痛苦外，不會有任何其他的情感。

R16.這麼多年來，歐洲人一直不斷地費盡苦心，企圖轉變世界各地野蠻人的生活，使他們採用歐洲的生活方式，其過程確實是極為可觀的。但是即使在基督教義的護航下，他們也未能真正贏得任何一個野蠻人的心。雖然有時候我們的傳教士讓一些野蠻人改信上帝，但並不曾真正給予他們所謂的文明。沒有任何東西可以克服他們那無可抗拒的厭惡感，拒絕採用我們的風俗與生活方式。如果這些野蠻人真像我們所宣稱的那麼不快樂，那麼透過哪一種無法想像的惡劣判斷，讓他們持續不斷地拒絕透過模仿以獲得我們那種歡樂呢？但在另一方面，從閱讀中到處可以發現，法國人與其他歐洲人，終其一生，自願居留在那裡，不離開這種我們所謂的奇異生活方式。我們不是也看見有見識的傳教士輕輕地哀嘆著，與這些深受蔑視的人共處的那些平靜與天真的日

子嗎？如果有人建議說，野蠻人尚未擁有足夠的啟蒙思想，在我們與他們的生活方式中做好判斷時，我會回答他們說，快樂的判斷不是一件理性的事，而是一件感性的事。反過來想這一點，對我們可能產生更有力的迴拒，因為在我們的理念與需要用來理解野蠻人生活方式的心靈之間，相較於野蠻人的理念與需要用來理解我們生活方式的心靈之間，有更大的差距。實際上經過幾次的觀察之後，他們很容易看得出來，所有我們所做的事只有兩個目標：維持自己生命所需的用品，以及他人對於我們的考量。但是我們要如何想像野蠻人的快樂，終其一生在叢林深處，或是捉魚，或是吹一支簡陋的笛子，卻從不知道如何發出一個正確的音調，或是從不費功夫去學習如何吹笛子呢？

好幾次當有野蠻人被帶到巴黎、倫敦，或其他城市時，我們總是汲汲於向他們吹噓我們的奢華、財富，以及所有我們那些最有用的與最令人好奇的藝術。在他們心中，這些東西除了激發盲目的崇敬外，沒有引發任何貪念。我記得其中一個故事，約在三十多年前，有一個北美洲的酋長被帶到英國王室前。幾千樣東西放在他的面前，為的就是讓他挑選一件他喜歡的禮物，但結果是他未能找到任何一件喜歡的東西。對他而言，我們的武器又重又不實用；我們的鞋子會弄痛他的腳；我們的衣服限制了他的行動。所以他拒絕了一切。最後他似乎滿意一件羊毛毯，並將它披在肩膀上。旁邊有人立即問他：你至少同意，這件東西是有用的？他回答說：是的，它對我而言，就像是動物的皮毛一樣好。如果在下雨天，這位酋長用它包裹著雙肩，那麼他大概連這些話都不會說了。

或許有人會向我說習慣使得人們依附各自的生活方式，妨礙野蠻人發現我們文明所顯示的好處。對於這個論點，至少有一點

令我們感到奇特的是，習慣好像有無比的力量，讓野蠻人能夠堅持活在我們所謂的悲慘中，甚於歐洲人活在歡樂的生活中。但是，若是想要一勞永逸回應這個反對意見，而不提那些我們徒然致力於文明化的年輕野蠻人，也不提格陵蘭與冰島上的當地居民，被歐洲人帶到丹麥企圖施予他們教育並給予溫飽，但是他們全死於憂傷與失望之中，有的死於長期憂鬱，有的在想家的情緒下，結果在游回家鄉的大海中耗盡體力，沒入水裡死亡。我只需要引述一個證據充足的實例，獻給仰慕歐洲政治秩序者，讓他們自己檢視。

　　「在好望角中所有荷蘭傳教士集體的努力下，卻也不能讓任何一個霍騰圖人改信基督教。總督范德斯特（Van der Stel）一日得到一個幼小族人，並刻意將他在基督教義與歐洲文明中撫養長大。使他穿著高雅，使他能說多國語言，而且他各方面維持進步的速度完全合乎他所受的教育。對他寄以厚望的總督，將他與一位總商社長一同派往印度群島，並在公司擔任要職。當這位社長過世後，他回到好望角，幾天後在一次參訪霍騰圖族人的機會裡，他決定脫掉華麗的歐洲服飾，改穿上羊皮衣。身著新裝的他，回到碉堡，還帶著一個放置以前衣服的箱子，轉交給總督時說：『先生，請您垂鑒，我將永遠放棄這一切裝扮，同時我也讓我的下半生，不活在基督教的環境中，改活在我祖先的宗教、習慣與生活中。我唯一的請求是，請賜給我身上佩戴的項鍊和短劍。我將因為敬愛您，而永遠保有它們。』很快地，甚至不等范德斯特的回答，他就離開了，並從未在好望角再出現過。」（《旅遊誌》第五卷，頁175。）

　　R17.或許有人會反對說，在這種混亂中，人不會持續相互加害，而是會分散到各地，如果沒有邊界限制他們行動的話。首

先，至少邊界就像世界這麼大，所以如果自然狀態中產生過多民
眾的話，那麼他可以歸結說，在自然狀態中的地球將很快地遍佈
人類，屆時將又很快地聚集成一群群的人。除此之外，如果暴行
來得很快，甚至在每一兩天內就發生重大改變，那麼他們就會分
散各處。但是實際上，他們生活在枷鎖中，當他們感覺出它的重
量時，他們已一直習慣地馱負著它，並且高高興興地這麼過著，
直到感覺需要取下它的那一天。最後，當享受過群居的各種好處
以後，散居各處已經不若從前那般容易，尤其是那段除了自己以
外不需其他人的日子，那段人人無須在意旁人為誰當家作主的日
子。

　　R18.陸軍統帥維拉公爵（Duc de Villars）[84]敘述在一場戰役
中，因一位食物供應商的過度欺瞞，使軍隊受苦和抱怨，於是他
嚴厲指責這位商人，威脅要對他施以絞刑。這個壞人卻神態自若
地回答說，這個懲罰完全不困擾我，而且我也可以輕鬆地告訴你
說，他們絕不會吊死一個身上懷著成千上萬個銀幣的人。這位統
帥後來還很天真地評論說：我不知道這一切都是怎麼發生的，但
事實上這個人最後真沒被吊死，即使他應該被處死百遍以上。

　　R19.雖然分配正義在公民社會中是實質生活的一部分[85]，但

84　維拉公爵（Duc de Villars, 1653-1734）是法國的陸軍統帥。

85　這裡盧梭所提到的「分配正義」（la justice distributive）指的是亞里斯多德在
　　其《尼各馬科倫理學》（*Ethica Nicomachea*）與《政治學》（*Politica*）裡，所
　　敘述的那種「依照城邦中每一個公民的貢獻比例獲得獎勵分配的正義原
　　則」。根據Gourevitch所述，這個註腳中所包含的內容，顯示有關道德與法律
　　之間的問題，不但位居於《兩篇論文》的核心地位，也是他所有有關道德與
　　政治思想的焦點。Masters 更認為這個註腳格外重要，因為盧梭在此一方面批
　　判霍布斯對於「分配正義」的拒絕，另一方面限制法律只能是用於客觀且公

在那種熱烈講求平等的自然狀態中，這也是會被反對的。還有因為全國國民對於國家社會所能付出的貢獻，與他們所擁有的才能與力量成一定比例的緣故，所以相對而言，這些公民應當依照比例享受榮耀與好處。在這層意義之中，我們能夠瞭解，依索格拉底（Isocrates）[86]那段讚揚早期的雅典人的話，因為他們知道如何區分在兩種平等中，哪一種是最有益的：第一種是，無視差別而給予所有公民同樣的利益，以及第二種是，依照公民的才能而分配好處的平等。這位演講家還說，熟練的政治人物禁止那種不正義的平等，因為它未能在好人與壞人之間作區別，而堅毅地站在那種依照優劣而賞罰分明的制度旁。然而實際上無論墮落到什麼程度，沒有哪一個社會不承認好人與壞人之間的差別，同時在與道德相關的領域中，因為法律不能為執政官提供一套像規則一般的判準，而主要是為了避免讓執政官將財富與階級納入作判斷的考量之中，所以禁止他們針對人作裁判，只准許他針對人的行為作判決。只有純淨如古代羅馬人，才能夠忍受那種調查到每一個人的監察官制度[87]。若是發生在我們身上，這種制度的實施，將

正無私的標準之中。霍布斯反對亞里斯多德的「分配正義」，因為這種正義依照個人的「內在價值」（intrinsic worth），卻忽視在法律面前每一個人都處於平等地位的訴求。盧梭在這個註腳中表明，無論社會發展到多麼墮落的地步，分配正義出現在所有社會當中是必要的事實。但是社會實施分配正義時，法律只能依據行為做判斷，在盧梭看來是法律實施的限制，這個限制表明法律不足以作為獎賞個人德行的基礎。盧梭認為，德行與平等的訴求，應該交付公民全體的公共道德作判斷。

86　依索格拉底（Isocrates, 436-338 B.C.）是古希臘時代的修辭學家與演說家。

87　羅馬監察官（Censor）是羅馬共和時期的高階執政官。這個位置的責任，就是維持秩序、監督公共道德以及檢查政府的部分財政。監察官監督公共道德的職責，就是今天英文中「禁制檢查」（censorship）這個字的由來。

很快地會徹底摧毀一切。區分好人與壞人，應以公共的評論為
之。執政官只能謹守法律界線中的審判，而人民才是道德的真正
審判人，是清廉與開明的，雖然人民偶爾也會濫權，但從不墮
落。所以，公民的位階應受規定，但卻不是依照他們個人的優
點，因為如此只會牽涉到執政官在法律上的應用專斷，而是依照
他們對於國家所做的實際貢獻，因為這樣比較適合於精確的衡
量。

伏爾泰針對〈論不平等論文〉
寫給盧梭的信

　　　　　　　　　　　1755 年 8 月 30 日於瑞士德利斯[1]。

　　先生，我已經收到您那本反對人類的新書；謝謝您。您因為說出了他們的真實情況，取悅了那些文明人，但是您對於他們現況的改進，是無能為力的。您用不能更強的色彩裝飾人倫社會中的恐怖，在這個社會中我們的無知與軟弱，只能讓我們期待大量的安慰。從來就沒有人費這麼大的精神來使人成為動物。當閱讀您的作品時，讓人有想用四肢走路的慾望。然而，因為我失去了這個習慣已經長達六十多年，我很遺憾地感覺，重新這麼做對我而言已經是不可能的，因此我將這種自然行為留給除了你我之外，那些更適合這麼做的人。我也不能乘船出發去尋找加拿大的野蠻人，因為首先，我在這兒感染的疾病，必得讓我就診於歐洲

1　當伏爾泰收到盧梭轉贈的〈第二篇論文〉時，他剛搬到距離日內瓦不遠的德利斯（les Délices）。盧梭在《懺悔錄》第八書中指出，在知悉伏爾泰對於該論文的態度後，盧梭當時決定暫時不回他的祖國，因為擔心伏爾泰會把巴黎的生活方式帶到日內瓦（請參閱：Masters: 190）。

最好的醫生，而且在密蘇里人那裡，我也不能得到同樣的安全照護。其次，是因為在看了我們的國家向野蠻人展現的實例後，這些野蠻人地區發生的戰爭，變得跟我們的戰爭差不多殘暴了。我因而必然成為一個和平的野蠻人，我選擇孤立的生活，靠近您的祖國，也就是您應該存在的地方。

　　我同意您的看法，認為文藝與科學有時會導致許多傷害。塔斯（Tasso）[2] 的敵人，讓他的生命成為一連串的不幸。伽利略的敵人，讓他以七十高齡，在監獄中徒傷悲，原因只為了他承認地球會動；更可惡的是，還逼他收回自己說過的話。從你的朋友開始編輯《百科全書》起[3]，那些膽敢為敵的人，就將你們當成自然神論者、無神論者，甚至冉森派信徒[4]。

　　出版作品為作者所帶來的報償只是迫害，而如果我能將自己算入那些人之中的話，那我可以向您展示那些卑鄙小人讓我從出版《伊底帕斯》這部悲劇以來所蒙受的損失。攻擊我的可笑誹謗出版資料之多，像是一座圖書館。某一個前耶穌會士，他曾經受我的幫助而免於處罰，以破壞式的誹謗回敬我的恩情。另一個更可惡的人，在印製我的作品《路易十四的世紀》中，加了一些註腳，其中包含因為無知所產生令人最為惱火的捏造假象。還有一

2　塔斯（Torquato Tasso, 1544-1595）是義大利詩人作家。盧梭將他的生平改編為他所著作歌劇《風雅的女神》（*Les Muses Galantes*）中的一個主題（請參閱：Masters: 190）。

3　《百科全書》的第一版在1751年出版。

4　冉森派（Jansenism），在「宗教改革」時期出現的天主教教派。因創派人冉森（Cornelius Otto Jansen, 1585-1638）而命名。冉森派理念一度在巴黎盛行，但因為遭「耶穌會」指控與新教喀爾文派理念相似的緣故，所以為教宗譴責，並宣布該教派為異端。

個人，以我的名義，在書店中販售一本包含幾個章節並假稱為
「普世歷史」的書籍。書店還非常貪婪地印製這本只能提供錯誤
的作品，裡面充滿捏造的日期，和殘缺不全的事實與名稱。最
後，一些又懶又壞的人，還將出版這份捏造作品的責任歸因於
我。我向您展示，我們的社會已經前所未見地遭遇一群人的感
染，他們無能從事於一些如手工藝者或侍者的誠實工作，卻很不
幸地懂得如何閱讀與寫作，知道怎麼剪裁文學，靠我們的作品而
活，盜取手稿，並加以擅自竄改，然後出售。我可以抱怨地說，
我有一份三十多年前的愉快小品，它和一份蕭柏林（Chaplain）
嚴肅地下功夫所創造作品有相同的題目[5]，今天這份作品卻在這些
可惡人的竄改與貪婪下，不但廣傳於世，還在這個笑話中融入了
他們的愚笨，並在每一個能夠增加內容的空位裡，補充了惡質的
蠢行。但是，在各處販售三十年後，這份作品已經完全成為他們
的手稿，而且也是一份符合他們程度的出版品。最後，我再提一
下，在我任職法國史學家時，他們曾經剽竊過一些我為編輯
《1741年戰爭史》，儲存於公共檔案室中的資料。我工作遭到改
編的結果，也在巴黎的一家書店中販售，而且眾人皆知，他們想
要貪得我好處時，全當我是一個已經死去的人，還能將我的作品
加以扭曲，然後再拍賣。我向您顯示，過去的四十多年來，忘恩
負義、肆意欺瞞、剽竊掠奪，從未停止，一直跟著我，直到阿爾
卑斯山腳下，甚至一直要到我的墳頭邊。然而，在這些困擾中，
我會提出什麼樣的結論呢？我不埋怨；波普（Pope）、笛卡兒、

5　蕭柏林（Jean Chapelain, 1595-1674），法國詩人與作家。這裡所提到的作品
　　題目為《侍者》或《自由法國》（*The Maid* or *France set Free*）（請參閱
　　Masters: 191）。

拜勒（Bayle）、卡穆恩（le Camoens）[6]，以及其他上百人，都曾經面對同樣的不正義，有的甚至更嚴重。這種結局，幾乎也成為那些太被文學之愛所吸引的人的命運。

先生，請您承認，事實上，這些相較於社會所感受的麻煩而言，只是少數個別的不幸。對全人類而言，這不過就像幾個蜜蜂遭到幾個大胡蜂搶奪蜂蜜，又有什麼重要性呢？雖然文人在所有的小爭論當中，發出很大的聲音，但在其他人的心目中，這些聲音，不是被忽略，就是被嘲笑。

相較所有人類生命中所發生的苦難裡，這些都還算是最不致命的。這些在文學與在名聲上的刺，若是與地球上各式氾濫的罪行相比較，還能算是花朵。承認吧！至少西塞羅（Cicéron）、瓦洪（Varron）、陸克斯（Lucrèce）、魏吉勒（Virgile）、奧荷斯（Horace）[7]，都不曾做過禁止的事。馬利優斯（Marius）是一個無知的人；蘇拉（Sulla）是一個野蠻人；安東尼（Antoine）是一個無恥的人；雷彼得（Lépide）是一個笨人，只讀過一點點的柏拉圖與索福克力斯（Sophocles）；還有那個缺乏勇氣的暴君，渥大維‧雅比西斯（Octave Cépias），後來又偷偷摸摸地改名為奧古斯都（Augustus），在當時，他只是一個令人討厭的謀殺者，也是一個遠離知識份子社群的人[8]。

6　拜勒（Pierre Bayle, 1647-1706）是法國的哲學家與作家。卡穆恩（Luís Vaz de Camoens, 1524-1580）是葡萄牙最著名的詩人，有如莎士比亞在英國的地位。

7　瓦洪（Marcus Terentius Varro, 116-27 B.C.）羅馬的作家與學者。陸克斯（Titus Lucretius Carus, 99-55 B.C.）是羅馬詩人與哲學家。魏吉勒（Publius Vergilius Maro, 70-19 B.C.）據說是羅馬最偉大的詩人。奧荷斯（Quintus Horatius Flaccus, 65-8 B.C.）是羅馬帝國在奧古斯都時代裡最重要的詩人。

8　馬利優斯（Gaius Marius, 157-86 B.C.）、蘇拉（Lucius Cornelius Sulla, 138-78

　　您必須承認，佩托拉克（Pétrarque）與薄伽丘（Boccace），不是造成義大利發生麻煩的人；馬侯（Marot）[9]的小品文章，也不是「聖巴特樂米大屠殺」（Saint Barthélemy）發生的原因；還有《希德》（Cid）悲劇，也不是引起投石黨（Fronde）作亂的原因[10]。

　　所有的滔天大罪都是很有名無知人士所犯下的過錯。導致世界成為淚水之谷的原因，一直都是人類無止境的貪念與無可控制的傲慢。這從不能讀書識字的湯瑪士・庫利汗（Thomas Kouli-Kan）[11]，一直到只會一些數字計算的海關官員，就是如此。文學卻能夠滋潤、修正、安慰靈魂。先生，文學服侍您時，您卻寫作來攻擊她。這就像阿基里斯，有了榮耀之後，還反對榮耀；也就像馬勒布朗雪（Malebranche）神父，他以想像力從事寫作，但寫作內容卻是反對想像力的[12]。

　　如果有人必須責難文學，那個人應該就是我，因為無論在何時，以及在何地，她都為我帶來迫害。但是，縱使有這麼多濫用

　　B.C.）、安東尼（Marc Antoine, 83-30 B.C.）、雷彼得（Marcus Aemilius Lépide, 89-13 B.C.），都是古羅馬同一時期著名的軍事統帥和政治家。索福克力斯是古希臘西元前5世紀的悲劇作家。奧古斯都是羅馬帝國的第一位皇帝。

9　佩托拉克（Francesco Pétrarque, 1304-1374）是義大利的作家與人文學者。他與薄伽丘（Giovanni Boccace, 1313-1375）加上但丁，共稱為義大利文學中三位最主要的代表人物。馬侯（Jean Marot, 1450-1526）是法國詩人與修辭學家。

10　此處所提的《希德》（Cid），指的是法國戲劇家哥尼流（Pierre Corneille, 1606-1684）所著的戲劇。

11　湯瑪士・庫利汗（1688-1747）是從1736年以來，用納第爾（Nadir）為名稱的波斯國王。

12　馬勒布朗雪（Nicolas Malebranche, 1638-1715），法國神父、神學家與哲學家。

文學的事情，我們還是應該愛她。就像社會中有這麼多壞人破壞安詳，但仍必須愛這個社會一般。就像是即使有人受到幾回不正義的對待，他都應該愛國。就像是我們應該敬愛與侍奉最高的主，縱使迷信與狂熱經常讓宗教儀式蒙羞。

　　夏皮斯先生告訴我，您的身體很差。那您就應該回到您的出生地，恢復與享受一下自由，與我一同暢飲我們乳牛所產的奶，和吃我們的青草。

　　我以非常哲學的態度，並用最柔和的尊敬等等，向您致意。

盧梭回伏爾泰的信

1755 年 9 月 10 日於巴黎

　　先生，應當是我向您表達全面的謝意。在提供您我可憐沉思的摘要時，我沒認為向您獻上一份值得的禮物，但覺得已經盡了義務，並以您為我們共同領袖的態度，向您致敬。此外，您為我的祖國所獻的榮耀很有意義，我與其他公民共享這份認同的同時，也希望因為您的教誨而受惠，使這份認同能夠再增大，好好美化您所選擇的避難地方，啟發值得您教誨的人民。您這麼一位善於呈現德行與自由的人，教導我們如何依照您作品中所敘述的方式重視它們，讓我們在國家城牆中珍惜它們。所有接近您的人，必然都會從您那兒學習如何走向榮耀的大道。

　　您看得很清楚，雖然我個人因為失去原始憨直而深感遺憾，但我並不希望把生活無謂地耗費在重建它。先生，從您的觀點而言，這個重建不但是一個奇蹟，也因為它同時既浩大又有害處的緣故，所以好像只有神才有能力這麼做，也只有魔鬼才會想這麼做。因此您不嘗試再回到以四肢行走的方式；這個世界上也沒有哪一個人會比您更成功做到。您矯正我們以兩腳行走做得太好，以至於您不能停止要用兩腳直立的方式行走。

　　我同意所有在文藝界中隨著名人應運而生的傷害。我甚至也同意所有在人倫上所附加的惡行，似乎完全獨立於我們無用的知識。人們為自己開啟了這麼多悲慘的源頭，因此，一旦發生危險的時候出現了，人們立即淹沒其中。此外，在事物的演進發展中，總是有一些隱蔽的連結關係，雖然一般俗人不能察覺它們，但是在智者反省的時候，這些問題完全不能逃離他們的眼神。的確，不是特杭斯，不是西塞羅，不是魏吉勒，不是塞內卡，也不是塔西特，不是這些學者，也不是這些詩人，導致羅馬人的惡行。但是，如果不是因為慢性與祕密的毒藥一點一滴地瓦解這個歷史記載中最強大的政府，西塞羅、陸克斯，或沙律斯特（Salluste）[1]，既不會存在，也不會寫作。從樂流斯（Lelius）與特杭斯那令人感到和藹的世紀，遠遠帶來奧古斯都與奧荷斯（Horace）的燦爛世紀，最後到塞內卡（Sénèque）與尼祿（Néro），圖密善（Domitien）與馬提亞爾（Martial）的恐怖世紀[2]。文學與藝術的品味，生成於人的內在之惡，而這品味又增長惡。如果真是所有的進步均將有害於我們人類，那些在心靈與知識的成長，將增加我們的傲慢，以及繁衍我們的錯誤，加速人類不幸的增長。但是，就有這麼一種情況出現，當使惡行成為可能

1　沙律斯特（86-35 A.D.），是羅馬共和時期的政治家、軍事家與史學家。

2　塞內卡（4 B.C.-65 A.D.），是斯多噶學派的哲學家，也是羅馬帝國在西元第1世紀時候的政治家。尼祿（37-68 A.D.），是從西元54年到68年任羅馬帝國皇帝。他是奧古斯都在西元前27年所建立的王朝中第五個也是最後一個皇帝。他最後自殺身亡。圖密善（51-96 A.D.），是從西元81年到96年任羅馬帝國皇帝。他任羅馬帝國皇帝期間，是帝國歷史中最有爭議的治理時期。馬提亞爾（40-104 A.D.），是來自伊比利半島（現今西班牙與葡萄牙地區）的義大利詩人。

的原因，本身就是防止惡行進一步擴張的理由。就像是必須將劍留在傷口上的理由，就是防止一旦拔出來後，受傷的人立即因流血過多而死亡。對我而言，如果當初我堅守第一個工作，而且如果我既不懂得讀也不懂得寫的話，我毫無疑問地勢必比較快樂。然而，如果文學現在遭到毀滅，我將反而失去我唯一的樂趣。在文學中，我安慰所有我的痛苦。在那些專門從事文學創作人之中，我嚐到溫柔的友誼，也學習到享受生命而無懼於死亡。我今天的小小地位，拜文學之賜。也因為文學，我才能得到蒙您認識的榮耀。但是，就像我們在商業中談論牟利的道理，在作品中，我們談論真理。儘管應該由哲學家、史學家與學者啟蒙世界和引導盲目大眾，但如果像曼農（Memnon）那樣的智者告訴我們的是真理，我就不會知道有什麼比出現一個由智者所組成的人民，更瘋狂的事了。[3]

　　先生，您也同意，如果偉大才能的人教導一般人，是一件好事的話，那麼凡夫俗子們就應該接受他們的教導。但如果每一個人都汲汲於教導他人，那麼還有誰要學習？蒙田說：「**跛腳者是身體不適合運動者，而心靈跛腳者，則是不適合心靈思考的人。**」

　　但是，在知識發達的世紀中，我們只看到那些跛腳者，卻一心只想教導別人走路。人們獲得智者作品的目的，在於提出批判，而不是想要受教。從來就不曾出現過這麼多的唐丹（Dandins）[4]。劇院中充滿了這種人，咖啡廳裡迴響著他們的宣判。報章雜誌裡

3　曼農指的是伏爾泰在1749年所寫的劇本《曼農與人類智慧》。是一個有關一個叫做曼農的人，某一天突然變成一位哲學家的故事。

4　這指的是莫里哀的戲劇作品 *George Dandin ou le Mari confondu*。

刊登的，都是他們的宣判，碼頭上也四處張貼他們的作品。我聽到有人批判《孤兒》（*Orphelin*）（原編者註：當時正在上演伏爾泰的悲劇作品），原因是這部作品受到觀眾的歡迎，但那種三流作家，根本就不能發現什麼缺點，又哪裡能夠在這部悲劇中察覺美感。

我們探討社會混亂的最初起源時，發現人類所有惡的來自於錯誤，多於無知，而我們不知道的事物，對我們造成的損害，遠低於我們相信我們知道的事物。要一個又一個的錯誤接踵而至，還有比什麼都知道的瘋狂外，更為確定的方法嗎？如果人們不聲稱知道地球不會轉動，沒有人會因為伽利略說了地球會自轉而懲罰他。如果只有哲學家可以擁有「百科全書」那個頭銜，那寫《百科全書》的作者們就不會遭到迫害了。如果那幾百位密米東部隊（Myrmidons）不曾渴望榮耀，那您就可以享有和平，至少您只會有與您實力相當的對手[5]。

所以，您千萬不要因為在榮耀才能的花朵上面有幾根分不開的刺，而覺得驚訝。您的敵人對於您所作的傷害，其實都像是伴隨勝利車隊而至的歡呼。就是因為您的所有作品深獲大眾的好評，所以才導致您遭受剽竊式的捏造。但是，想要造假也不是那麼容易的，因為鐵與鉛終究是不能與金融合在一起的。讓我基於您的安寧與為了我們受您指教的利益，說如下的話。蔑視那些無用的捏造人，因為他們的目的其實並不是為了要加害於您，而是為了要干擾您繼續寫出好的作品。他們越對您進行批判，您越能受人佩服。寫一本好書，是對抗您在作品上遭受的傷害，最為恐

5　密米東人是希臘神話中的一個古代民族。在荷馬史詩《伊利亞德》的記載中，密米東人是勇敢與能戰的部隊，受阿基里斯（Archilles）的指揮。

怖的回應。還有，因為您所作的永遠是獨一無二的作品，誰又有
這個能力，將不是您寫的作品歸諸於您的名下呢？

　　我感謝您的邀約。如果這個冬天使我身體好，我就能在春天
出發前往我的祖國居住，我必然因接受您的美意而受惠。但是，
我總認為，喝您的泉水要比喝您的牛奶更好。至於有關您農莊的
青草一事，我只擔心您那兒只有不能用來餵食動物的蓮花，或是
只有防止我們轉變成為動物的魔力草（Moly）[6]。

　　我全心全意地向您致敬，等等。

6　Masters 提出《盧梭書信全集》第三卷中一段有關這些文字的註腳：「在荷馬
　　的《奧狄賽》中記載，蓮花與魔力草出名的原因是，蓮花是眾神所吃的，而
　　且味道之好，有時候，奧狄賽必須強迫那些因為蓮花美味而流連忘返的眾神
　　回到船上。有關魔力草的故事是，信使神（Mercury）將魔力草交給奧狄賽，
　　使他可以不受女巫法力的引誘。」（請參閱，Masters: 192）

盧梭回費洛波里斯（Philopolis）的信[1]

先生，因為您向我問了問題，想必也希望我能回答您。此外，這是關於一份奉獻給我同胞的作品，因而在捍衛這份作品時，我證成了他們的所作所為，也肯定了讓我接受的光榮。在您信中，有關我個人的優點與缺點的部分，我就不談了，因為它們多少互補，我不太有興趣，對其他人而言，可能更沒興趣，原因是它們之中，沒有任何內容與真理的探求相關。所以，我直接談談那些您所提出且與我想要解決問題至為相關的論證。

您告訴我說，社會狀態立即生成於人的本能，所以它其實來

1　1755年10月在《法國信使》雜誌中，刊出一篇對於〈不平等論文〉進行批判的文章，署名者自稱為「費洛波里斯」（Philopolis）（意思即為「愛城人」，或以日內瓦為獨立共和城市國家而言，也就是「愛國者」）。使用這個假名的人是查理斯・伯內（Charles Bonnet），一位自然學家，日內瓦統治階級的後裔，本身就是當時治理日內瓦城市「兩百人議會」的成員之一。伯內從〈第一篇論文〉起，就反對盧梭的意見，最後還成功地讓日內瓦譴責盧梭的《社會契約論》與《愛彌兒：論教育》。不但如此，他還讓伯恩的科學家阿伯列西特・馮哈勒（Albrecht von Haller），下令將甫流亡至伯恩城市的盧梭驅逐出境。

自於人的本性。如果希望人不要社會化，就宛如希望他不要做人，並且您還認為，批評社會就是批評神的創造。先生，請讓我在解決您的問題前，先給您出個難題。如果我知道有個比較好的方法達到這個目標的話，我就可以為您省掉這個難題。

讓我們假設，有一天科學家發明了快速變老的祕密，以及鼓勵人來使用這個祕密的方法。一開始，或許有困難讓大家這麼做，但也許不是那麼困難。因為理性這個駄載所有我們愚笨的大車具，不會讓我們錯過這個機會。尤其是哲學家，以及那些有學問的人，都會為了去除年輕的血氣方剛，以及為了享受心靈的寧靜，必然都急急忙忙地願意快速成為像納斯特（Nestor）那樣的賢智老人[2]，並為了逃脫那些必須熄滅的慾望，情願放棄那些人可滿足的慾望。只有那些冒失鬼，對於自己的軟弱甚至羞澀，才會傻傻地維持年輕與快樂，而不願意在成為智者的理由下，快速變老。

再讓我們假設出現了這麼一個獨特與奇怪的人，也就是一個喜歡提出悖論的人。他挺身而出，批評其他人所依循的行為準則是荒謬的，並向他們證明，當他們追求寧靜的同時，也衝向死亡。由於他們所論說的一切，其實都沒有意義。若有一天他們都會變老，他們應該等到越晚越好。

為了避免這個人會揭開他們的神祕面紗，根本不必問我們的辯士會不會打斷這位麻煩的說話人。辯士們會對他們的跟隨者說：「充滿智慧的前輩們，感謝上蒼賦予你們的恩惠，並慶幸不斷地好好追隨上蒼的心意。的確，你們確實衰老了，行動遲緩

---

2 納斯特是希臘神話中，皮洛斯地區（Pylos）的國王。他是特洛伊戰爭中的英雄，傳說在參戰時，已經高齡一百一十歲，是年齡最老的參戰者。

了，以及體質虛弱；這些都是人不能逃離的命運。但是，你們的心靈是好的；你們的四肢都麻痺了，但你們的頭腦更自由；你們不能行動，但是你們說話如神諭，如果你們的疼痛與日俱增，那麼你們的哲學思想亦隨之增加。你們可憐年輕人的衝動，因為他們粗壯的身體，剝奪他們能夠享有你們因為體弱而得到的好處。令人快樂的病弱，使許多專業的藥師圍繞著你們，他們提供更多你們疼痛所需的藥劑，這麼多專業的醫師，深知你們的脈搏，還能用希臘文說出所有你們風濕病的名稱，許多熱心的同情者以及忠誠的後代，守護在你們的旁邊，度過生命的最後一段時光。你們要失去多少幫助，如果你們不知道這些病痛是使這些幫助成為必須的呢？」

我們是不是就能夠很輕易地想像那些跟隨者們立即斥責這位不明智的警告者，並大致上對他這麼說：

魯莽的演說人，停止這些不敬的言論。你膽敢責難創造人類造物者的意願嗎？年老難道不是來自人的結構嗎？人變老難道不是自然嗎？在你煽動的言論中，如果你不是在攻擊自然法則與造物者的意願，那你在做什麼呢？既然人會變老，造物者也願意他變老，難道這些事實除了顯示他的意願外，還有什麼嗎？你承認吧，保持年輕青春並不是神創造人的目的，所以為了要熱心地遵守神的命令，人應該迅速變老。

先生，我請教您，在這些假設中，這個提出不同意見的人，應當保持緘默呢，還是回答呢？如果他必須回答的話，那麼請您仁慈地告訴我，他應該回答什麼？之後，我再來回應您的反對意見。

因為您企圖以我系統中的觀點來攻擊我，所以請您不要忘記，在我的觀點之中，社會對於人而言是自然的，就像衰老對於

人而言是自然的，同樣人們也需要藝術、法律和政府，正如同老人需要枴杖。他們之間唯一的差別是，老年這個人生階段，來自人的唯一本性，而社會這個狀態，來自人類的本性，但並不是像您所說的那樣，立即發生，而是如我所論證地，只發生在外在環境的催化之中，而且這個外在環境也可能出現或者不出現，或者至少是可以早出現或是晚出現，因而導致社會發展速度的快速或緩慢。正如同部分外在環境的發生與否完全依附在人們意願之上的緣故，我因而必須依照對比的原則假設，個人有能力加速進入老年階段，正如同人類有能力減緩邁入社會階段的速度。因為社會狀態的發生，受限於人類的力量使其提早出現或延遲出現。所以，向人們展示汲汲於快速發展的危險，以及那個誤以為是人類完美條件的悲慘，並不是沒有用的。

對於人類所面對的那些都是他們自己所造成的惡而言，您引用萊布尼茲與您自己的理論，認為凡事皆好，因此天佑被證成。我根本不認為天佑需要依靠萊布尼茲或其他任何哲學理論的幫助才能獲得證成。難道您真正嚴肅地認為，無論哪一個哲學系統，比這個宇宙更不受責難，以及為了證明天佑無罪，一個哲學家的論證比神的創造更有信服力嗎？此外，拒絕惡的存在，對於那個惡的締造者而言，是最方便來原諒他的方式。以前斯多噶學派的學者就很輕易地成為大家的笑柄了。

依照萊布尼茲與波普（Pope）[3]的說法，無論任何事物，只要存在，就是好的。如果有社會的存在，是因為普遍的善要求社會

3　指萊布尼茲所提出的「神正論」（theodicy）的觀點。波普（Alexander Pope,
　　1688-1744），著有《論人》（*Essay on Man*）。其中，波普捍衛一種「只要存
　　在，就是好的」的觀點（請參閱：Gourevitch: 379）。

的存在。反之亦然，如果沒有社會的存在，是因為普遍的善並不要求社會的存在。如果有人能夠說服大家，回到樹林中去居住的話，那麼對於他們而言，會到樹林中去住，就是好的。無論如何，我們絕對沒有能力在事物關係的好惡之中，針對事物的本質做出是好還是惡的判斷，因為即使事物本身是惡的，但它依然有可能相對於整體是好的。對普遍的善有參與的，可能就是一個特殊之惡；可能的話，這特殊之惡可革除掉。原因是，如果這個使人承受的惡對整體是有用的話，那麼一旦有人以這個「反過來的好」，取代這個惡，結果事實上也不會比較沒有用。根據無論什麼存在都是好的道理，如果某人想改變事物的狀態，這是一個很好的嘗試，但我們只能從結果，而不能從理性中學到，這個成功的嘗試是好還是惡。理性不能防止一個特殊的惡成為一個真正令人痛苦的惡。如果說，我們活在文明是好的，就是因為我們活在文明之中的話，那麼我們肯定在沒有文明的狀態中活得更好。就是萊布尼茲也絕對沒有辦法從他的理論系統之中，提出任何理由反對這個陳述。同時，我很確定的是，正確理解下的樂觀主義，既不能支持，也不能顛覆我的立場。

　　所以，我不需向萊布尼茲或波普作答覆，但僅向您作答覆即可，因為不區分他們都反對的普遍之惡與他們所不反對的特殊之惡之下，您宣稱：某一件事只要單單因為它的存在，就足夠不允許它在後來以不同的方式存在。然而，先生，如果所有的存在都是好的，那麼所有先於政府與法律出現前的，都必然是好的。這麼一來，創建它們至少是無益處的，並且在那種情況中，您的系統將會使得讓－雅克‧盧梭能夠輕鬆地對抗費洛波里斯。如果在您的理解中，只要是存在的就是好的，那麼為什麼還需要費功夫去矯正我們的壞處、整治我們的惡行，以及改善我們的錯誤呢？

我們的證道、法院與學圈又有什麼用處呢？當您發燒時，為什麼需要看醫生呢？您不知道，整體的好是否不會要求您變得神經錯亂，還有住在木星與天狼星的人之健康，是否不會因為您的康復而受損嗎？為了一切事情發展總是順利，您讓任何事情盡可能發生吧！如果一切都處於最佳狀態，那麼您反而應該譴責任何行為，因為只要發生任何行為，必然為所有事物所處的狀態帶來改變。因此，這等於說人不可能在不犯錯的情況中，從事任何行為，或觸碰任何東西。這麼一來，最為絕對的寂靜主義（quiétisme），將成為人類唯一的德行。最後，如果只要存在的就是好的，那麼那些避開我們政治制度的人，如拉朋斯人（Lapons）、愛斯基摩人（Eskimos）、阿恭干人（Algonquins）、齊卡卡人（Chicacas）、卡拉依波人（Caraïbes），以及譏笑這個制度的霍騰圖人，還有一個贊同他們的日內瓦人，這些都是好的。萊布尼茲本人也會同意這些。

您說，人如同他們在宇宙之中所佔據的位置一般，就是照這麼被要求的。但是，在人與人之間，因為時間與空間的關係是這麼地不同，所以在您這種邏輯之下，從特殊到普遍的推理中，必然會導致矛盾與不確定的結論。一個地理上的錯誤，就可以全面地推翻這個由眼見事實推導出應然結果的所謂原則。一個印地安人會說，正如同水獺住在洞裡頭一般，人就應該在露天下，睡在綁在兩棵樹中間的吊床裡。不，不，韃靼人會說，人應該睡在篷車裡。我們那些愛城市的費洛波里斯人會以一種憐憫的口吻高聲說，你們難道看不出來，人天生就是建築城市的人嗎？當論到人性本質的時候，真正的哲學家，並不是一個印地安人，或是一個韃靼人，也不是一個來自日內瓦或巴黎的人，而就是一個人。

猴子是野獸，我相信而且我曾經說過我確信如此的理由。但

是，當您好意告訴我，大猩猩（Orang-Outang）也是一種野獸時，我承認在我所引述的事實之後，這個命題是很難加以證成的。您哲學化的程度過高，以至於不會做出像我們的旅遊者那般粗淺的判斷，在沒有太多的客套下，將自己的種類也列入野獸之中。所以，如果您能夠告訴我們您運用什麼手段解決這個問題的話，那麼您肯定能夠讓大家感謝，甚至能夠教導那些自然學者。

　　在我的〈獻辭〉中，我恭賀我的祖國是所有最好的政府中的一個。在〈論文〉的文本中，我也展示過好的政府太少了，但我在其中並沒有發現您所說的矛盾。然而，先生，您又怎麼知道，如果身體狀況許可，我將出發住在樹林中，而不是與跟我有極深情感的同胞住在一起呢？在我的作品之中，我從未說過類似的話，您應可以在那兒找出強而有力的理由反對選擇那種生活。就我個人而言，我太知道我無法不與跟我一樣墮落的人為伍。如果今天有智慧的人還存在，對於他而言，他也不會在沙漠中尋找快樂。若是有人想找尋居住地區，那麼他應該在祖國定居，才能夠達到愛國與為國貢獻的目的。假使他失去了這樣的機會，至少這個人是快樂的，若他可以在人類共同的祖國裡，活在友誼之中。在這個向所有人開放的無限避難所之中，簡樸的智慧與頑皮的年輕人都可以安逸地住在一起。在這裡，人道、熱心、溫柔以及一個隨和社會中所有魅力負責統領。在這裡，窮人仍然會找到朋友，德行依然能夠找到使其有力的範例，以及理性還能找到啟蒙的導引。一個人可以在機運、惡行，甚至有時候，在德行的大舞台上，觀賞這一齣生命的戲而有所得，但一個人必須平和地在自己的祖國中闔上眼。

　　先生，我似乎感覺到，您對我責難最激烈之處，卻是我覺得很正確的一點。還有，無論這一點正確與否，它其實並沒有在我

的文本中，出現您增加一個字母之後所賦予的那個意義。您認為我這麼說：「如果自然諭令我們成為聖人，我幾乎敢確定地說，思考狀態必然違背自然，而且從事反思的人就是一個墮落的動物。」我向您坦承，如果我以這種方式將「健康」與「聖潔」混為一談的話，若此命題是真的話，那我很可能相信，我在另一個世界中變為一個大聖人，或是至少一直在這個世界中，擁有健康的身體[4]。

先生，我以回答您最後三個問題作結束。為思考這些問題，我不浪費您給我的寶貴時間，我在先前也都注意過了。

一個人，或任何一個有感知能力的存有者，如果他從未體驗痛苦，那麼在一個小孩遭遇殺害的場景中，他會有憐憫心，以及他會被這個場景影響嗎？

我回答：不會。

為什麼獲得盧梭先生賦予大量憐憫心的大眾，居然會貪婪地欣賞一個可憐人慘死在車輪下的場景呢？

理由相同於您會去戲院看戲，並因感動而掉淚，或是會去觀賞薩德（Seide）謀殺親生父親，或底耶斯特斯（Thyestes）暢飲親生子的血的劇碼[5]。憐憫確實是一個甜美的情感，所以人們爭著

---

4 盧梭在〈第二篇論文〉（第一部分）中原先所說的是：「如果自然諭令我們健康，我幾乎敢確定地說，思考狀態必然違背自然，而且從事反思的人就是疏離自我的動物。」但是，費洛波里斯卻將 "sains"（健康）誤植為 "saints"（聖人）。這也是為什麼盧梭在此會說：「它其實並沒有在我的文本中，出現您增加一個字母之後所賦予的那個意義。」

5 薩德謀殺親生父親卓比（Zopir），是伏爾泰劇本《宗教狂熱》或《先知穆罕默德》中的故事情節。底耶斯特斯暢飲親生子的血是克畢庸（Prosper Jolyot de Crébillon [1674-1762]）於1707年所著的悲劇《阿陀斯與底耶斯特斯》（*Atreus and Thyestes*）中的故事情節。

去感受它的事實，一點都不令人感到意外。此外，每一個人都私下好奇地想知道在沒有什麼可以逃避那令人感到恐懼時刻的來臨時，自然是如何運行。於此您再加上那種身為街坊中的演說家之快樂，就是足足兩個月，可以對鄰居大肆描述那個最近在輪胎下慘死的人的過程。

雌性動物對於子女所展示的情感，是針對子女呢，還是針對母親呢？

育出來後，我們看到母雞好像就不需要牠們了，但在操心作母親應該做的事情上，牠卻不假手他人。

先生，這起初，是針對母親，為了她自己的需求，然後，是針對子女，由於習慣的關係。在〈論文〉中，我已說過了。如果湊巧情感是針對母親自身的話，那麼子女的照顧將更能受到保障。我想的確如此。然而，這個準則的應用範圍不宜過於寬廣，而應當是有限制的，因為一旦小雞孵化就是我的回答。此外，請您注意在這些事物中，正如同在〈第一篇論文〉裡，我一直被視為那個堅信人因自然而美好的妖怪。還有，我的對手總是以誠實國民的姿態表示，他們為了教導社會大眾，不斷嘗試地證明，自然只塑造出一群壞蛋。

先生，我仍是一個所知有限的人等等，向您致意。

聯經經典

德行墮落與不平等的起源

2022年5月二版　　　　　　　　　　　　定價：新臺幣600元

有著作權·翻印必究

Printed in Taiwan.

著　　　者	盧　　　梭
譯　註　者	苑　舉　正
叢書主編	梅　心　怡
校　　　對	陳　佩　伶
封面設計	陳　文　德

出　　版　　者	聯經出版事業股份有限公司	副總編輯	陳　逸　華
地　　　　址	新北市汐止區大同路一段369號1樓	總　編　輯	涂　豐　恩
叢書主編電話	(02)86925588轉5305	總　經　理	陳　芝　宇
台北聯經書房	台北市新生南路三段94號	社　　長	羅　國　俊
電　　　　話	(02)23620308	發　行　人	林　載　爵
台中分公司	台中市北區崇德路一段198號		
暨門市電話	(04)22312023		
郵政劃撥帳戶第0100559-3號			
郵撥電話	(02)23620308		
印　　刷　　者	世和印製企業有限公司		
總　經　銷	聯合發行股份有限公司		
發　行　所	新北市新店區寶橋路235巷6弄6號2F		
電　　　　話	(02)29178022		

行政院新聞局出版事業登記證局版臺業字第0130號

本書如有缺頁，破損，倒裝請寄回台北聯經書房更換。　　ISBN　978-957-08-6312-3 (精裝)
聯經網址 http://www.linkingbooks.com.tw
電子信箱 e-mail:linking@udngroup.com

國家圖書館出版品預行編目資料

德行墮落與不平等的起源/ 盧梭著．苑舉正譯註．
    二版．新北市．聯經．2022.05．360面．14.8×21公分．（聯經經典）
    譯自：Discours sur les Sciences et les Arts &
        Discours sur l'Origine et les Fondements
        de l'Iné galité parmi les Hommes
    ISBN　978-957-08-6312-3（精裝）
    [2022年5月二版]

    1. CST: 盧梭（Rousseau, Jean-Jacques, 1712-1778）
    2. CST: 學術思想　3. CST: 西洋哲學

146.42   111006574